高等学校应用技术型经济管理系列教材（会计系列）

高等学校应用型经济管理规划教材

总主编／李　雪　主审／徐国君

U0958340

税法

Tax Law

（第四版）

陈莎◎主　编

任文艳　张燕◎副主编

立信会计出版社

LIXIN ACCOUNTING PUBLISHING HOUSE

图书在版编目(CIP)数据

税法 / 陈莎主编. —4 版. —上海：立信会计出版社，2021.7(2022.1 重印)
高等学校应用技术型经济管理系列教材. 会计系列
ISBN 978 - 7 - 5429 - 6888 - 3

Ⅰ. ①税… Ⅱ. ①陈… Ⅲ. ①税法—中国—高等学校—教材 Ⅳ. ①D922.22

中国版本图书馆 CIP 数据核字(2021)第 140979 号

策划编辑 方士华
责任编辑 张巧玲
封面设计 南房间

税法(第四版)
SHUIFA

出版发行	立信会计出版社		
地　　址	上海市中山西路 2230 号	邮政编码	200235
电　　话	(021)64411389	传　　真	(021)64411325
网　　址	www.lixinaph.com	电子邮箱	lixinaph2019@126.com
网上书店	http://lixin.jd.com		http://lxkjcbs.tmall.com
经　　销	各地新华书店		

印　　刷	江阴金马印刷有限公司		
开　　本	787 毫米×1092 毫米	1/16	
印　　张	16.5		
字　　数	423 千字		
版　　次	2021 年 7 月第 4 版		
印　　次	2022 年 1 月第 2 次		
印　　数	2 101—4 200		
书　　号	ISBN 978 - 7 - 5429 - 6888 - 3/D		
定　　价	42.00 元		

总　序

教材是高校实现人才培养目标的重要载体，教材及教材建设对高校发展具有举足轻重的作用。与培养模式相对应的教材是培养合格人才的基本保证，是实现培养目标的重要工具。由于历史的原因，在财经类教材的出版方面，相关出版社出版研究型本科或者高职高专、中等职业等层次的教材较多，应用型本科教材较少。虽然近年来也出版了一些应用型本科教材，但总体而言，这些教材还是缺乏权威性、普适性、实用性、创新性。造成这种状况的原因主要在于：出版社对财经类应用型本科教材的出版还不够重视，没有进行有效的组织；财经类应用型本科院校多为新建院校，教材建设相对滞后，主观上也较愿意使用研究型本科教材；在教材使用中存在比较严重的混用现象，教材目标读者群不明确，如不少教材既适用于研究型本科又适用于应用型本科，或者既适用于本科院校又适用于高职高专院校。

由于目前财经类应用型本科教材种类和数量匮乏或质量欠佳，财经类应用型本科不得不沿用传统研究型教材。这些教材本身的质量很好、级别很高，但是并不适用于应用型本科的教学，教师和学生普遍反映不好用。即使在全国范围看，也还没有相对成套、成熟的适合财经类应用型本科的教材。现有教材存在的主要问题包括：①教材的定位和要求较高；②教材的内容多、难度大；③教材着重于理论解释，相关案例、实训等内容较少，缺乏普适性、实用性。

与此同时，信息技术的快速发展使学生的学习习惯和阅读习惯发生了改变，不断朝个性化、自主学习的方向发展，传统的单一纸质教材已经无法适应这种变化。翻转课堂、慕课、微课等网络课程的兴起，混合式教学的不断推进，也对立体化教材建设提出了新的要求。教材作为一种课堂上的教学工具，一种传播媒介，理应顺势而为，随课堂形式、学生学习方式的改变而改变，朝着数字化、立体化、可视化的方向发展。因此，需要编写适应学生水平、便于学生接受的立体化财经类应用型本科教材。

我们组织具有多年应用型人才培养经验的优秀教师和实务界专家编写了这套教材。本套系列教材有《会计基本技能》《出纳实务》《基础会计》《中级财务会计》《成本会计》《管理会计》《会计信息系统》《财务管理》《审计学》《高级财务会计》《商业分析》《税法》《经济法》《金融学》等构成。为了保证教材的质量，本套教材聘请了知名高校的专家教授进行专门指导和审核。每本教材至少有一名本学科的知名专家或学科带头人提出审核指导意见，至少有一名高等院校教学一线的高级职称教师组织编写，至少有一名行业协会、实务界专家或教学研究机构人员提出编写建议。

本系列教材的特色如下。

1. 应用性

应用型本科的教材建设应坚持培养应用型本科人才的定位，充分吸收和借鉴传统的普通本科教材与高职高专类教材建设的优点和经验，以就业为导向，做到理论上高于高职高专类教材、动手能力的培养上高于传统的本科院校教材。本系列教材体现了应用型本科的定位，体现了素质教育和"以学生发展为本"的教育理念，遵循了高等教育教学基本规律，重视知识、能力和素质的协调发展，根据应用型人才培养模式对学生的创新精神、实践能力和适应能力的要求，在内容选材、教学方法、学习方法、实验和实训配套等方面突出了应用性特征。

2. 针对性

本系列教材的编写符合会计学、财务管理和审计学等专业的培养目标、培养需求、业务规格和教学大纲的基本要求，与各专业的课程结构和课程设置相对应，与课程平台和课程模块相对应。教材在结构纵横的布局、内容重点的选取、示例习题的设计等方面符合教改目标和教学大纲的要求，把教师的备课、试讲、授课、辅导答疑等教学环节有机的结合起来。

3. 立体化

本系列教材为立体化教材，实现了由传统纸质教材向"纸质教材＋数字资源"的转变，通过技术手段将晦涩难懂的理论知识转变为直观的具体知识，以立体化、数字化的方式呈现，包括图文、动画、音频、视频等多种形式，生动、有趣且易懂，不仅可以激发学生的学习兴趣，还有利于教学效果的提升。

4. 趣味性

本系列教材聚焦注重趣味性，使用了大量的例题和案例，每章都加入了"思政育人""相关思考""延伸阅读""扫一扫 练一练"等内容，使读者能够加深理解，便于掌握相关内容。在案例、例题等的设计选用上重点突出趣味性，易于引发读者的共鸣。

5. 先进性

本系列教材反映了应用型会计人才教育教学改革的内容，能够反映学科领域的新发展。教材的整体规划、每一种教材构造等均体现了创新性。教材还强调了系列配套，包括了教材、学习参考书、教学课件等。立体化教材在内容修订上更具有明显优势，线上资源可以随时根据政策法规、理论知识或工作实务等的变化进行调整，更有利于保持教材内容的先进性。

6. 基础性

本系列教材将打破传统教材自身知识框架的封闭性，尝试多方面知识的融会贯通，注重知识层次的递进，体现每一门科目的基本内容，同时在具体内容上突出实际运用能力，做到"教师易教，学生乐学，技能实用"。

7. 易于自学

自学能力是大学生的一项基本能力。学生只有具备了自主学习的能力，才能最终建立起终身学习的保障体系，这也是应用型本科人才培养的客观要求。应用技术型高校的生源素质与普通高校相比存在一定的差距，除一部分系高考发挥失误的学生外，有一部分学生在学习习惯、基础知识等方面存在一定的欠缺，这要求通过教材要调动这部分学生的学习积极性，在理论方面尽量通俗易懂，在实践方面尽量采用案例式教学。为了有利于学生课后自主学习，本系列教材配套了学习指导书和教学课件。

因此，本系列教材的定位准确，特色明显，适用于应用型本科院校教学，容易得到学生和市场的认可，便于学生的自学和教师的教学。

高等学校应用型经济管理系列教材（会计系列）凝聚了众多领导、教授和专家多年来的经验和心血。当然，由于我们的经验和人力有限，教材中难免存在不足，我们期待着各位同行、专家和读者的批评指正。我们将伴随着经济发展和会计环境的变迁不断修订教材，以便及时反映学科的最新发展和人才培养的最新变化。

本系列教材自2014年出版后，得到众多高校、学生和市场的认可，深受广大读者欢迎。为了更好地回馈读者，本系列教材从2017年起启动第二版的修订工作，2019年启动第三版的修订工作，2021年启动第四版的修订工作。各种教材的修订版将陆续出版。我们会一如既往地做好教材修订和相关服务工作，希望广大读者对本套系列教材继续给予支持。

李 雪

2021年6月

第四版前言

本书为高等学校应用技术型经济管理系列教材之一，具有应用性、针对性、先进性、基础性、易于自学性的特点，在充分吸收和借鉴传统的普通本科教材与高职高专类教材建设的优点和经验的基础上，以就业为导向，做到在理论上高于高职高专类教材、在动手能力的培养上高于传统的本科院校教材。

美国著名政治家、科学家本杰明·富兰克林曾经说过"人生只有两件事是无法避免的，那就是税收和死亡"。现代税收已经深入到经济社会生活的各个方面，影响着企业和个人的利益，成为企业和个人决策时不可忽略的因素。本书以现行税收法规为依据，力争用生动、简洁的语言，结合案例，准确阐述税法的基本理论和基础知识，强调理论性和实务性兼备，做到深入浅出，通俗易懂，使学生在较短的时间内，对我国现行税法有比较全面的了解。

本书共分为10章，主要内容包括税法总论、增值税法、消费税法、关税法、特定目的税类、资源税类、财产行为税类、企业所得税法、个人所得税法等实体税法以及税收征收管理法，每章都结合相关例题对重点内容进行讲解，并加入"延伸阅读""相关案例""相关思考""本章小结""本章重要概念""推荐阅读资料"等内容，以培养学生的分析能力；在讲解的过程中与实务工作紧密结合，以增强学生理论与实务相结合的能力。

本书由陈莎担任主编，任文艳、张燕担任副主编。具体分工如下：第一章、第二章、第九章由陈莎负责编写，第三章由张燕负责编写，第四章由马俊云负责编写，第五章、第八章由任文艳负责编写，第六章由徐伟丽、张燕负责编写，第七章由李小林负责编写，第十章由陈德英负责编写。最后由李雪教授、徐国君教授总纂定稿。

由于编者在学校都担负着繁重的教学任务，本书的编写基本是在课余时间进行的，过程可谓艰辛。可喜的是，经过各位编者的努力，本书愈加完善。在此，向给予大力支持的李雪教授、徐国君教授和各位编者致以深深的谢意！

另外，税收法规在不断修订和完善中，如本书编写的法规内容与新发布的法规不一致，应以新法规为准。

本书的编写经过多次讨论研究，力求内容编排合理、避免错误，但难免存在考虑不周、表达不妥当的地方，书中疏漏不足之处，敬请读者批评指正。

编　者

2021年6月

目 录

第一章　税 法 总 论

- 内容简介
- 学习目的和要求
- 引例
- 第一节　税收概述
- 第二节　税法的概念
- 第三节　税收立法与税法的实施
- 第四节　我国现行税法体系
- 本章小结
- 本章重要概念
- 推荐阅读资料

内容简介

本章主要介绍了税法的基础知识和基本概念，包括税收和税法的概念、税收法律关系的构成、税法的构成要素、税收的立法机构、税法的实施和我国现行税法体系等内容，侧重从整体上对税法知识建立一个立体的框架体系，为后面各部分、各章节的学习奠定基础。

学习目的和要求

通过本章学习，学生应了解税法的概念，税收的立法机构、税法的执法原则；正确理解税收的地位和作用；掌握税收的概念、税收法律关系的构成、我国现行税法体系和税收征收管理；应重点掌握税法的构成要素。

思政育人　依法纳税是公民的法定义务

2008 年，北京为了举办奥运会，在治理环境污染、60 项重大工程、新体育场馆建设、奥运会举办、基础设施上总共投资 1 045 亿元人民币。其中，北京奥运会所有的场馆总造价在 205 亿元人民币左右，国家体育场“鸟巢”造价 31.5 亿元人民币。

三峡工程是迄今为止世界上最大的水利枢纽工程，也是新中国成立 50 多年来所建工程中综合效益最为巨大的工程。从 1994 年 12 月 14 日正式开工，到 2009 年全部竣工，历时 15 年，动态总投资为 2 000 亿元。

2020 年 1 月 23 日，为支持湖北省新冠肺炎疫情防控工作，财政部下拨补助资金 10 亿元。而后，财政部又预拨 44 亿元以支持全国各地有序开展疫情防控相关工作。其中，增加 5 亿元拨款以支持湖北的疫情防控工作。另外，国家发改委也下达了中央预算内投资 3 亿元，支持湖北省武汉市新建医院项目建设，重点用于购置必要医疗设备。此外，财政部、国家卫生健康委提前下拨 6 033 亿元，支持各地开展基本公共卫生服务和基层疫情防控工作。

请大家思考国家用于基础设施建设，用于支持疫情防控的资金从哪里来？公民个人在享受国家提供的各项服务的同时，该承担什么义务？公民个人应如何做到依法纳税？

第一节　税收概述

一、税收的发展历程

1-1　视频：税收的起源

追根溯源，税收的历史同国家一样久远。早在公元前 3 000 多年的两河流域（幼发拉底河和底格里斯河）建立的奴隶城市国家里，村社农民就开始向国家纳税、服路役（修建宫殿、寺庙和水利工程）。

在公元前 6 世纪至公元前 5 世纪的古罗马奴隶制公社时期，平民阶层需要给城市公社纳税、服兵役。在公元前 594 年的古希腊，雅典梭伦改革后，开始按土地收获量征收土地税，而且还凭借海上霸权向同盟国收取贡金。

在中国，税收的历史也是源远流长，已经有 4 000 多年的历史了。

在远古的舜帝时期，要求臣服的部落和被保护的小部落贡献财物，同时部落内部的人也要缴纳土地出产物。后来大禹"任土作贡，分田定赋，什一而税"，首次开创了我国土地税收的先河，是我国税收的雏形。

到了商朝，采取"助"的形式收税，即奴隶主强迫奴隶帮助其耕种公田，实际上是一种借民力助耕的劳役地租。

周朝则以"彻"为形式收税，"彻"的意思就是抽取，是按一定的比例对农民收获物进行抽取，实际是一种实物地租。

春秋时期的鲁国，于公元前 594 年实行了"初税亩"。这是我国历史上首次承认土地的私有制，它标志着我国税收制度的正式形成，也是我国从奴隶制赋税向封建制赋税转化的开端。

在我国几千年的奴隶社会、封建社会中，税收大部分都以实物形式出现，比如征收粟、米、布、绢、草等，这些都叫实物税。税收制度和政策措施在不断发展变化之中，辛亥革命推翻了封建帝制，民国时期逐渐建立了带有资本主义性质的税收体制。新中国的税收制度是在 1950 年建立的。改革开放以来，通过 1984 年的"利改税"和 1994 年的工商税收全面改革，基本建立了适应我国国情的税收制度。

二、税收的概念

1-2　视频：看看你的钱是怎么被收走的

税收是政府为了满足社会公共需要，凭借政治权力，强制、无偿地取得财政收入的一种形式。

理解税收的概念可以从税收的主体、税收的目的、税收实现的依据、地位和特征几个方面把握。

（一）税收的主体是国家

税收本质上是以国家为主体的分配关系，这种分配关系以国家的存在为前提，国家在税收分配中居于主导地位，国家通过征税，将一部分社会产品由纳税人所有转变为国家所有，因此征税过程实际上是国家参与社会产品的分配过程。

(二) 税收的目的是满足社会公共需要

国家在履行其公共职能、提供公共产品的过程中必然要有一定的公共支出。公共产品的特殊性决定了公共支出一般情况下不能由公民个人、企业采取自愿出价的方式来负担,而只能采用由国家(政府)强制征税的方式,由经济组织、单位和个人来负担。税收是国家提供公共产品最重要的保证。

(三) 税收实现的依据是政治权力

税收的实现不是靠纳税人的自愿行为,而由政府以强制、无偿的方式取得。税收以法律的形式预先规定了对什么征税、征多少税、如何征税等,并公之于众,再依法强制、无偿的征收。纳税人必须依法纳税,否则会受到法律制裁。

(四) 税收是国家取得财政收入的一种重要工具

国家要行使职能,提供公共产品必须有一定的财政收入作为保障。国家取得财政收入的手段多种多样,如税收、发行货币、发行国债、收费、罚没,而税收收入是大部分国家取得财政收入的主要形式。我国自 1994 年税制改革以来,税收收入占财政收入的比重基本维持在 90%以上。在社会再生产过程中,分配是连接生产与消费的必要环节,在市场经济条件下,分配主要是对社会产品价值的分割。2010—2019 年我国税收收入占财政收入比重如表 1-1 所示。

表 1-1　　2010—2019 年我国税收收入占财政收入比重　　单位:亿元

年份	国家财政收入	国家各项税收收入	税收收入占财政收入百分比
2010	83 101.51	73 210.79	88.10%
2011	103 874.43	89 738.39	86.39%
2012	117 253.52	100 614.28	85.81%
2013	129 209.64	110 530.70	85.54%
2014	140 370.00	119 175.30	84.90%
2015	152 269.20	124 922.20	82.04%
2016	159 605.00	130 360.70	81.68%
2017	172 592.80	144 369.90	83.65%
2018	183 359.80	156 402.90	85.30%
2019	190 390.10	158 000.50	82.99%

(五) 税收具有无偿性、强制性和固定性的形式特征

税收特征亦称税收形式特征,是指税收分配形式区别于其他财政分配形式的质的规定。税收特征是由税收的本质决定的,是税收本质属性的外在表现,是区别税与非税的外在尺度和标志,也是古今中外税收的共性特征。税收的形式特征通常概括为税收"三性",即无偿性、强制性和固定性。

1. 税收的无偿性

税收的无偿性是指国家征税以后对具体纳税人既不需要直接偿还,也不付出任何直接形式的报酬,纳税人从政府支出所获利益通常与其支付的税款不完全形成一一对应的比例关系。无偿性是税收的关键特征，它使税收明显地区别于国债等财政收入形式，决定了税收是国家筹集财政收入的主要手段，并成为调节经济和矫正社会分配不公的有力工具。

2. 税收的强制性

税收的强制性是指税收是国家凭借政治权力，通过法律形式对社会产品进行的强制性分配，而非纳税人的一种自愿缴纳行为，纳税人必须依法纳税，否则会受到法律制裁。强制性是国家的权力在税收上的法律体现，是国家取得税收收入的根本前提。它也是与税收的无偿性特征相对应的一个特征。正因为税收具有无偿性，才需要通过税收法律的形式规范征纳双方的权利和义务，对纳税人而言依法纳税是一种权利，更是一种义务。

3. 税收的固定性

税收的固定性指税收是国家通过法律形式预先规定了对什么征税及其征收比例等税制要素，并保持相对的连续性和稳定性，即使税制要素的具体内容也会因经济发展水平、国家经济政策的变化而进行必要的改革和调整，但这种改革和调整也总是要通过法律形式事先规定，而且改革调整后要保持一定时期的相对稳定。基于法律的税收固定性始终是税收的固有形式特征，税收固定性对国家和纳税人都具有十分重要的意义。对国家来说，可以保证财政收入的及时、稳定和可靠，可以防止国家不顾客观经济条件和纳税人的负担能力，滥用征税权力；对于纳税人来说，可以保护其合法权益不受侵犯，增强其依法纳税的法律意识，同时也有利于纳税人通过税收筹划选择合理的经营规模、经营方式和经营结构等，降低经营成本。

税收"三性"是一个完整的统一体，它们相辅相成、缺一不可。其中，无偿性是核心，强制性是保障，固定性是对强制性和无偿性的一种规范和约束。

相关案例 1-1

税务员比警察更有权力

在美国，没有一个机构能像美国税务局那样，精确地掌握美国人的一切。美国税务员收税严格，威风八面。

美国税务局在全美 50 个州都设有分支机构及下属机构，共有 88 万名雇员。税务员比警察更有权力。对于那些欠税者，他们可以冻结其银行存款、没收其汽车、查封其房子，令其子女中途辍学，总之，可以想尽一切办法，直至缴清税款为止。美国税务局的信条是：我们要你的一切，马上就要！在美国，欠税者即使倾家荡产也要缴清税款。

如果税务人员怀疑纳税人隐瞒收入，谎报税单，他们即有权力窃听电话，拆阅信件，甚至破门搜查，直到获取偷税证据方才罢休。当然如果纳税人认为税务局处置过分、无理或无礼的话，也可以向法院起诉，但胜诉的机会甚微。

三、税收的作用

税收的作用是税收职能在一定经济条件下的外在表现。在不同的历史阶段，税收职能发挥着不同的作用。在现阶段，税收的作用主要表现在以下几个方面。

1. 税收是国家组织财政收入的主要形式和工具

税收在保证和实现财政收入方面起着重要的作用。由于税收具有强制性、无偿性和固定性，因而能保证收入的稳定；同时，税收的征收十分广泛，能从多方筹集财政收入。

2. 税收是国家调控经济的重要杠杆之一

国家通过税种的设置以及在税目、税率、加成征收或减免税等方面的规定，可以调节社会生产、交换、分配和消费，促进社会经济的健康发展。

3. 税收具有维护国家政权的作用

国家政权是税收产生和存在的必要条件，而国家政权的存在又依赖于税收的存在。没有税收，国家机器就不可能有效运转。同时，税收分配不是按照等价原则和所有权原则分配的，而是凭借政治权力对物质利益进行调节，体现国家支持什么、限制什么，从而达到维护和巩固国家政权的目的。

4. 税收具有监督经济活动的作用

国家在征收税款过程中，一方面要查明情况，正确计算并征收税款；另一方面又能发现纳税人在生产经营过程中或是在缴纳税款过程中存在的问题。国家税务机关对征税过程中发现的问题，可以采取措施纠正，也可以通知纳税人或政府有关部门及时解决。

第二节 税法的概念

一、税法的概念

税法是国家制定的用以调整国家与纳税人之间在征纳税方面的权利及义务关系的法律规范的总称。税法构建了国家及纳税人依法征税、依法纳税的行为准则体系，其目的是保障国家利益和纳税人的合法权益，维护正常的税收秩序，保证国家的财政收入。税法体现为法律这一规范形式，是税收制度的核心内容。一国税收制度是在税收分配活动中税收征纳双方所应遵守的行为规范的总和。其内容主要包括各税种的法律、法规以及为了保证这些税法得以实施的税收征收管理制度和税收管理体制。

税法具有义务性法规和综合性法规的特点。首先，从法律性质上看，税法属于义务性法规，以规定纳税人的义务为主。税法属于义务性法规，并不是指税法没有规定纳税人的权利，而是指纳税人的权利是建立在其纳税义务的基础之上的，处于从属地位。税法属义务性法规的这一特点是由税收的无偿性和强制性特点所决定的。其次，税法的另一特点是具有综合性，它是由一系列单行税收法律、法规及行政规章制度组成的体系，其内容涉及课税的基本原则、征纳双方的权利和义务、税收管理规则、法律责任、解决税务争议的法律规范等。税法的综合性特点是由税收制度所调整的税收分配关系和税收法律关系的复杂性所决定的。

二、税收法律关系

税收法律关系是税法所确认和调整的国家与纳税人之间、国家与国家之间以及各级政府之间在税收分配过程中形成的权利与义务关系。国家征税与纳税人纳税形式上表现为利益分配的关系，但经过法律明确其双方的权利与义务后，这种关系实质上已上升为一种特定的法律关系。了解税收法律关系，对于正确理解国家税法的本质，严格依法纳税、依法征税都具有重要的意义。

(一) 税收法律关系的构成

税收法律关系在总体上与其他法律关系一样,都是由税收法律关系的主体、客体和内容三方面构成的,但在三方面的内涵上,税收法律关系又具有一定的特殊性。

1. 税收法律关系的主体

法律关系的主体是指法律关系的参加者。税收法律关系的主体即税收法律关系中享有权利和承担义务的当事人。在我国,税收法律关系的主体包括征、纳双方,一方是代表国家行使征税职责的国家行政机关,包括国家各级税务机关、海关;另一方是履行纳税义务的人,包括法人、自然人和其他组织,在华的外国企业、组织、外籍人、无国籍人,以及在华虽然没有机构、场所但有来源于中国境内所得的外国企业或组织。这种对税收法律关系中权利主体另一方的确定,在我国采取的是属地兼属人的原则。

在税收法律关系中权利主体双方法律地位平等,只是因为主体双方是行政管理者与被管理者的关系,所以双方的权利与义务不对等,因此,与一般民事法律关系中主体双方权利与义务平等是不一样的,这是税收法律关系的一个重要特征。

2. 税收法律关系的客体

客体即税收法律关系主体的权利、义务所共同指向的对象,也就是征税对象。例如,所得税法律关系客体就是生产经营所得和其他所得,财产税法律关系客体即是财产,流转税法律关系客体就是货物销售收入或劳务收入。税收法律关系客体也是国家利用税收杠杆调整和控制的目标,国家在一定时期根据客观经济形势发展的需要,通过扩大或缩小征税范围调整征税对象,以达到限制或鼓励国民经济中某些产业、行业发展的目的。

3. 税收法律关系的内容

税收法律关系的内容就是主体所享有的权利和所应承担的义务,这是税收法律关系中最实质的东西,也是税法的灵魂。它规定权利主体可以有什么行为,不可以有什么行为,若违反了这些规定,须承担相应的法律责任。

税务机关的权利主要表现在依法进行征税、税务检查以及对违章者进行处罚;其义务主要是向纳税人宣传、咨询、解读税法,及时把征收的税款解缴国库,依法受理纳税人对税收争议的申诉等。

纳税义务人的权利主要有多缴税款申请退还权、延期纳税权、依法申请减免税权、申请复议和提起诉讼权等。其义务主要是按税法规定办理税务登记、进行纳税申报、接受税务检查、依法缴纳税款等。

税收法律关系的构成如表 1-2 所示。

表 1-2　　税收法律关系的构成

税收法律关系的构成	内　容
权利主体	(1) 双主体: 征税方:税务机关、海关 纳税方:采用属地兼属人原则确定的个人或机构 (2) 权利主体双方法律地位是平等的,但权利和义务不对等
权利客体	征税对象
税收法律关系的内容	征、纳双方各自享有的权利和承担的义务

(二) 税收法律关系的产生、变更与消灭

税法是引起税收法律关系的前提条件,但税法本身并不能产生具体的税收法律关系。税收法律关系的产生、变更和消灭必须有能够引起税收法律关系产生、变更或消灭的客观情况,也就是由税收法律事实来决定。税收法律事实可以分为税收法律事件和税收法律行为。税收法律事件是指不以税收法律关系权利主体的意志为转移的客观事件。例如,自然灾害可以导致税收减免,从而改变税收法律关系内容的变化。税收法律行为是指税收法律关系主体在正常意志支配下作出的活动。例如,纳税人开业经营即产生税收法律关系,纳税人转业或停业就会造成税收法律关系的变更或消灭。

(三) 税收法律关系的保护

税收法律关系是同国家利益及企业和个人的权益相联系的。保护税收法律关系,实质上就是保护国家正常的经济秩序,保障国家财政收入,维护纳税人的合法权益。税收法律关系的保护形式和方法是很多的,税法中关于限期纳税、征收滞纳金和罚款的规定,《中华人民共和国刑法》(以下简称《刑法》)对构成逃税、抗税罪给予刑罚的规定,以及税法中对纳税人不服税务机关征税处理决定时,可以申请复议或提出诉讼的规定等都是对税收法律关系的直接保护。税收法律关系的保护对权利主体双方是平等的,不能只保护一方,而对另一方不予保护。同时,对其享有权利的保护,就是对其承担义务的制约。

三、税法的构成要素

税法的构成要素是指各种单行税法具有的共同的基本要素的总称。首先,税法构成要素既包括实体性的,也包括程序性的;其次,税法构成要素是所有完善的单行税法都共同具备的,仅为某一税法所单独具有而非普遍性的内容,不构成税法要素,如扣缴义务人。税法的构成要素一般包括总则、纳税义务人、征税对象、税目、税率、纳税环节、纳税期限、纳税地点、减税免税、罚则、附则等项目。

(一) 总则

总则主要包括立法依据、立法目的、适用原则等。

(二) 纳税义务人

纳税人又叫纳税主体,是税法规定的直接负有纳税义务的单位和个人,解决的是对谁征税的问题。

1. 纳税人

纳税人有两种基本形式:自然人和法人。自然人和法人是两个相对称的法律概念。自然人是基于自然规律而出生的,有民事权利和义务的主体,包括本国公民,也包括外国人和无国籍人。例如,个人、个体工商户、个人独资企业、合伙企业等都属于自然人的范畴。法人是自然人的对称,根据《中华人民共和国民法通则》第三十六条规定,法人是基于法律规定享有权利能力和行为能力,具有独立的财产和经费,依法独立承担民事责任的社会组织。我国的法人主要有四种:机关法人、事业法人、企业法人和社团法人。

与纳税人有关的概念有负税人、代扣代缴义务人和代收代缴义务人。

2. 负税人

负税人是实际负担税款的单位和个人。在实际生活中,有的税收由纳税人自己负担,纳税人本身就是负税人，这种税被称作直接税，如个人所得税、企业所得税等；有的税收虽然由纳税人缴纳，但实际上是由别人负担的，纳税人和负税人不一致，这种税被称作间接税，如增值税、消费税等。

3. 代扣代缴义务人

代扣代缴义务人是指虽不承担纳税义务，但依照有关规定，在向纳税人支付收入、结算货款、收取费用时有义务代扣代缴其应纳税款的单位和个人。例如，企业代扣职工工资、薪金的个人所得税等。

4. 代收代缴义务人

代收代缴义务人是指虽不承担纳税义务，但依照有关规定，在向纳税人收取商品或劳务收入时，有义务代收代缴其应纳税款的单位和个人。例如，《中华人民共和国消费税暂行条例》（以下简称《消费税暂行条例》）规定，委托加工的应税消费品，由受托方在向委托方交货时代收代缴委托方应该缴纳的消费税。

（三）征税对象

征税对象又叫课税对象、征税客体，解决的是对什么征税的问题，是征纳税双方权利义务共同指向的客体或标的物，是区别一种税与另一种税的重要标志。征税对象是税法最基本的要素，因为它体现着征税的最基本界限，决定着某一种税的基本征税范围。同时，税种的名称也因为征税对象的不同而不同。例如，消费税、房产税、个人所得税等，这些税种因征税对象不同、性质不同，税名也就不同。征税对象按其性质的不同，通常可划分为流转额、所得额、财产、资源、特定行为等五大类，通常也因此将税收分为相应的五大类，即流转税或称商品和劳务税、所得税、财产税、资源税和特定行为税。

相关案例 1-2

胡　须　税

法国国王法兰西一世（1515—1547）有一次和御林军一起喝酒，酒后又一起打雪仗，不小心打伤了嘴唇，为了掩饰伤口，不得已蓄留了胡须。因为国王留了胡须，全国也就上行下效起来。国王知道后，气愤之极。于是规定：只准贵族留胡须，一般平民百姓要想留胡须，必须缴纳“胡须税”。

在这里，留胡须的行为成了征税对象。

与征税对象有关的概念有：税目和税基。

1. 税目

税目是反映征税对象具体的征税项目，是对征税对象质的界定。税目本身也是一个重要的税法要素，首先，设置税目的目的是明确具体的征税范围，凡列入税目的即为应税项目，未列入税目的，则不属于应税项目。其次，划分税目也是贯彻国家税收调节政策的需要，国家可根据不同项目的利润水平以及国家经济政策等为依据制定高低不同的税率，以体现不同的税收政策。并非所有税种都需规定税目，有些税种不分课税对象的具体项目，一律按照征税对象的应税数额采用同一税率计征税款，因此一般无须设置税目，如企业所得税。有些税种具体课税对象比较复杂，需要规定税目，如消费税、个人所得税等，一般都规定有不同的税目。

2. 税基

税基又叫计税依据，是据以计算征税对象应纳税款的直接数量依据，它解决对征税对象课税的计算问题，是对课税对象的量的规定。例如，企业所得税应纳税额的基本计算方法是应纳税所得额乘以适用税率，其中，应纳税所得额是据以计算所得税应纳税额的数量基础，为所得税的税基。计税依据按照计量单位的性质划分，有两种基本形态：价值形态和物理形态。价值形态包括应纳税所得额、销售收入、营业收入等；物理形态包括面积、体积、容积、重量等。以价值形态作为税基，称为从价计征，即按征税对象的货币价值计算，如生产销售化妆品应纳消费税税额是由化妆品的销售收入乘以适用税率计算产生，其税基为销售收入，属于从价计征的方法。以物理形态作为税基，称为从量计征，即直接按征税对象的自然单位计算，如城镇土地使用税应纳税额是由占用土地面积乘以每单位面积应纳税额计算产生的，其税基为占用土地的面积，属于从量计征的方法。

（四）税率

税率是对征税对象的征收比例或征收额度，解决的是征多少税的问题。税率是计算税额的尺度，也是衡量税负轻重与否的重要标志。我国现行的税率如下。

1-3 视频：税率

1. 比例税率

比例税率是指即对同一征税对象，不分数额大小，规定相同的征收比例的税率。我国的增值税、城市维护建设税、企业所得税等采用的是比例税率。比例税率在适用中又可分为三种具体形式：

（1）单一比例税率，是指同一征税对象的所有纳税人都适用同一比例税率。

（2）差别比例税率，是指同一征税对象的不同纳税人适用不同的比例征税。我国现行税法又分别按产品、行业和地区的不同将差别比例税率划分为以下两种类型：一是产品差别比例税率，即对不同产品分别适用不同的比例税率，同一产品采用同一比例税率，如消费税、关税等；二是地区差别比例税率，即区分不同的地区分别适用不同的比例税率，同一地区采用同一比例税率，如城市维护建设税。

（3）幅度比例税率，是指对同一征税对象，税法只规定最低税率和最高税率，各地区在该幅度内确定具体的使用税率，如契税。

比例税率具有计算简单、税负透明度高、有利于保证财政收入、有利于纳税人公平竞争、不妨碍商品流转额或非商品营业额扩大等优点，符合税收效率原则。但比例税率不能针对不同的收入水平实施不同的税收负担，在调节纳税人的收入水平方面难以体现税收的公平原则。

2. 定额税率

定额税率是指按征税对象确定的计算单位，直接规定一个固定的税额的税率。征税对象的计量单位可以是重量、数量、面积、体积等自然单位。按定额税率征税，税额的多少只同征税对象的数量有关，同价格无关。定额税率计税简便，适用于从量计征的税种。目前采用定额税率的有耕地占用税、城镇土地使用税、车船税等。

3. 累进税率

累进税率是指随着征税对象数额的增大而随之提高的税率，即按征税对象绝对额（或相对率）的大小划分为若干等级，每一等级规定一个税率，征税对象数额越大，适用税率越高。累进税率一般在所得税中适用，可以充分体现对纳税人收入多的多征、收入少的少征、无收入的不征的税收原则，从而有效地调节纳税人的收入，正确处理税收负担的纵向公平问题。

累进税率若是按征税对象的绝对额为依据划分等级，即为“额累”，若是按征税对象的相对率为依据划分等级，即为“率累”。“额累”又分为全额累进税率和超额累进税率。

全额累进税率是把征税对象的数额划分为若干等级，对每个等级分别规定相应税率，当税基超过某个级距时，课税对象的全部数额都按提高后级距的相应税率征税。

超额累进税率是把征税对象按数额的大小分成若干等级，每一等级规定一个税率，税率依次提高，但每一纳税人的征税对象则依所属等级同时适用几个税率分别计算，将计算结果相加后得出应纳税款。目前我国采用这种税率的税种有个人所得税。

【例 1-1】 给定一个累进税率表：假定甲、乙、丙三人当月的应纳税所得额分别为 1 500 元、1 501 元、5 000 元。分别按照全额累进方法和超额累进方法计算应纳税额。

计算过程与结果如表 1-3、表 1-4 所示。

表 1-3　　某三级累进税率表

级数	征税对象级距	税率	速算扣除数(元)
1	1 500 元以下(含)	3%	0
2	1 500～4 500 元(含)	10%	105
3	4 500～9 000 元(含)	20%	555

表 1-4　　应纳税额计算

按照全额累进税率计算税额	按照超额累进税率计算税额
甲应纳税＝1 500×3%＝45(元)	甲应纳税＝1 500×3%＝45(元)
乙应纳税＝1 501×10%＝150.1(元)	乙应纳税＝1 500×3%＋1×10%＝45.1(元)
丙应纳税＝5 000×20%＝1 000(元)	丙应纳税＝1 500×3%＋(4 500－1 500)×10%＋(5 000－4 500)×20%＝445(元)

全额累进税率计算方法简便，但税收负担不合理，特别是在划分级距的临界点附近，税负呈跳跃式递增，甚至会出现税额增加超过征税对象数额增加的不合理现象，不利于鼓励纳税人增加收入。因此，目前在我们国家没有采用该种税率形式的税种。

按超额累进方法计算税额较为合理，但在级数较多的情况下，分级计算，然后相加的方法比较繁琐。为了简化计算，也可采用速算法。速算法的原理是，基于全额累进计算的方法比较简单，可将超额累进计算的方法转化为全额累进计算的方法。对于同样的征税对象数额，按全额累进方法计算出的税额比按超额累进方法计算出的税额多，即有重复计算的部分，这个多征的常数叫速算扣除数，用公式表示为：

速算扣除数＝按全额累进方法计算的税额－按超额累进方法计算的税额

公式移项得：

按超额方法计算的应纳税额＝按全额累进方法计算的税额－速算扣除数

接上例，丙当月应纳税所得额为 5 000 元，如果采用速算法计算，则 5 000 元应纳税所得额应纳税额为 445 元(5 000 ×20%－555)。

“率累”又分为全率累进税率和超率累进税率。**超率累进税率**即以征税对象数额的相对率划分若干级距，分别规定相应的差别税率，相对率每超过一个级距，对超过的部分就按高一级的税率计算征税。我国现行税法中土地增值税采用超率累进税率。全率累进税率由于在计算时与全额累进税率存在同样不合理的现象，因此我国现行税法中也没有采用该种税率形式的税种。税率的分类如图 1-1 所示。

- 税率
  - 比例税率
    - 单一比例税率
    - 差别比例税率
    - 幅度比例税率
  - 定额税率
  - 累进税率
    - 额累
      - 全额累进税率(无)
      - 超额累进税率(个人所得税)
    - 率累
      - 全率累进税率(无)
      - 超率累进税率(土地增值税)

图 1-1　税率的分类

(五) 纳税环节

纳税环节是指税法规定的征税对象在从生产到消费的流转过程中应当缴纳税款的环节。一种商品从生产到消费要经历生产、批发、零售诸多流转环节，各环节都存在销售额，都可能成为纳税环节。但考虑到税收对经济的影响、财政收入的需要以及税收征管的能力等因素，国家常常对在商品流转过程中所征税种规定不同的纳税环节。按照某种税征税环节的多少，可以将税种划分为一次课征制或多次课征制。例如，增值税实行生产、批发、零售各个环节纳税，而消费税则实行单一的生产环节纳税。

(六) 纳税期限

纳税期限是指每隔固定时间汇总一次纳税义务的时间。纳税人每次发生纳税义务后，不可能马上去缴纳税款。税法规定了每种税的纳税期限，如增值税条例规定，增值税的具体纳税期限分别为 1 日、3 日、5 日、10 日、15 日、1 个月或者 1 个季度。纳税人的具体纳税期限，由主管税务机关根据纳税人应纳税额的大小分别核定；不能按照固定期限纳税的，可以按次纳税。

与纳税期限有关的概念有：纳税义务发生时间和缴库期限。

纳税义务发生时间是指应税行为发生的时间，如增值税条例规定采取预收货款方式销售货物的，其纳税义务发生时间为货物发出的当天。采取赊销和分期收款方式销售货物的，其纳税义务发生时间为合同约定的收款日期的当天。

缴库期限是指税法规定的纳税期满后，纳税人将应纳税款缴入国库的期限。例如，《中华人民共和国增值税暂行条例》(以下简称《增值税暂行条例》)规定，纳税人以 1 个月或者 1 个季度为 1 个纳税期的，自期满之日起 15 日内申报纳税；以 1 日、3 日、5 日、10 日或者 15 日为 1 个纳税期的，自期满之日起 5 日内预缴税款，于次月 1 日起 15 日内申报纳税并结清上月应纳税款。

(七) 纳税地点

纳税地点是指根据各个税种纳税对象的纳税环节和有利于对税款的源泉控制而规定的纳税人(包括代征、代扣、代缴义务人)的具体纳税地点。

(八) 减税免税

减税免税是指对某些纳税人和征税对象采取减少征税或者免予征税的特殊规定。

(九) 罚则

罚则是规定对纳税人违反税法的行为采取的处罚措施。

(十) 附则

附则一般都规定与该法紧密相关的内容,比如该法的解释权、生效时间等。

第三节　税收立法与税法的实施

一、税收立法

税收立法是指有权的机关依据一定的程序,遵循一定的原则,运用一定的技术,制定、公布、修改、补充和废止有关税收法律、法规、规章的活动。税收立法是税法实施的前提,有法可依、有法必依、执法必严、违法必究,是税收立法与税法实施过程中必须遵循的基本原则。

(一) 我国税收立法原则

税收立法原则是指在税收立法活动中必须遵循的准则。我国的税收立法原则是根据我国的社会性质和具体国情确定的,是立法机关根据社会经济活动、经济关系,特别是税收征纳双方的特点确定的,并贯穿于税收立法工作始终的指导方针。税收立法主要应遵循以下几个原则。

1. 从实际出发的原则

从实际出发,这是唯物主义在税收立法实践中的运用和体现。贯彻这个原则,首先要求税收立法必须根据经济、政治发展的客观需要,反映客观规律,也就是从中国国情出发,充分尊重经济社会发展规律和税收分配理论。其次,要客观反映一定时期国家、社会、政治、经济等各方面的实际情况,既不能被某些条条框框所束缚,也不能盲目抄袭别国的立法模式。在此基础上,充分运用科学知识和技术手段,不断丰富税收立法理论,完善税法体系,以适应社会主义市场经济发展的客观需要。

2. 公平原则

在税收立法中一定要体现公平原则。所谓公平,就是要体现合理负担原则。在市场经济体制下,参加市场竞争的各个主体需要有一个平等竞争的环境,而税收的公平是实现平等竞争的重要条件。公平主要体现在三个方面:一是从税收负担能力上看,负担能力大的应多纳税,负担能力小的应少纳税,没负担能力的不纳税。二是从纳税人所处的生产和经营环境看,由于客观环境优越而取得超额收入或级差收益者应多纳税,反之少纳税。三是从税负平衡看,不同地区、不同行业间及多种经济成分之间的实际税负必须尽可能公平。

3. 民主决策的原则

民主决策的原则主要指税收立法过程中必须充分倾听群众的意见，严格按照法定程序进行，确保税收法律能体现广大群众的根本利益。坚持这个原则，要求税收立法的主体应以人民代表大会及其常务委员会为主，按照法定程序进行；对税收法案的审议，要进行充分的辩论，倾听各方面意见。税收立法过程要公开化，让广大公众及时了解税收立法的全过程，以及立法过程中各个环节的争论和如何达成共识的情况。

4. 原则性与灵活性相结合的原则

在制定税法时，要求明确、具体、严谨、周密。但是，为了保证税法制定后在全国范围内、在各个地区都能贯彻执行，不至于与现实脱节，又要求在制定税法时，不能规定得过细过死，这就要求必须坚持原则性与灵活性相结合的原则。具体讲，必须贯彻法制的统一性与因时、因地制宜相结合。法制的统一性表现在税收立法上，就是税收立法权只能由国家最高权力机关来行使，各地区、各部门不能擅自制定违背国家宪法和法律的所谓“土政策”“土规定”。但是，我国又是一个幅员辽阔、人口众多、多民族的国家，各地区的经济文化发展水平不平衡，因而对不同地区不能强求一样。因此，为了照顾不同地区特别是少数民族地区不同的情况和特点，为了充分发挥地方的积极性，在某些情况下，允许地方在遵守国家法律、法规的前提下，制定适合当地的实施办法等。因此，只有贯彻这个原则，才能制定出既符合全国统一性要求又能适应各地区实际情况的税法。

5. 法律的稳定性、连续性与废、改、立相结合的原则

制定税法是与一定经济基础相适应的，税法一旦制定，在一定阶段内就要保持其稳定性，不宜朝令夕改，变化不定。如果税法经常变动，不仅会破坏税法的权威和严肃性，而且会给国民经济生活造成非常不利的影响。但是，这种稳定性不是绝对的，因为社会政治、经济状况是不断变化的，税法也要进行相应的发展变化。这种发展变化具体表现在：有的税法，已经过时，需要废除；有的税法，部分失去效力，需要修改、补充；根据新的情况，需要制定新的税法。此外，还必须注意保持税法的连续性，即税法不能中断，在新的税法未制定前，原有的税法不应随便中止、失效；在修改、补充或制定新的税法时，应保持与原有税法的承续关系，应在原有税法的基础上，结合新的实践经验，修改、补充原有的税法和制定新的税法。只有遵循这个原则，才能制定出符合社会政治、经济发展规律的税法。

（二）我国的税收立法及税法调整

1. 税收立法机关

根据《中华人民共和国宪法》（以下简称《宪法》）、《全国人民代表大会组织法》《国务院组织法》以及《地方各级人民代表大会和地方各级人民政府组织法》的规定，我国的立法体制是：全国人民代表大会及其常务委员会行使立法权，制定法律；国务院及所属各部委，有权根据宪法和法律制定行政法规和规章；地方人民代表大会及其常务委员会，在不与宪法、法律、行政法规抵触的前提下，有权制定地方性法规，但要报全国人大常委会和国务院备案；民族自治地方的人大有权依照当地民族政治、经济和文化的特点，制定自治条例和单行条例。

各有权机关根据国家立法体制规定所制定的一系列税收法律、法规、规章和规范性文件，构成了我国的税收法律体系。需要说明的是，我们平时所说的税法，有广义和狭义之分。广义概念上的税法包括所有调整税收关系的法律、法规，规章和规范性文件，是税法体系的

总称;而狭义概念上的税法,特指由全国人民代表大会及其常务委员会制定和颁布的税收法律。由于制定税收法律、法规和规章的机关不同,其法律级次不同,因此其法律效力也不同。下面简单地予以介绍。

(1) 全国人民代表大会和全国人大常委会制定的税收法律。我国《宪法》第五十八条规定:“全国人民代表大会和全国人民代表大会常务委员会行使国家立法权。”上述规定确定了我国税收法律的立法权由全国人大及其常委会行使,其他任何机关都没有制定税收法律的权力。在国家税收中,凡是基本的、全局性的问题,例如,国家税收的性质,税收法律关系中征纳双方权利与义务的确定,税种的设置,税目、税率的确定等,都需要由全国人大及其常委会以税收法律的形式制定实施,并且在全国范围内,无论对国内纳税人,还是涉外纳税人都普遍适用。在现行税法中,如《企业所得税法》《个人所得税法》《车船税法》《环境保护税法》《烟叶税法》《船舶吨税法》《车辆购置税法》《耕地占用税法》《资源税法》《税收征收管理法》以及1993年12月全国人大常委会通过的《关于外商投资企业和外国企业适用增值税、消费税、营业税等税收暂行条例的决定》都是税收法律。除《宪法》外,在税法体系中,税收法律具有最高的法律效力,是其他有权机关制定税收法规、规章的法律依据,其他各级有权机关制定的税收法规、规章,都不得与《宪法》和税收法律相抵触。

(2) 全国人大或人大常委会授权立法。授权立法是指全国人民代表大会及其常务委员会根据需要授权国务院制定某些具有法律效力的暂行规定或者条例。授权立法与制定行政法规不同。国务院经授权立法所制定的规定或条例等,具有国家法律的性质和地位,它的法律效力高于行政法规,在立法程序上还需报全国人大常委会备案。1984年9月1日,全国人大常委会授权国务院改革工商税制和发布有关税收条例。1985年,全国人大授权国务院在经济体制改革和对外开放方面可以制定暂行的规定或者条例,都是授权国务院立法的依据。增值税、消费税、土地增值税等暂行条例都属于授权立法。授权立法,在一定程度上解决了我国经济体制改革和对外开放工作急需法律保障的当务之急。税收暂行条例的制定和公布施行,也为全国人大及常委会立法工作提供了有益的经验和条件,将这些条例在条件成熟时上升为法律做好了准备。

(3) 国务院制定的税收行政法规。国务院作为最高国家权力机关的执行机关,是最高的国家行政机关,拥有广泛的行政立法权。我国《宪法》规定,国务院可“根据宪法和法律,规定行政措施,制定行政法规,发布决定和命令”。行政法规作为一种法律形式,在中国法律形式中处于低于宪法、法律和高于地方法规、部门规章、地方规章的地位,也是在全国范围内普遍适用的。行政法规的立法目的在于保证宪法和法律的实施,行政法规不得与宪法、法律相抵触,否则无效。国务院发布的《企业所得税法实施条例》《税收征收管理法实施细则》《房产税暂行条例》等,都是税收行政法规。

(4) 地方人民代表大会及其常委会制定的税收地方性法规。根据《地方各级人民代表大会和地方各级人民政府组织法》的规定,省、自治区、直辖市的人民代表大会以及省、自治区的人民政府所在地的市和经国务院批准的较大的市的人民代表大会有制定地方性法规的权力。由于我国在税收立法上坚持“统一税法”的原则,因此地方权力机关制定税收地方法规不是无限制的,而是要严格按照税收法律的授权行事。目前,除了海南省、民族自治地区按照全国人大授权立法规定，在遵循宪法、法律和行政法规的原则基础上，可以制定有关税收的地方性法规外，其他省、市一般都无权自定税收地方性法规。

(5) 国务院税务主管部门制定的税收部门规章。《宪法》第九十条规定："国务院各部、各委员会根据法律和国务院的行政法规、决定、命令，在本部门的权限内，发布命令、指示和规章。"有权制定税收部门规章的税务主管机关是财政部、国家税务总局及海关总署。其制定规章的范围包括：对有关税收法律、法规的具体解释、税收征收管理的具体规定、办法等，税收部门规章在全国范围内具有普遍适用效力，但不得与税收法律、行政法规相抵触。例如，财政部颁发的《增值税暂行条例实施细则》、国家税务总局颁发的《税务代理试行办法》等都属于税收部门规章。

(6) 地方政府制定的税收地方规章。《地方各级人民代表大会和地方各级人民政府组织法》规定："省、自治区、直辖市以及省、自治区的人民政府所在地的市和国务院批准的较大的市的人民政府，可以根据法律和国务院的行政法规，制定规章。"按照"统一税法"的原则，上述地方政府制定税收规章，都必须在税收法律、法规明确授权的前提下进行，并且不得与税收法律、行政法规相抵触。没有税收法律、法规的授权，地方政府是无权自定税收规章的，凡越权自定的税收规章没有法律效力。例如，国务院发布实施的城市维护建设税、房产税等地方性税种暂行条例，都规定省、自治区、直辖市人民政府可根据条例制定实施细则。

2. 税收立法、修订和废止程序

税收立法程序是指有权的机关，在制定、认可、修改、补充、废止等税收立法活动中，必须遵循的法定步骤和方法。

目前我国税收立法程序主要包括以下几个阶段：

(1) 提议阶段。无论是税法的制定，还是税法的修改、补充和废止，一般由国务院授权其税务主管部门(财政部或国家税务总局)负责立法的调查研究等准备工作，并提出立法方案或税法草案，上报国务院。

(2) 审议阶段。税收法规由国务院负责审议。税收法律在经国务院审议通过后，以议案的形式提交全国人民代表大会常务委员会的有关工作部门，在广泛征求意见并做修改后，提交全国人民代表大会或其常务委员会审议通过。

(3) 通过和公布阶段。税收行政法规，由国务院审议通过后，以国务院总理名义发布实施。税收法律，在全国人民代表大会或其常务委员会开会期间，先听取国务院关于制定税法议案的说明，然后经过讨论，以简单多数的方式通过后，以国家主席名义发布实施。

二、税法的实施

税法的实施即税法的执行。它包括税收执法和守法两个方面：一方面要求税务机关和税务人员正确运用税收法律，并对违法者实施制裁；另一方面要求税务机关、税务人员、公民、法人、社会团体及其他组织严格遵守税收法律。

由于税法具有多层次的特点，因此，在税收执法过程中，对其适用性或法律效力的判断，一般按以下原则掌握：一是层次高的法律优于层次低的法律；二是特别法优于普通法；三是国际法优于国内法；四是实体法从旧，程序法从新。

三、税法征收管理范围划分

1-4　视频：国地税征管体制改革“合的力量”

现阶段，我国税收征收管理机关有税务局和海关。

税务局主要负责下列税收的征收和管理：①国内增值税；②国内消费税；③企业所得税；④个人所得税；⑤资源税；⑥城市维护建设税；⑦房产税；⑧印花税；⑨城镇土地使用税；⑩土地增值税；⑪车船税；⑫车辆购置税；⑬耕地占用税；⑭契税；⑮烟叶税；⑯环境保护税；⑰出口产品退税（增值税、消费税）。

非税收入和社会保险费的征收也由税务机关负责。

海关主要负责下列税收的征收和管理：①船舶吨税；②关税；③进口环节的增值税、消费税。

第四节　我国现行税法体系

一、税法体系概述

税法体系就是通常所说的税收制度（简称税制）。从法律角度来讲，税法体系是指一个国家在一定时期内、一定体制下以法定形式规定的各种税收法律、法规的总和。从税收工作的角度来讲，税法体系是指在既定的管理体制下设置的税种以及与这些税种的征收、管理有关的，具有法律效力的各级成文法律，行政法规、部门规章等的总和。

一个国家的税收制度，可按照构成方法和形式分为简单型税制及复合型税制。简单型税制主要是指税种单一、结构简单的税收制度；复合型税制主要是指由多个税种构成的税收制度。在现代社会中，世界各国一般都采用多种税并存的复合税制税收制度。一个国家为了有效取得财政收入或调节社会经济活动，必须设置一定数量的税种，并规定每种税的征收和缴纳办法，包括对什么征税、向谁征税、征多少税以及何时纳税、何地纳税、按什么手续纳税、不纳税如何处理等。

因此，税收制度的内容主要有三个层次：一是不同的要素构成税种。构成税种的要素主要包括：纳税人、征税对象、税目、税率、纳税环节、纳税期限，减税免税等。二是不同的税种构成税收制度。构成税收制度的具体税种，国与国之间差异较大，但一般都包括所得税（直接税），如企业（法人）所得税、个人所得税，也包括流转税（间接税），如增值税、消费税及其他一些税种，如财产税（房产税、车船税）、关税、社会保障税等。三是规范税款征收程序的法律法规，如税收征收管理法等。

二、我国现行税法体系

我国现行税法体系分为税收实体法和税收程序法两大体系。税收实体法是规定税收法律关系主体的实体权利、义务的法律规范的总称。其主要内容包括纳税主体、征税客体、计税依据、税目、税率、减免税等，是国家向纳税人行使征税权和纳税人负担纳税义务的要件，只有具备这些要件时，纳税人才负有纳税义务，国家才能向纳税人征税。税收程序法是税收实体法的对称，指以国家税收活动中所发生的程序关系为调整对象的法律，是规定国家征税权行使程序和纳税人纳税义务履行程序的法律规范的总称。其内容主要包括税收确定程序、税收征收程序、税收检查程序和税务争议的解决程序。

(一)税收实体法

我国的现行税制就其实体法而言,是1949年新中国成立后经过几次较大的改革逐步演变而来的,按征税对象大致分为五类:

(1)流转税类,包括增值税、消费税和关税,主要在生产、流通或者服务业中发挥调节作用。

(2)所得税类,包括企业所得税、个人所得税,主要是在国民收入形成后,对生产经营者的利润和个人的纯收入发挥调节作用。

(3)财产和行为税类,包括房产税、车船税、印花税、契税,主要是对某些财产和行为发挥调节作用。

(4)资源税类,包括资源税、土地增值税、环境保护税和城镇土地使用税,主要是对因开发和利用自然资源差异而形成的级差收入发挥调节作用。

(5)特定目的税类,包括城市维护建设税、车辆购置税、耕地占用税、船舶吨税和烟叶税,主要是为了达到特定目的,对特定对象和特定行为发挥调节作用。

上述税种中,除企业所得税、个人所得税、车船税是以国家法律的形式发布实施外,其他各税种都是经全国人民代表大会授权立法,由国务院以暂行条例的形式发布实施的。这18个税收法律、法规组成了我国的税收实体法体系。

延伸阅读1-1

税收须适应国民经济状况

税收必须与一个国家的国民经济状况相适应,不能超越客观经济状况设置和改革税制。否则非但不能取得必要的财政收入,而且会阻碍经济的发展。例如,在以农业经济为主的国家,就只能以农业税为主,而不能以流转税为主;在由农业经济向工业经济过渡的国家,因其资本积累不足,一般应以流转税为中心而不能以所得税为中心设置或改革税制;工业发达国家资本积累充足,可以考虑以所得税为中心设置税制。中国还处在社会主义初级阶段,虽已由农业国过渡到工业国,但社会主义市场经济刚刚起步,资金积累还很不充足,因此,只能选择流转税与所得税为双重主体的税制,而不能仅仅以一种所得税为主体来设置税制。随着一国经济情况的变化,税收制度也必须与之相适应地进行改革,否则就会阻碍经济的发展。

(二)税收程序法

除税收实体法外,我国对税收征收管理适用的法律制度,是按照税收管理机关的不同而分别规定的:

(1)由税务机关负责征收的税种的征收管理,按照全国人大常委会发布实施的《税收征收管理法》执行。

(2)由海关负责征收的税种的征收管理,按照《中华人民共和国海关法》及《中华人民共和国进出口关税条例》等有关规定执行。

1-5 扫一扫 看课件

1-6 扫一扫 练一练

1-7 练一练 参考答案

本章小结

本章主要讲解了税法的基础知识和基本概念，通过讲授要求学生掌握税收的概念、税收法律关系的构成、税法体系中实体法的分类。应重点掌握税法构成要素中的三大基本要素。

本章重要概念

税收　纳税义务人　征税对象　税目　税率　比例税率　定额税率　超额累进税率　超率累进税率

推荐阅读资料

[1] 王振东，张红升，危磊.税法[M].北京：人民邮电出版社，2013.
[2] 刘澄，刘欣华，攀彩霞.新编税收概论[M].北京：科学出版社，2010.
[3] 中国注册会计师协会.税法[M].北京：经济科学出版社，2014.
[4] 刘佐.中国税制概览[M].北京：经济科学出版社，2012.

第二章　增 值 税 法

内容简介

本章主要讲解了增值税的特点、类型;增值税征税范围的一般规定和特殊行为;一般纳税人与小规模纳税人的划分标准;一般纳税人的税率、应纳税额的计算;小规模纳税人的征收率、应纳税额的计算;进口货物征税的计算等相关内容。

学习目的和要求

通过本章学习,学生应掌握增值税征税范围的一般规定和特殊行为;一般纳税人与小规模纳税人的划分标准;一般纳税人的税率、应纳税额的计算;小规模纳税人的征收率、应纳税额的计算;应了解增值税征税范围的特殊项目,增值税征收管理等。

思政育人　河北景县违规摊派征税案

2020 年 6 月 28 日,国务院对河北景县违规摊派征税等系列问题进行了通报批评。该县税务局 2020 年上半年下达的税收任务比去年同期增长了 15.72%。为了完成税收任务,4 月下旬景县税务局集中清缴辖区内的税收,并联合公安部门加大查处力度,致使 5 月该县城镇土地增值税比去年同期增加了 2 488 倍,耕地占用税比去年同期增加了 2.27 倍。辖区内一基层税务局还强制要求企业 5 月份不能申报进项税额抵扣。

通过这个案例,请大家结合自己所学的知识,思考下列问题:第一,理解增值税的计税原理,思考案例中基层税务局不允许企业抵扣进项税额,违法对企业多征税的作法是否正确?第二,税法属于义务性法规,是以规定纳税人的义务为主,这是否意味着纳税人就没有权利呢?税务人员进行税款摊派的作法是否正确?第三,新冠肺炎疫情发生以来,国家加大了减税降负力度,严厉查处征收过头税的行为,这是否体现了党全心全意为人民服务的宗旨?作为社会公民你打算如何以自己的行动报效祖国?

第一节　基本原理

一、增值税的概念及特征

（一）增值税的概念

增值税是以商品（含应税劳务、应税服务、不动产和无形资产）在流转过程中产生的增值额作为计税依据而征收的一种流转税。按照我国增值税法的规定，增值税是对在我国境内销售或进口货物、提供加工、修理修配劳务、销售应税服务、不动产以及无形资产的单位和个人，就其货物、不动产、无形资产销售或提供劳务、服务的增值额和货物进口金额为计税依据而课征的一种流转税。

对增值税概念的理解，关键是要理解"增值额"的含义：首先，增值额是企业在生产经营过程中新创造的价值；并且，商品最后销售价格＝各环节增值额之和。

（二）增值税的特征

增值税之所以能够在世界上众多国家推广，是因为其可以有效地防止商品在流转过程中的重复征税问题，并使其具备如下特点：

（1）保持税收中性。根据增值税的计税原理，流转额中的非增值因素已经在计税时被扣除，因此，对于同一商品而言，无论流转环节的多与少，只要增值额相同，税负就相同，不会影响商品的生产结构、组织结构和产品结构。

（2）普遍征收。从增值税的征税范围看，对从事商品生产经营和劳务提供的所有单位和个人，在商品和劳务的各个流通环节向纳税人普通征收。

（3）税收负担由商品最终消费者承担。增值税虽然是向纳税人征收，但是纳税人在销售商品的过程中会通过价格杠杆将税收负担转嫁给其他人，只要商品实现销售，该税收负担最后会由最终消费者承担。

（4）实行税款抵扣制度。在计算纳税人应纳税款的过程中，要扣除商品在以前生产经营环节已负担的增值税税款，这样可以避免重复征税。世界各国普遍实行凭购货发票抵扣制度。

（5）实行比例税率。世界上实行增值税制度的国家，普遍实行比例税制，以贯彻征收简便易行的原则。按照税收中性原则，对增值税的征收应该采用单一比例税率。但是各国会因为本身经济和社会情况的不同而对不同的商品采取不同的税率。一般分为基本税率和优惠税率（即低税率）。

（6）实行价外税制度。在计税应纳增值税时，作为计税依据的销售额中是不含增值税税款的。这样有利于形成均衡的生产价格，并有利于税收负担的转嫁。

二、增值税的类型

（一）生产型增值税

2-1　宜家怎么收了我的税

生产型增值税是以生产经营者的销售收入或经营收入，减去所购进的除固定资产折旧费以外的投入货物后的余额为计税增值额。从国民经济整体看，其计税基数大体相当于国内生产总值（GDP），故称其为生产型增值税。

我国从 1994 年1 月1 日起至 2008 年 12 月 31 日止一直采用这种类型的增值税。

(二) 收入型增值税

收入型增值税是以“生产型”的增值额减去固定资产折旧后的余额作为计税增值额。从国民经济整体来看,其计税基数相当于国民收入(V+M),故称其为收入型增值税。我国未曾采用收入型增值税。

(三) 消费型增值税

消费型增值税是以“生产型”的增值额减去当期购置的固定资产全额后的余额作为计税增值额。从国民经济整体来看,国内生产总值的 C+V+M 中扣除了 C 及 V+M 中用于积累的部分,其计税基数相当于全部消费品的价值,不包括原材料、固定资产等一切投资转移价值,故称其为消费型增值税。我国从 2009 年 1 月1 日起至今一直采用消费型增值税。

延伸阅读 2-1

增值税转型的原因

2009 年 1 月 1 日起,我国增值税由生产型转为消费型增值税。主要是考虑到目前世界上增值税三种类型各自特点及我国经济发展情况,我们主要从四个方面简要分析一下增值税转型的原因。

首先,征税税基的比较:在固定资产的可用年限内,生产型增值税缴纳的增值税进项税额不能抵扣企业应缴纳的销项税款。收入型增值税缴纳的增值税进项税额分期抵扣企业应缴纳的销项税额,在固定资产的使用年限内能够减少每期应缴的增值税。消费型增值税是将购入固定资产的进项税额在一次性的抵扣当期的销项税额,减少当期的应缴增值税款。从当期来看,扣除的比不扣除地少缴,全部扣除的比分期扣除地少缴。所以以税基比较而言,生产型增值税＞收入型增值税＞消费型增值税。

第二,技术进步和资本投入的比较:生产型增值税无疑增加了企业的税收负担,减少企业的现金流,增加了企业更新设备和提升技术的成本,致使企业不愿投入资本扩大生产规模和改进生产工艺,不利于企业的长期发展。相反,消费型增值税使企业完全没有税收负担的后顾之忧,企业在增加资本投入时只需考虑成本与收益等方面的问题,无需再为购买设备和技术改造占用企业相应部分的现金流劳神,在这种优惠政策下企业是愿意多增加对固定资产的投入的。收入型增值税恰好处于生产型增值税和消费型增值税之间的。所以就这方面来讲,生产型增值税不如收入型增值税和消费型增值税的投资鼓励作用,消费型增值税的条件下更适宜资本密集型产业的发展。

第三,劳动投入的比较:劳动和资本具有替代作用并且符合边际技术替代率递减的规律。从第二步分析来看,在资本的投入使用方面,生产型增值税较消费型增值税处于劣势。企业为了求生存求发展,扩大企业规模只能增加劳动的投入来弥补资本使用的不足,这样就增加了对劳动的需求,促进了就业。从另一种意义来说,生产型增值税更有利于剩余劳动力的使用和劳动密集型产业的发展。

第四,出口退税和增加国际竞争力的比较:在生产型增值税的条件下,退税是不完全的,企业背负了一定比例的“投资税”。产品出口成本中,由于固定资产价值所含已征税款得不到退税,等于出口产品背负着不予退税的“投资税”与人竞争,不利于扩大该国产品出口。反映在进口产品上,由于它们比国内产品少了这一笔“投资税”而增强了竞争力。而从整个国际环境来看,大部分国家实行的是消费型增值税。相比而言,生产型增值税国家的企业的税负较重,出口成本较高,在价格方面没有优势,不利于企业的增强竞争力以及国家的进出口。

第二节 征税范围及纳税义务人

根据《增值税暂行条例》和“营改增”的规定,在中华人民共和国境内销售货物、不动产、无形资产或者提供应税劳务和应税服务以及进口货物的单位和个人，为增值税的纳税人，应当依照本条例和“营改增”的规定缴纳增值税。

一、征税范围

(一) 征税范围一般规定

现行增值税征税范围的一般规定如下。

1. 销售或者进口的货物

货物是指有形动产，包括电力、热力、气体在内。销售货物，是指有偿转让货物的所有权。例如，服装厂销售服装、超市销售文具、机械厂销售机器设备都属于增值税征税范围。

2. 提供的加工、修理修配劳务

加工是指受托加工货物，即委托方提供原料及主要材料，受托方按照委托方的要求制造货物并收取加工费的业务；**修理修配**是指受托对损伤和丧失功能的货物进行修复，使其恢复原状和功能的业务。提供加工、修理修配劳务(以下称应税劳务)是指有偿提供加工、修理修配劳务。单位或者个体工商户聘用的员工为本单位或者雇主提供加工、修理修配劳务，不包括在内。

有偿是指从购买方取得货币、货物或者其他经济利益。

3. 销售服务

销售服务是指提供交通运输服务、邮政服务、电信服务、建筑服务、金融服务、现代服务、生活服务。

1) 交通运输服务

交通运输服务是指利用运输工具将货物或者旅客送达目的地，使其空间位置得到转移的业务活动，包括陆路运输服务、水路运输服务、航空运输服务和管道运输服务。

(1) 陆路运输服务是指通过陆路(地上或者地下)交通工具运送货物或者旅客的运输业务活动，包括铁路运输、公路运输、缆车运输、索道运输、地铁运输、城市轻轨运输等。

出租车公司向使用本公司自有出租车的出租车司机收取的管理费用，按照陆路运输服务缴纳增值税。

(2) 水路运输服务是指通过江、河、湖、川等天然、人工水道或者海洋航道运送货物或者旅客的运输业务活动。水路运输的程租、期租业务，属于水路运输服务。

延伸阅读 2-2

水路运输的程租及期租业务

程租业务：运输企业为租船人完成某一次航次的运输任务(配备操作人员)并收取租赁费。租入方从起运港开始租用船舶，直到卸载港。程租以航次为单位，由船东支付船舶的运营费用(佣金、港口费和燃油)。

期租业务：运输企业将配有操作人员的船舶承租给他人使用一定期限，承租期内听候承租方调遣，不论是否经营，均按天向承租方收取租赁费，发生的固定费用(如人员工资、维修费等)由船东负责。

(3) 航空运输服务是指通过空中航线运送货物或者旅客的运输业务活动。

航空运输的湿租业务，属于航空运输服务。

延伸阅读 2-3

航空运输的湿租业务

湿租业务是指航空运输企业将配备有机组人员的飞机承租给他人使用一定期限，承租期内听候承租方调遣，不论是否经营，均按一定标准向承租方收取租赁费，发生的固定费用均由承租方承担的业务。

航天运输服务，按照航空运输服务缴纳增值税。

航天运输服务是指利用火箭等载体将卫星、空间探测器等空间飞行器发射到空间轨道的业务活动。

(4) 管道运输服务是指通过管道设施输送气体、液体、固体物质的运输业务活动。

无运输工具承运业务，按照交通运输服务缴纳增值税。

无运输工具承运业务是指经营者以承运人身份与托运人签订运输服务合同，收取运费并承担承运人责任，然后委托实际承运人完成运输服务的经营活动。

2) 邮政服务

邮政服务是指中国邮政集团公司及其所属邮政企业提供邮件寄递、邮政汇兑和机要通信等邮政基本服务的业务活动，包括邮政普遍服务、邮政特殊服务和其他邮政服务。

(1) 邮政普遍服务是指函件、包裹等邮件寄递，以及邮票发行、报刊发行和邮政汇兑等业务活动。

函件是指信函、印刷品、邮资封片卡、无名址函件和邮政小包等。

包裹是指按照封装上的名址递送给特定个人或者单位的独立封装的物品，其重量不超过 50 千克，任何一边的尺寸不超过 150 厘米，长、宽、高合计不超过 300 厘米。

(2) 邮政特殊服务是指义务兵平常信函、机要通信、盲人读物和革命烈士遗物的寄递等业务活动。

(3) 其他邮政服务是指邮册等邮品销售、邮政代理等业务活动。

3) 电信服务

电信服务是指利用有线、无线的电磁系统或者光电系统等各种通信网络资源，提供语音通话服务，传送、发射、接收或者应用图像、短信等电子数据和信息的业务活动，包括基础电信服务和增值电信服务。

(1) 基础电信服务是指利用固网、移动网、卫星、互联网，提供语音通话服务的业务活动，以及出租或者出售带宽、波长等网络元素的业务活动。

(2) 增值电信服务是指利用固网、移动网、卫星、互联网、有线电视网络，提供短信和彩信服务、电子数据和信息的传输及应用服务、互联网接入服务等业务活动。

卫星电视信号落地转接服务，按照增值电信服务缴纳增值税。

4) 建筑服务

建筑服务是指各类建筑物、构筑物及其附属设施的建造、修缮、装饰，线路、管道、设备、设施等的安装以及其他工程作业的业务活动，包括工程服务、安装服务、修缮服务、装饰服务和其他建筑服务。

(1) 工程服务是指新建、改建各种建筑物、构筑物的工程作业，包括与建筑物相连的各种设备或者支柱、操作平台的安装或者装设工程作业，以及各种窑炉和金属结构工程作业。

(2) 安装服务是指生产设备、动力设备、起重设备、运输设备、传动设备、医疗实验设备以及其他各种设备、设施的装配、安置工程作业,包括与被安装设备相连的工作台、梯子、栏杆的装设工程作业,以及被安装设备的绝缘、防腐、保温、油漆等工程作业。

固定电话、有线电视、宽带、水、电、燃气、暖气等经营者向用户收取的安装费、初装费、开户费、扩容费以及类似收费,按照安装服务缴纳增值税。

(3) 修缮服务是指对建筑物、构筑物进行修补、加固、养护、改善,使之恢复原来的使用价值或者延长其使用期限的工程作业。

(4) 装饰服务是指对建筑物、构筑物进行修饰装修,使之美观或者具有特定用途的工程作业。

(5) 其他建筑服务是指上列工程作业之外的各种工程作业服务,如钻井(打井)、拆除建筑物或者构筑物、平整土地、园林绿化、疏浚(不包括航道疏浚)、建筑物平移、搭脚手架、爆破、矿山穿孔、表面附着物(包括岩层、土层、沙层等)剥离和清理等工程作业。

5) 金融服务

金融服务是指经营金融保险的业务活动,包括贷款服务、直接收费金融服务、保险服务和金融商品转让。

(1) 贷款服务。贷款是指将资金贷与他人使用而取得利息收入的业务活动。

各种占用、拆借资金取得的收入,包括金融商品持有期间(含到期)利息(保本收益、报酬、资金占用费、补偿金等)收入、信用卡透支利息收入、买入返售金融商品利息收入、融资融券收取的利息收入,以及融资性售后回租、押汇、罚息、票据贴现、转贷等业务取得的利息及利息性质的收入,按照贷款服务缴纳增值税。

融资性售后回租,是指承租方以融资为目的,将资产出售给从事融资性售后回租业务的企业后,从事融资性售后回租业务的企业将该资产出租给承租方的业务活动。

以货币资金投资收取的固定利润或者保底利润,按照贷款服务缴纳增值税。

(2) 直接收费金融服务是指为货币资金融通及其他金融业务提供相关服务并且收取费用的业务活动。包括提供货币兑换、账户管理、电子银行、信用卡、信用证、财务担保、资产管理、信托管理、基金管理、金融交易场所(平台)管理、资金结算、资金清算、金融支付等服务。

(3) 保险服务是指投保人根据合同约定,向保险人支付保险费,保险人对于合同约定的可能发生的事故因其发生所造成的财产损失承担赔偿保险金责任,或者当被保险人死亡、伤残、疾病或者达到合同约定的年龄、期限等条件时承担给付保险金责任的商业保险行为,包括人身保险服务和财产保险服务。

人身保险服务是指以人的寿命和身体为保险标的的保险业务活动。

财产保险服务是指以财产及其有关利益为保险标的的保险业务活动。

(4) 金融商品转让是指转让外汇、有价证券、非货物期货和其他金融商品所有权的业务活动。

其他金融商品转让包括基金、信托、理财产品等各类资产管理产品和各种金融衍生品的转让。

6) 现代服务

现代服务是指围绕制造业、文化产业、现代物流产业等提供技术性、知识性服务的业务活动，包括研发和技术服务、信息技术服务、文化创意服务、物流辅助服务、租赁服务、鉴证咨询服务、广播影视服务、商务辅助服务和其他现代服务。

(1) 研发和技术服务包括研发服务、合同能源管理服务、工程勘察勘探服务、专业技术服务。

研发服务也称技术开发服务，是指就新技术、新产品、新工艺或者新材料及其系统进行研究与试验开发的业务活动。

合同能源管理服务是指节能服务公司与用能单位以契约形式约定节能目标，节能服务公司提供必要的服务，用能单位以节能效果支付节能服务公司投入及其合理报酬的业务活动。

工程勘察勘探服务是指在采矿、工程施工前后，对地形、地质构造、地下资源蕴藏情况进行实地调查的业务活动。

专业技术服务是指气象服务、地震服务、海洋服务、测绘服务、城市规划、环境与生态监测服务等专项技术服务。

(2) 信息技术服务是指利用计算机、通信网络等技术对信息进行生产、收集、处理、加工、存储、运输、检索和利用，并提供信息服务的业务活动，包括软件服务、电路设计及测试服务、信息系统服务、业务流程管理服务和信息系统增值服务。

软件服务是指提供软件开发服务、软件维护服务、软件测试服务的业务活动。

电路设计及测试服务是指提供集成电路和电子电路产品设计、测试及相关技术支持服务的业务活动。

信息系统服务是指提供信息系统集成、网络管理、网站内容维护、桌面管理与维护、信息系统应用、基础信息技术管理平台整合、信息技术基础设施管理、数据中心、托管中心、信息安全服务、在线杀毒、虚拟主机等业务活动，包括网站对非自有的网络游戏提供的网络运营服务。

业务流程管理服务是指依托信息技术提供的人力资源管理、财务经济管理、审计管理、税务管理、物流信息管理、经营信息管理和呼叫中心等服务的活动。

信息系统增值服务是指利用信息系统资源为用户附加提供的信息技术服务。包括数据处理、分析和整合、数据库管理、数据备份、数据存储、容灾服务、电子商务平台等。

(3) 文化创意服务，包括设计服务、知识产权服务、广告服务和会议展览服务。

设计服务是指把计划、规划、设想通过文字、语言、图画、声音、视觉等形式传递出来的业务活动。包括工业设计、内部管理设计、业务运作设计、供应链设计、造型设计、服装设计、环境设计、平面设计、包装设计、动漫设计、网游设计、展示设计、网站设计、机械设计、工程设计、广告设计、创意策划、文印晒图等。

知识产权服务是指处理知识产权事务的业务活动。包括对专利、商标、著作权、软件、集成电路布图设计的登记、鉴定、评估、认证、检索服务。

广告服务是指利用图书、报纸、杂志、广播、电视、电影、幻灯、路牌、招贴、橱窗、霓虹灯、灯箱、互联网等各种形式为客户的商品、经营服务项目、文体节目或者通告、声明等委托事项进行宣传和提供相关服务的业务活动。包括广告代理和广告的发布、播映、宣传、展示等。

会议展览服务是指为商品流通、促销、展示、经贸洽谈、民间交流、企业沟通、国际往来等举办或者组织安排的各类展览和会议的业务活动。

(4) 物流辅助服务包括航空服务、港口码头服务、货运客运场站服务、打捞救助服务、装卸搬运服务、仓储服务和收派服务。

航空服务包括航空地面服务和通用航空服务。

航空地面服务是指航空公司、飞机场、民航管理局、航站等向在境内航行或者在境内机场停留的境内外飞机或者其他飞行器提供的导航等劳务性地面服务的业务活动,包括旅客安全检查服务、停机坪管理服务、机场候机厅管理服务、飞机清洗消毒服务、空中飞行管理服务、飞机起降服务、飞行通讯服务、地面信号服务、飞机安全服务、飞机跑道管理服务、空中交通管理服务等。

通用航空服务是指为专业工作提供飞行服务的业务活动,包括航空摄影、航空培训、航空测量、航空勘探、航空护林、航空吊挂播撒、航空降雨、航空气象探测、航空海洋监测、航空科学实验等。

港口码头服务是指港务船舶调度服务、船舶通讯服务、航道管理服务、航道疏浚服务、灯塔管理服务、航标管理服务、船舶引航服务、理货服务、系解缆服务、停泊和移泊服务、海上船舶溢油清除服务、水上交通管理服务、船只专业清洗消毒检测服务和防止船只漏油服务等为船只提供服务的业务活动。

港口设施经营人收取的港口设施保安费按照港口码头服务缴纳增值税。

货运客运场站服务是指货运客运场站提供货物配载服务、运输组织服务、中转换乘服务、车辆调度服务、票务服务、货物打包整理、铁路线路使用服务、加挂铁路客车服务、铁路行包专列发送服务、铁路到达和中转服务、铁路车辆编解服务、车辆挂运服务、铁路接触网服务、铁路机车牵引服务等业务活动。

打捞救助服务是指提供船舶人员救助、船舶财产救助、水上救助和沉船沉物打捞服务的业务活动。

装卸搬运服务是指使用装卸搬运工具或者人力、畜力将货物在运输工具之间、装卸现场之间或者运输工具与装卸现场之间进行装卸和搬运的业务活动。

仓储服务是指利用仓库、货场或者其他场所代客贮放、保管货物的业务活动。

收派服务是指接受寄件人委托,在承诺的时限内完成函件和包裹的收件、分拣、派送服务的业务活动。

收件服务是指从寄件人收取函件和包裹,并运送到服务提供方同城的集散中心的业务活动。

分拣服务是指服务提供方在其集散中心对函件和包裹进行归类、分发的业务活动。

派送服务是指服务提供方从其集散中心将函件和包裹送达同城的收件人的业务活动。

(5) 租赁服务包括融资租赁服务和经营租赁服务。

融资租赁服务是指具有融资性质和所有权转移特点的租赁活动。即出租人根据承租人所要求的规格、型号、性能等条件购入有形动产或者不动产租赁给承租人,合同期内租赁物所有权属于出租人,承租人只拥有使用权,合同期满付清租金后,承租人有权按照残值购入租赁物,以拥有其所有权。不论出租人是否将租赁物销售给承租人,均属于融资租赁。

按照标的物的不同,融资租赁服务可分为有形动产融资租赁服务和不动产融资租赁服务。

融资性售后回租不按照本税目缴纳增值税。

经营租赁服务是指在约定时间内将有形动产或者不动产转让他人使用且租赁物所有权不变更的业务活动。

按照标的物的不同，经营租赁服务可分为有形动产经营租赁服务和不动产经营租赁服务。

将建筑物、构筑物等不动产或者飞机、车辆等有形动产的广告位出租给其他单位或者个人用于发布广告，按照经营租赁服务缴纳增值税。

车辆停放服务、道路通行服务（包括过路费、过桥费、过闸费等）等按照不动产经营租赁服务缴纳增值税。

2-2 图说：增值税税收筹划的7种业务

水路运输的光租业务、航空运输的干租业务，属于经营租赁。

延伸阅读2-4

航空运输的光租和干租业务

光租业务是指运输企业将船舶在约定的时间内出租给他人使用，不配备操作人员，不承担运输过程中发生的各项费用，只收取固定租赁费的业务活动。

干租业务是指航空运输企业将飞机在约定的时间内出租给他人使用，不配备机组人员，不承担运输过程中发生的各项费用，只收取固定租赁费的业务活动。

（6）鉴证咨询服务包括认证服务、鉴证服务和咨询服务。

认证服务是指具有专业资质的单位利用检测、检验、计量等技术，证明产品、服务、管理体系符合相关技术规范、相关技术规范的强制性要求或者标准的业务活动。

鉴证服务是指具有专业资质的单位受托对相关事项进行鉴证，发表具有证明力的意见的业务活动，包括会计鉴证、税务鉴证、法律鉴证、职业技能鉴定、工程造价鉴证、工程监理、资产评估、环境评估、房地产土地评估、建筑图纸审核、医疗事故鉴定等。

咨询服务是指提供信息、建议、策划、顾问等服务的活动。包括金融、软件、技术、财务、税收、法律、内部管理、业务运作、流程管理、健康等方面的咨询。

翻译服务和市场调查服务按照咨询服务缴纳增值税。

（7）广播影视服务包括广播影视节目（作品）的制作服务、发行服务和播映（含放映，下同）服务。

广播影视节目（作品）制作服务是指进行专题（特别节目）、专栏、综艺、体育、动画片、广播剧、电视剧、电影等广播影视节目和作品制作的服务。具体包括与广播影视节目和作品相关的策划、采编、拍摄、录音、音视频文字图片素材制作、场景布置、后期的剪辑、翻译（编译）、字幕制作、片头、片尾、片花制作、特效制作、影片修复、编目和确权等业务活动。

广播影视节目（作品）发行服务是指以分账、买断、委托等方式，向影院、电台、电视台、网站等单位和个人发行广播影视节目（作品）以及转让体育赛事等活动的报道及播映权的业务活动。

广播影视节目（作品）播映服务是指在影院、剧院、录像厅及其他场所播映广播影视节目（作品），以及通过电台、电视台、卫星通信、互联网、有线电视等无线或者有线装置播映广播影视节目(作品)的业务活动。

(8) 商务辅助服务包括企业管理服务、经纪代理服务、人力资源服务、安全保护服务。

企业管理服务是指提供总部管理、投资与资产管理、市场管理、物业管理、日常综合管理等服务的业务活动。

经纪代理服务是指各类经纪、中介、代理服务。包括金融代理、知识产权代理、货物运输代理、代理报关、法律代理、房地产中介、职业中介、婚姻中介、代理记账、拍卖等。

货物运输代理服务是指接受货物收货人、发货人、船舶所有人、船舶承租人或者船舶经营人的委托,以委托人的名义,为委托人办理货物运输、装卸、仓储和船舶进出港口、引航、靠泊等相关手续的业务活动。

代理报关服务是指接受进出口货物的收、发货人委托,代为办理报关手续的业务活动。

人力资源服务是指提供公共就业、劳务派遣、人才委托招聘、劳动力外包等服务的业务活动。

安全保护服务是指提供保护人身安全和财产安全,维护社会治安等的业务活动。包括场所住宅保安、特种保安、安全系统监控以及其他安保服务。

(9) 其他现代服务是指除研发和技术服务、信息技术服务、文化创意服务、物流辅助服务、租赁服务、鉴证咨询服务、广播影视服务和商务辅助服务以外的现代服务。

7) 生活服务

生活服务是指为满足城乡居民日常生活需求提供的各类服务活动,包括文化体育服务、教育医疗服务、旅游娱乐服务、餐饮住宿服务、居民日常服务和其他生活服务。

(1) 文化体育服务包括文化服务和体育服务。

文化服务是指为满足社会公众文化生活需求提供的各种服务。包括:文艺创作、文艺表演、文化比赛,图书馆的图书和资料借阅,档案馆的档案管理,文物及非物质遗产保护,组织举办宗教活动、科技活动、文化活动,提供游览场所。

体育服务是指组织举办体育比赛、体育表演、体育活动,以及提供体育训练、体育指导、体育管理的业务活动。

(2) 教育医疗服务包括教育服务和医疗服务。

教育服务是指提供学历教育服务、非学历教育服务、教育辅助服务的业务活动。

学历教育服务是指根据教育行政管理部门确定或者认可的招生和教学计划组织教学,并颁发相应学历证书的业务活动。包括初等教育、初级中等教育、高级中等教育、高等教育等。

非学历教育服务包括学前教育、各类培训、演讲、讲座、报告会等。

教育辅助服务包括教育测评、考试、招生等服务。

医疗服务是指提供医学检查、诊断、治疗、康复、预防、保健、接生、计划生育、防疫服务等方面的服务,以及与这些服务有关的提供药品、医用材料器具、救护车、病房住宿和伙食的业务。

(3) 旅游娱乐服务包括旅游服务和娱乐服务。

旅游服务是指根据旅游者的要求,组织安排交通、游览、住宿、餐饮、购物、文娱、商务等服务的业务活动。

娱乐服务是指为娱乐活动同时提供场所和服务的业务。具体包括：歌厅、舞厅、夜总会、酒吧、台球、高尔夫球、保龄球、游艺（包括射击、狩猎、跑马、游戏机、蹦极、卡丁车、热气球、动力伞、射箭、飞镖）。

（4）餐饮住宿服务包括餐饮服务和住宿服务。

餐饮服务是指通过同时提供饮食和饮食场所的方式为消费者提供饮食消费服务的业务活动。

住宿服务是指提供住宿场所及配套服务等的活动。包括宾馆、旅馆、旅社、度假村和其他经营性住宿场所提供的住宿服务。

（5）居民日常服务是指主要为满足居民个人及其家庭日常生活需求提供的服务，包括市容市政管理、家政、婚庆、养老、殡葬、照料和护理、救助救济、美容美发、按摩、桑拿、氧吧、足疗、沐浴、洗染、摄影扩印等服务。

（6）其他生活服务是指除文化体育服务、教育医疗服务、旅游娱乐服务、餐饮住宿服务和居民日常服务之外的生活服务。

纳税人提供植物养护服务，按照“其他生活服务”缴纳增值税。

4. 销售无形资产

销售无形资产是指转让无形资产所有权或者使用权的业务活动。无形资产，是指不具实物形态，但能带来经济利益的资产，包括技术、商标、著作权、商誉、自然资源使用权和其他权益性无形资产。

技术包括专利技术和非专利技术。

自然资源使用权包括土地使用权、海域使用权、探矿权、采矿权、取水权和其他自然资源使用权。

其他权益性无形资产包括基础设施资产经营权、公共事业特许权、配额、经营权（包括特许经营权、连锁经营权、其他经营权）、经销权、分销权、代理权、会员权、席位权、网络游戏虚拟道具、域名、名称权、肖像权、冠名权、转会费等。

5. 销售不动产

销售不动产是指转让不动产所有权的业务活动。不动产是指不能移动或者移动后会引起性质、形状改变的财产，包括建筑物、构筑物等。

建筑物包括住宅、商业营业用房、办公楼等可供居住、工作或者进行其他活动的建造物。

构筑物包括道路、桥梁、隧道、水坝等建造物。

转让建筑物有限产权或者永久使用权的，转让在建的建筑物或者构筑物所有权的，以及在转让建筑物或者构筑物时一并转让其所占土地的使用权的，按照销售不动产缴纳增值税。

延伸阅读 2-5

“营改增”后应税行为的注意事项

1. 销售服务、无形资产或者不动产，是指有偿提供服务、有偿转让无形资产或者不动产，但属于下列非经营活动的情形除外：

(1) 行政单位收取的同时满足以下条件的政府性基金或者行政事业性收费。

①由国务院或者财政部批准设立的政府性基金，由国务院或者省级人民政府及其财政、价格主管部门

批准设立的行政事业性收费;②收取时开具省级以上(含省级)财政部门监(印)制的财政票据;③所收款项全额上缴财政。

(2) 单位或者个体工商户聘用的员工为本单位或者雇主提供取得工资的服务。

(3) 单位或者个体工商户为聘用的员工提供服务。

(4) 财政部和国家税务总局规定的其他情形。

2. 销售服务、无形资产或者不动产,是指在境内销售服务、无形资产或者不动产。在境内销售服务、无形资产或者不动产的情形有:

(1) 服务(租赁不动产除外)或者无形资产(自然资源使用权除外)的销售方或者购买方在境内。

(2) 所销售或者租赁的不动产在境内。

(3) 所销售自然资源使用权的自然资源在境内。

(4) 财政部和国家税务总局规定的其他情形。

下列情形不属于在境内销售服务或者无形资产:

(1) 境外单位或者个人向境内单位或者个人销售完全在境外发生的服务。

(2) 境外单位或者个人向境内单位或者个人销售完全在境外使用的无形资产。

(3) 境外单位或者个人向境内单位或者个人出租完全在境外使用的有形动产。

(4) 财政部和国家税务总局规定的其他情形。

3. 纳税人无偿销售服务、无形资产或者不动产视同有偿销售缴纳增值税,但用于公益事业或者以社会公众为对象的除外。属于视同销售服务、无形资产或者不动产的情形有:

单位或个体工商户向其他单位或者个人无偿提供服务,但用于公益事业或者以社会公众为对象的除外。

(二) 征税范围的具体规定

增值税的征税范围除了上述的一般规定以外,对于实务中某些特殊项目或行为是否属于增值税的征税范围,还需要作出具体确定。

1. 特殊项目

(1) 经营罚没物品(未上缴财政的)收入,照章征收增值税。凡作为罚没变价或拍卖收入如数上缴财政的,不予征税。

(2) 航空公司已售票但未提供航空运输服务取得的逾期票证收入,按照航空运输服务缴纳增值税。

(3) 药品生产企业销售自产创新药的销售额,为向购买方收取的全部价款和价外费用。药品生产企业在销售自产创新药后,提供给患者后续免费使用的相同创新药,不属于增值税视同销售范围。

(4) 单用途卡售卡方因发行或者销售单用途卡并办理相关资金收付结算业务取得的手续费、结算费、服务费、管理费等收入,应按照现行规定缴纳增值税。

(5) 纳税人取得的中央财政补贴不属于增值税的应税收入。

(6) 融资性售后回租业务中,承租方出售资产的行为不属于增值税的征税范围。

(7) 根据国家指令无偿提供的铁路运输服务、航空运输服务,属于用于公益事业服务,不缴纳增值税。

(8) 存款利息不征收增值税。

(9) 被保险人获得的保险赔付不缴纳增值税。

(10) 房地产主管部门或者其指定机构、公积金管理中心、开发企业以及物业管理单位代收的住宅专项维修资金，不征收增值税。

（11）纳税人在资产重组过程中，通过合并、分立、出售、置换等方式，将全部或部分实物资产以及与其相关联的债权、负债和劳动力一并转让给其他单位和个人，不属于增值税的征税范围。

2．特殊行为

1）视同销售货物行为

视同销售是指在会计上不作为销售核算，而在税收上作为销售，确认收入计缴税金的商品或劳务、服务等的转移行为。单位或者个体工商户的下列行为，视同销售货物：

（1）将货物交付其他单位或者个人代销。

（2）销售代销货物。

委托代销视同销售示意图如图 2-1 所示。

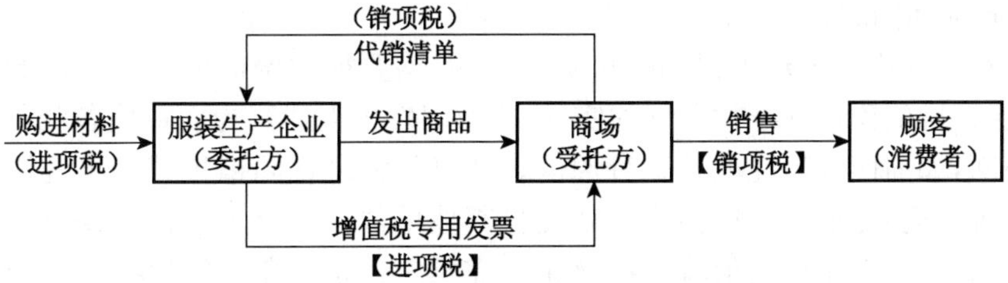

图 2-1　委托代销视同销售示意图

（3）设有两个以上机构并实行统一核算的纳税人，将货物从一个机构移送至其他机构用于销售，但相关机构设在同一县（市）的除外。

用于销售是指受货机构发生以下情形之一的经营行为：向购货方开具发票；向购货方收取货款。

受货机构的货物移送行为有上述两项情形之一的，应当向所在地税务机关缴纳增值税；未发生上述两项情形的，则应由总机构统一缴纳增值税。如果受货机构只就部分货物向购买方开具发票或收取货款，则应当区别不同情况计算并分别向总机构所在地或分支机构所在地缴纳税款。

2-3　视频：视同销售（3）

相关思考 2-1

总机构向异地分支机构移送货物如何避税？

对于实行统一核算的企业所属机构间移送货物，接受移送货物机构（以下简称受货机构）发生以下情形之一：一是向购货方开具发票；二是向购货方收取货款，那么移送货物时就要视同销售缴纳增值税。

如何避免移送环节的增值税？只要让受货机构不具备开具发票和收取货款这两个条件即可。在实务工作中可以采取以下做法：以总机构的名义在全国各地开立存款账户（开立的账户为分支机构所在地账号，只能存款、转账，不能取款），各地实现的销售，由总机构直接开具发票给购货方，货款由购货方直接存入总机构的网上银行存款账户。

（4）将自产、委托加工的货物用于集体福利或者个人消费。

（5）将自产、委托加工或者购进的货物作为投资，提供给其他单位或者个体工商户。

(6) 将自产、委托加工或者购进的货物分配给股东或者投资者。

(7) 将自产、委托加工或者购进的货物无偿赠送其他单位或者个人。

(4)～(7)项视同销售总结示意图如图 2-2 所示。

自产、委托加工货物
- 用于投资、分配、赠送他人——视同销售
- 用于集体福利和个人消费——视同销售

外购货物
- 用于投资、分配、赠送他人——视同销售
- 用于集体福利和个人消费——不视同销售
- (最终使用者)　(不得抵扣进项税)

图 2-2　(4)～(7)视同销售总结示意图

(8) 单位或者个体工商户向其他单位或者个人无偿销售应税服务、无偿转让无形资产或者不动产,但用于公益事业或者以社会公众为对象的除外。

(9) 财政部和国家税务总局规定的其他情形。

上述 9 种行为应该确定为视同销售货物行为,均要征收增值税。其确定的目的主要有三个:一是保证增值税税款抵扣制度的实施,不致因发生上述行为而造成各相关环节税款抵扣链条的中断,如前两种情况就是这种原因。如果不将之视同销售就会出现销售代销货物方仅有销项税额而无进项税额,而将货物交付其他单位或者个人代销方仅有进项税额而无销项税额的情况,就会出现增值税抵扣链条不完整。二是避免因发生上述行为而造成货物销售税收负担不平衡的矛盾,防止以上述行为逃避纳税的现象。三是体现增值税计算的配比原则。即购进货物已经在购进环节实施了进项税额抵扣,这些购进货物应该产生相应的销售额,同时就应该产生相应的销项税额,否则就会产生不配比情况。

2) 混合销售行为

一项销售行为如果既涉及货物又涉及服务,为混合销售行为。从事货物的生产、批发或零售的单位和个体工商户的混合销售行为,按照销售货物缴纳增值税;其他单位和个体工商户的混合销售行为,按照销售服务缴纳增值税。

上述从事货物的生产、批发或者零售的单位和个体工商户,包括以从事货物的生产、批发或者零售为主,并兼营销售服务的单位和个体工商户在内。

例如,生产货物的单位,在销售货物的同时附带运输,其销售货物及提供运输的行为属于混合销售行为,所收取的货物款项及运输费用应一律按销售货物计算缴纳增值税。

3) 兼营行为

兼营行为是指纳税人的经营行为既包括销售货物和加工修理修配劳务,又包括销售服务、无形资产和不动产的行为。纳税人销售货物、加工修理修配劳务、服务、无形资产或不动产适用不同税率或征收率的,应当分别核算适用不同税率或征收率的销售额;未分别核算的,从高适用税率。

例如,某增值税一般纳税人既提供餐饮住宿服务,又提供不动产租赁服务,如果纳税人能分别核算上述两项服务的销售额,则餐饮住宿服务适用 6%的增值税税率,提供不动产租赁服务适用 9%的增值税税率;如果纳税人没有分别核算上述两项应税服务的销售额,则提供餐饮住宿服务和提供不动产租赁服务均从高适用 9%的增值税税率。

2-4　混合销售行为的避税筹划案例

延伸阅读 2-6

混合销售行为与兼营行为的区别和联系

(1) 性质不同。混合销售行为强调的是在同一项销售业务中同时涉及货物和服务两类业务，货物销售价款及服务价款是同时从一个购买方取得的；兼营行为强调的是在同一纳税人的经营活动中存在着两类经营项目，但是这两类经营项目不是在同一销售行为中发生，即销售货物和应税服务不是同时发生在同一购买者身上。

(2) 税务处理不同。从税务处理上来说，混合销售的纳税原则是按"经营主业"划分，主营项目是销售货物，全部销售额按照销售货物的税率交税，主营业务是销售服务，全部销售额按照销售服务的税率交税。而兼营行为的纳税原则是：分别核算，分别征税，未分别核算的，从高计税。

两者的相同之处是纳税人在生产经营活动中都涉及销售货物和服务两类业务。

二、纳税义务人和扣缴义务人

(一) 纳税义务人

根据我国《增值税暂行条例》的规定，凡在中华人民共和国境内销售或者进口货物、提供应税劳务、销售应税服务、不动产和无形资产的单位和个人都是增值税的纳税义务人。

单位是指企业、行政单位、事业单位、军事单位、社会团体及其他单位。

个人是指个体工商户和其他个人。

(二) 扣缴义务人

中华人民共和国境外的单位或者个人在境内发生应税行为，在境内未设有经营机构的，以购买方为扣缴义务人。扣缴义务人按照下列公式计算应扣缴税款：

2-5 视频：增值税两类纳税人的划分标准

应扣缴税款＝购买方支付的价款÷(1＋税率)×税率

第三节 一般纳税人和小规模纳税人的登记及管理

增值税实行凭专用发票抵扣税款的制度，客观上要求纳税人具备健全的会计核算制度和能力。在实际经济生活中我国增值税纳税人众多，会计核算水平差异较大，大量的小企业和个人还不具备用发票抵扣税款的条件，为了既简化增值税计算和征收，又有利于减少税收征管漏洞，依据2018年2月1日起施行的《增值税一般纳税人登记管理办法》，将增值税纳税人按会计核算水平和经营规模分为一般纳税人和小规模纳税人两类纳税人，分别采取不同的增值税计税方法。

一、一般纳税人的管理

(一) 一般纳税人的登记条件

一般纳税人是指年应征增值税销售额，超过财政部、国家税务总局规定的小规模纳税人标准的企业和企业性单位。

年应税销售额是指纳税人在连续不超过12个月的经营期内累计应征增值税销售额，包括纳税申报销售额、稽查查补销售额、纳税评估调整销售额、税务机关代开发票销售额和免税销售额。销售服务、无形资产或者不动产有扣除项目的纳税人，其应税行为年应税销售额按未扣除之前的销售额计算。纳税人偶然发生的销售无形资产、转让不动产的销售额，不计入应税行为年应税销售额。

年应税销售额未超过财政部、国家税务总局规定的小规模纳税人标准的纳税人会计核算健全，能够提供准确税务资料的，可以向主管税务机关申请一般纳税人资格认定。

会计核算健全是指能够按照国家统一的会计制度规定设置账簿，根据合法、有效的凭证核算，能够提供准确税务资料。

(二) 不须办理一般纳税人资格认定的纳税人

(1) 个体工商户以外的其他个人；其他个人是指自然人。

(2) 选择按照小规模纳税人纳税的非企业性单位；**非企业性单位**是指行政单位、事业单位、军事单位、社会团体和其他单位。

(3) 选择按照小规模纳税人纳税的不经常发生应税行为的企业。**不经常发生应税行为的企业**是指非增值税纳税人；不经常发生应税行为是指其偶然发生增值税应税行为。

(三) 一般纳税人资格认定的所在地

纳税人应当向其机构所在地主管税务机关申请一般纳税人资格认定。

延伸阅读 2-7

符合一般纳税人条件的企业不申请办理一般纳税人认定手续的后果

符合一般纳税人条件的企业必须申请办理一般纳税人认定，对符合一般纳税人条件但不申请办理一般纳税人认定手续的纳税人，应按销售额依照货物的适用增值税税率计算应纳税额，并不得抵扣其进项税额，也不得使用增值税专用发票。

二、小规模纳税人的认定及管理

(一) 小规模纳税人的认定标准

小规模纳税人是指年销售额在 500 万元及以下，并且会计核算不健全，不能按规定报送有关税务资料的增值税纳税人。所称会计核算不健全是指不能正确核算增值税的销项税额、进项税额和应纳税额。

小规模纳税人会计核算健全，能够提供准确税务资料的，可以向主管税务机关申请资格认定，不作为小规模纳税人。

2020 年 2 月 1 日起，增值税小规模纳税人(其他个人除外)发生增值税应税行为，需要开具增值税专用发票的，可以自愿使用增值税发票管理系统自行开具。选择自行开具增值税专用发票的小规模纳税人，税务机关不再为其代开增值税专用发票。

2-6　发票便利使用新规你了解吗

延伸阅读 2-8

一般纳税人与小规模纳税人的区别

增值税的纳税人可以划分为两类：一般纳税人和小规模纳税人，这两类纳税人在发票管理、税款计算和适用税率上都有所不同。

两类纳税人的具体不同点如表 2-1 所示。

表 2-1　　一般纳税人与小规模纳税人的区别

纳税人	发票管理	税款计算	税率(征收率)
一般纳税人	销货(提供劳务等):开具增值税专用发票 购货(接受劳务等):取得增值税专用发票,可以抵进项	1. 税款抵扣: 应纳税额=销项税－进项税 2. 简易计算: 应纳税额=销售额×征收率	13%、9%、6%、0 特殊:3%、3%减按 2%、5%
小规模纳税人	销货(提供劳务等):可以开具增值税专用发票 购货(接受劳务等):不能抵扣进项税,即使取得增值税专用发票也不得抵进项	简易计算: 应纳税额=销售额×征收率	3% 特殊:3%减按 2%、5%

第四节　税率与征收率

我国增值税是采用比例税率,按照一定的比例征收。为了发挥增值税的中性作用,原则上增值税的税率应该对不同行业不同企业实行单一税率,称为基本税率。实践中为照顾一些特殊行业或产品也增设了一档低税率,对出口产品实行零税率。由于增值税纳税人分成了两类,对这两类不同的纳税人又采用了不同的税率。

2-7　图说:税率与征收率

一、基本税率

增值税一般纳税人销售(除适用 9%低税率的货物和旧货外)或者进口货物;提供加工、修理修配劳务,提供有形动产租赁服务,税率一律为 13%,这就是通常所说的基本税率。

二、低税率

(一) 适用 9%低税率的货物

(1) 粮食、食用植物油、鲜奶、食用盐。

(2) 自来水、暖气、冷气、热水、煤气、石油液化气、天然气、沼气、居民用煤炭制品。

(3) 图书、报纸、杂志。

(4) 饲料、化肥、农药、农机、农膜。

(5) 国务院及其有关部门规定的其他货物:

一是农产品。

农产品是指种植业、养殖业、林业、牧业、水产业生产的各种植物、动物的初级产品。

2010 年以后,国家税务总局对部分农产品的税率进行了明确规定:①干姜、姜黄的增值税适用税率为 9%,自 2010 年 10 月 1 日起执行。②人工合成牛胚胎的生产过程属于农业生产，纳税人销售自产人工合成牛胚胎应免征增值税。③橄榄油按照食用植物油9%的税率征收增值税。④麦芽、复合胶、人发制品不属于《财政部、国家税务总局关于印发〈农业产品征税范围注释〉的通知》(财税字[1995]52号)规定的农业产品范围，应适用13%的增值税税率。⑤按照《食品安全国家标准——巴氏杀菌乳》生产的巴氏杀菌乳和按照《食品安全国家标准——灭菌乳》生产的灭菌乳，均属于初级农业产品，可依照《农业产品征收范围注释》中的鲜奶按9%的税率征收增值税；按照《食品安全国家标准——调制乳》(GB 25191—2010)生产的调制乳，不属于初级农业产品，应按照13%税率征收增值税。⑥肉桂油、桉油、香茅油不属于《财政部、国家税务总局关于印发〈农业产品征税范围注释〉的通知》(财税字[1995]52号)中农业产品的范围，其增值税适用税率为13%。⑦淀粉不属于农业的产品的范围，应按照13%的税率征收增值税。

相关思考2-2

对于超市经营的农业产品如何确定征收增值税适用税率?

对以农业产品为原料制作的初级产品，可按产品生熟程度判断是否适用9%税率，即生制品或经过加热等简单加工制作的生制品适用税率为9%，熟食或可直接食用的适用税率为13%。具体列举如下：

(1) 以各种豆类加工的豆制品。如：豆腐、豆浆、豆奶、豆腐干等，该类豆制品以大豆为原料，通过碾磨、提浆、点卤、成型、发酵、烘干等简单工艺加工制成的生制品，按农业产品9%税率计征增值税。

(2) 各种粮食如：小麦、稻谷、玉米、高粱、谷子和其他杂粮(如：大麦、燕麦等)，以及经碾磨、脱壳等工艺加工后的粮食(如：面粉，米，玉米面、渣等)，按农业产品9%税率计征增值税。

以粮食为原料加工的粮食复制品。切面、饺子皮、馄饨皮、面皮、米粉等粮食复制品，按农业产品9%税率计征增值税。以粮食为原料加工的速冻食品、方便面、副食品和各种熟食品，按13%的税率征收增值税。

(3) 经晾晒、冷藏、冷冻、包装、脱水等工序加工的蔬菜，腌菜、咸菜、酱菜和盐渍蔬菜等以及水果、果干(如荔枝干、桂圆干、葡萄干等)、干果、果仁、果用瓜(如甜瓜、西瓜、哈密瓜等)，按农业产品9%税率计征增值税。

各种蔬菜罐头、水果罐头，果脯，蜜饯，炒制的果仁、坚果等，按13%的税率征收增值税。

二是音像制品(自2007年1月1日起)。

音像制品是指正式出版的录有内容的录音带、录像带、唱片、激光唱盘和激光视盘。

三是电子出版物(自2007年1月1日起)。

电子出版物是指以数字代码方式，使用计算机应用程序，将图文声像等内容信息编辑加工后存储在具有确定的物理形态的磁、光、电等介质上，通过内嵌在计算机、手机、电子阅读设备、电子显示设备、数字音乂视频播放设备、电子游戏机、导航仪以及其他具有类似功能的设备上读取使用，具有交互功能，用以表达思想、普及知识和积累文化的大众传播媒体。

四是二甲醚(自2008年1月1日起)。

二甲醚是指化学分子式为CH_3OCH_3，常温常压下为具有轻微醚香味，易燃、无毒、无腐蚀性的气体。

密集型烤房设备、频振式杀虫灯、自动虫情测报灯、黏虫板属于规定的农机范围，应适用9%的增值税税率。

(二) 适用9%低税率的服务及其他项目

(1) 提供交通运输服务。

(2) 提供邮政服务(邮政普遍服务、邮政特殊服务免税)。

(3) 提供基础电信服务。

(4) 提供建筑服务。

(5) 提供不动产租赁服务。

(6) 销售不动产。

(7) 转让土地使用权。

(三) 适用6%低税率的服务及其他项目

(1) 增值电信服务。

(2) 金融服务。

(3) 现代服务(有形动产租赁和不动产租赁除外)。

(4) 生活服务。

(5) 销售无形资产(转让土地使用权除外)。

三、零税率

(1) 纳税人出口货物,税率为零;但是,国务院另有规定的除外。

(2) 境内单位和个人跨境销售国务院规定范围内的服务、无形资产,税率为零,主要包括国际运输服务、航天运输服务。向境外单位提供的完全在境外消费的下列服务:研发服务、合同能源管理服务、设计服务、广播影视节目(作品)制作和发行服务、软件服务、电路设计及测试服务、信息系统服务、业务流程管理服务、离岸服务外包业务、转让技术。

(3) 其他零税率政策:按照国家有关规定取得相关资质的国际运输服务项目,纳税人取得相关资质的适用零税率政策,未取得的,适用增值税免税政策。境内单位和个人以无运输工具承运方式提供的国际运输服务,由境内实际承运人适用增值税零税率;无运输工具承运业务的经营者适用增值税免税政策。

四、征收率

全面"营改增"之前,增值税法定征收率为3%;2016年5月1日全面"营改增"后增加了5%的征收率;对于某些特殊销售项目有特殊的"减按"规定,可以按照3%征收率减按2%征收增值税,也可以减按1.5%征收增值税。

(一) 一般纳税人的征收率

1. 3%的征收率

一般纳税人发生特定的应税销售行为,可选择按照简易计税办法依照3%的征收率计算缴纳增值税:

(1) 县级及县级以下小型水力发电单位生产的电力。小型水力发电单位,是指各类投资主体建设的装机容量为5万千瓦以下(含5万千瓦)的小型水力发电单位。

(2) 自产建筑用和生产建筑材料所用的砂、土、石料。

(3) 以自己采掘的砂、土、石料或其他矿物连续生产的砖、瓦、石灰(不含黏土实心砖、瓦)。

(4) 自己用微生物、微生物代谢产物、动物毒素、人或动物的血液或组织制成的生物制品。

(5) 自产的自来水。

（6）自来水公司销售自来水。（必须选择）

（7）自产的商品混凝土（仅限于以水泥为原料生产的水泥混凝土）。

（8）单采血浆站销售非临床用人体血液。

（9）寄售店代销寄售物品（包括居民个人寄售的物品在内）。（必须选择）

（10）典当业销售死当物品。（必须选择）

居民个人销售自己使用过的物品属于法定免税的范畴，但是通过寄售店或典当行销售的物品则需要按照简易计税办法缴纳增值税。

（11）药品经营企业销售生物制品。

（12）公共交通运输服务，包括轮客渡、公交客运、轨道交通（含地铁、城市轻轨）、出租车、长途客运、班车。其中，班车是指按固定路线、固定时间运营并在固定站点停靠的运送旅客的陆路运输，具有对外经营的特征，不等同于单位内部的通勤班车。

（13）经认定的动漫企业为开发动漫产品提供的动漫脚本编撰、形象设计、背景设计、动画设计、分镜、动画制作、摄制、描线、上色、画面合成、配音、配乐、音效合成、剪辑、字幕制作、压缩转码（面向网络动漫、手机动漫格式适配）服务，以及在境内转让动漫版权（包括动漫品牌、形象或者内容的授权及再授权）。

（14）电影放映服务、仓储服务、装卸搬运服务、收派服务和文化体育服务。

（15）资管产品管理人运营资管产品过程中发生的增值税应税行为，暂适用简易计税方法，按照3%的征收率缴纳增值税。

（16）提供物业管理服务的纳税人，向服务方收取的自来水费，以扣除其对外支付的自来水费后的余额为销售额，按照简易计税方法依3%的征收率计算缴纳增值税。

（17）提供非学历教育服务、教育辅助服务。

（18）以清包工方式提供的建筑服务。

（19）销售电梯的同时提供安装服务，其安装服务可以按照甲供工程选择适用简易计税方法计税。

2. 3%减按2%的征收率

（1）一般纳税人销售自己使用过的2008年12月31日以前购进的不得抵扣且未抵扣过进项税额的固定资产，按简易办法依照3%征收率减按2%征收增值税。

（2）一般纳税人销售旧货，按简易办法依照3%征收率减按2%征收增值税。

所称旧货，是指进入二次流通的具有部分使用价值的货物（含旧汽车、旧摩托车和旧游艇），但不包括自己使用过的物品。自2020年5月1日至2023年12月31日，从事二手车经销的纳税人销售其收购的二手车，由原按照简易办法依3%征收率减按2%征收增值税，改为减按0.5%征收增值税，并按下列公式计算应纳税额：

$$应纳税额=含税销售额/(1+0.5\%)\times 0.5\%$$

3. 5%的征收率

一般纳税人销售（或出租）2016年4月30日前取得的不动产依照5%征收增值税。

（二）小规模纳税人的征收率

1. 基本征收率3%

（1）销售货物（固定资产、旧货除外）。

(2) 提供加工、修理修配劳务。

(3) 销售应税服务(不动产租赁除外)。

(4) 销售无形资产。

2. 3%减按2%的征收率

(1) 小规模纳税人(其他个人除外)销售自己使用过的固定资产(不动产除外),减按2%征收率征收增值税。

(2) 小规模纳税人销售旧货,减按2%征收率征收增值税。

3. 3%减按1%

自2021年1月1日起,对湖北省增值税小规模纳税人,暂继续免征增值税;对其他地区增值税小规模纳税人,暂继续减按1%征收率征收增值税。

(三) 全面"营改增"过程中的特殊项目,适用5%的征收率

(1) 小规模纳税人销售自建或者取得的不动产。

(2) 一般纳税人选择简易计税方法计税的不动产销售。

(3) 房地产开发企业中的小规模纳税人,销售自行开发的房地产项目。

(4) 其他个人销售其取得(不含自建)的不动产(不含其购买的住房)。

(5) 一般纳税人选择简易计税方法计税的不动产经营租赁。

(6) 小规模纳税人出租(经营租赁)其取得的不动产(不含个人出租住房)。

(7) 其他个人出租(经营租赁)其取得的不动产(不含住房)。

(8) 一般纳税人收取试点前开工的一级公路、二级公路、桥、闸通行费,选择适用简易计税方法的。

(9) 一般纳税人提供人力资源外包服务,选择适用简易计税方法的。

(10) 纳税人转让2016年4月30日前取得的土地使用权,选择适用简易计税方法的。

(11) 一般纳税人和小规模纳税人提供劳务派遣服务选择差额纳税的,以取得的全部价款和价外费用,扣除代用工单位支付给劳务派遣人员的工资、福利和为其办理社会保险及住房公积金后的余额为销售额,按照简易计税方法依5%的征收率计算缴纳增值税。

(四) 按照5%的征收率减按1.5%

个人出租住房,应按照5%的征收率减按1.5%计算应纳税额。

第五节 一般纳税人应纳税额的计算

我国目前对一般纳税人采用的计税方法是国际上通行的购进扣税法,即先按当期销售额和适用税率计算出销项税额(这是对销售全额的征税),然后对当期购进项目已经缴纳的税款(所含税款)进行抵扣,从而间接计算出对当期增值额部分的应纳税额。

增值税一般纳税人销售货物或者提供应税劳务的应纳税额,应该等于当期销项税额抵扣当期进项税额后的余额。其计算公式如下:

当期应纳税额=当期销项税额-当期进项税额
=当期销售额×适用税率-当期进项税额

增值税一般纳税人当期应纳税额的多少,取决于当期销项税额和当期进项税额这两个因素。而当期销项税额的确定关键在于确定当期销售额。对当期进项税额的确定在税法中也作了一些具体的规定，在分别确定销项税额和进项税额的情况下，就不难计算出应纳税额。下面就按照这个逻辑进行介绍。

一、销项税额的计算

2-8 视频：销项税额的计算

销项税额是指纳税人销售货物或者提供应税劳务应税服务、不动产、无形资产时，按照销售额或提供应税劳务、服务收入等和规定的税率计算并向购买方收取的增值税税额。销项税额的计算公式为：

销项税额＝销售额×适用税率

从销项税额的定义和公式中我们可以知道，它是由购买方在购买货物或者应税劳务支付价款时，一并向销售方支付的税额。对于属于一般纳税人的销售方来说，在没有抵扣其进项税额前，销售方收取的销项税额还不是其应纳增值税税额。销项税额的计算取决于销售额和适用税率两个因素。在适用税率既定的前提下，销项税额的大小主要取决于销售额的大小。增值税适用税率是比较简单的，因而销项税额计算的关键是如何准确确定作为增值税计税依据的销售额。

（一）一般销售方式下的销售额

销售额是指纳税人销售货物或者提供应税劳务、服务向购买方（承受应税劳务也视为购买方）收取的全部价款和价外费用。特别需要强调的是尽管销项税额也是销售方向购买方收取的，但是增值税采用价外计税方式，用不含税价作为计税依据，因而销售额中不包括向购买方收取的销项税额。

价外费用是指随同产品销售，但在销售价格以外另行用其他项目向购买方收取的款项。包括价外向购买方收取的手续费、补贴、基金、集资费、返还利润、奖励费、违约金、滞纳金、延期付款利息、赔偿金、代收款项、代垫款项、包装费、包装物租金、储备费、优质费、运输装卸费以及其他各种性质的价外收费。但下列项目不包括在内：

（1）受托加工应征消费税的消费品所代收代缴的消费税。

（2）同时符合以下条件代为收取的政府性基金或者行政事业性收费：①由国务院或者财政部批准设立的政府性基金，由国务院或者省级人民政府及其财政、价格主管部门批准设立的行政事业性收费；②收取时开具省级以上财政部门印制的财政票据；③所收款项全额上缴财政。

（3）销售货物的同时代办保险而向购买方收取的保险费，以及向购买方收取的代购买方缴纳的车辆购置税、车辆牌照费。

凡随同销售货物或提供应税劳务向购买方收取的价外费用，无论其会计制度如何核算，均应并入销售额计算应纳税额。税法规定各种性质的价外收费都要并入销售额计算征税，目的是防止以各种名目的收费减少销售额逃避纳税的现象。上述 3 项允许不计入价外费用是因为销售方在其中仅仅是代为收取了有关费用，这些价外费用确实没有形成销售方的收入。

应当注意的是，国家税务总局规定：对增值税一般纳税人（包括纳税人自己或代其他部门)向购买方收取的价外费用和逾期包装物押金,应视为含税收入,在征税时换算成不含税收入再并入销售额。

按会计制度规定,由于对价外收费一般都不在"产品销售收入"或"商品销售收入"科目中核算,而在"其他应付款""其他业务收入""营业外收入"等科目中核算。这样,企业在实务中时常出现对价外收费虽在相应科目中作会计核算,但却未核算其销项税额;有的企业则既不按会计核算要求进行收入核算,又不按规定核算销项税额,而是将发生的价外收费直接冲减有关费用科目。这些做法都是逃避纳税的错误行为,是要受到税法处罚的。因此,纳税人对价外收费按税法规定并入销售额计税必须予以高度重视,严格核查各项价外收费,保证做到正确计税和会计核算。

销售额以人民币计算。纳税人以人民币以外的货币结算销售额的,应当折合成人民币计算。

(二) 特殊销售方式下的销售额

在销售活动中,为了达到促销的目的,有多种销售方式。不同销售方式下,销售者取得的销售额会有所不同。对不同销售方式如何确定其计征增值税的销售额,既是纳税人关心的问题,也是税法必须分别予以明确规定的事情。税法对以下几种销售方式分别作了规定。

1. 采取折扣方式销售

折扣销售是指销货方在销售货物或应税劳务时,因购货方购货数量较大等原因而给予购货方的价格优惠(例如,购买 5 件,销售价格折扣 10%;购买 10 件,折扣 20%等)。对纳税人采取折扣方式销售货物,销售额和折扣额在同一张发票上注明的,可按冲减折扣额后的销售额征收增值税,将折扣额另开发票,不论在财务上如何处理,在征收增值税时,折扣额不得冲减销售额。同时这里还需要做几点解释:

第一,折扣销售不同于销售折扣。**销售折扣**是指销货方在销售货物或应税劳务后,为了鼓励购货方及早偿还货款而协议许诺给予购货方的一种折扣优待(例如,10 天内付款,货款折扣 2%;20 天内付款,折扣 1%;30 天内全价付款)。针对销售折扣,在征收增值税时,折扣额不得冲减销售额。**销售折让**是指货物销售后,由于其品种,质量等原因购货方未予退货,但销货方需给予购货方的一种价格折让。销售折让与销售折扣相比较,虽然都是在货物销售后发生的,但因为销售折让是由于货物的品种和质量引起销售额的减少,因此,对销售折让可以以折让后的货款为销售额。但在实务工作中应注意,发生销售折让时销货方应按国家税务总局的规定开具红字增值税专用发票,未按规定开具红字增值税专用发票的,增值税额不得从销项税额中扣除。

2-9 "买一赠一"的涉税安排及开票要点

第二,折扣销售仅限于货物价格的折扣,如果销货者将自产、委托加工和购买的货物用于实物折扣的,则该实物款额不能从货物销售额中减除,且该实物应按增值税条例"视同销售货物"中的"赠送他人"计算征收增值税。

2. 采取以旧换新方式销售

以旧换新是指纳税人在销售自己的货物时,有偿收回旧货物的行为。根据税法规定,采取以旧换新方式销售货物的,应按新货物的同期销售价格确定销售额,不得扣减旧货物的收购价格。之所以这样规定,既是因为销售货物与收购货物是两个不同的业务活动,销售额与收购额不能相互抵减,也是为了严格增值税的计算征收,防止出现销售额不实、减少纳税的现象。考虑到金银首饰以旧换新业务的特殊情况,对金银首饰以旧换新业务,可以按销售方实际收取的不含增值税的全部价款征收增值税。

3. 采取还本销售方式销售

还本销售是指纳税人在销售货物后，到一定期限由销售方一次或分次退还给购货方全部或部分价款。这种方式实际上是一种筹资，是以货物换取资金的使用价值，到期还本不付息的方法。税法规定，采取还本销售方式销售货物，其销售额就是货物的销售价格，不得从销售额中减除还本支出。

4. 采取以物易物方式销售

以物易物是一种较为特殊的购销活动，是指购销双方不是以货币结算，而是以同等价款的货物相互结算，实现货物购销的一种方式。在实务中，以物易物双方都应作购销处理，以各自发出的货物核算销售额并计算销项税额，以各自收到的货物按规定核算购货额并计算进项税额。应注意，在以物易物活动中，应分别开具合法的票据，如收到的货物不能取得相应的增值税专用发票或其他合法票据的，不能抵扣进项税额。

5. 包装物押金是否计入销售额

包装物是指纳税人包装本单位货物的各种物品。纳税人销售货物时另收取包装物押金，目的是促使购货方及早退回包装物以便周转使用。

纳税人为销售货物而出租出借包装物收取的押金，单独记账核算的，且时间在 1 年以内，又未过期的，不计入销售额。但对逾期未收回包装物不再退还的押金，应并入销售额，按所包装货物的适用税率征税。实践中，应注意以下具体规定：

(1)“逾期”是指按合同约定实际逾期或以 1 年为限，对收取 1 年以上的押金，无论是否返还均并入销售额征税。

(2) 包装物押金为含税收入，在并入销售额征税时，需要先将该押金换算为不含税收入，再计算应纳增值税额。

(3) 包装物押金不同于包装物租金，包装物租金收到就属于价外费用，在销售货物时随同货物一并计算增值税。

(4) 对销售除啤酒、黄酒外的其他酒类产品而收取的包装物押金，无论押金是否返还，均在收到时并入当期销售额征收增值税。

6. 销售已使用过的固定资产的税务处理

自 2009 年 1 月 1 日起，一般纳税人销售自己使用过的固定资产(以下简称已使用过的固定资产)，应区分不同情形征收增值税：

(1) 销售自己使用过的 2009 年 1 月 1 日以后购进或者自制的固定资产，按照适用税率计算销项税额，征收增值税；

(2) 2008 年 12 月 31 日以前未纳入扩大增值税抵扣范围试点的纳税人，销售自己使用过的 2008 年 12 月 31 日以前购进或者自制的固定资产，按照 4%征收率减半征收增值税；2014 年 7 月 1 日以后按照 3%的征收率减按 2%征收增值税。

(3) 2008 年 12 月 31 日以前已纳入扩大增值税抵扣范围试点的纳税人，销售自己使用过的在本地区扩大增值税抵扣范围试点以前购进或者自制的固定资产，2014 年 7 月 1 日以后按照 3%征收率减按 2%征收增值税。销售自己使用过的在本地区扩大增值税抵扣范围试点以后购进或者自制的固定资产，按照适用税率征收增值税。

(4) 对于纳税人发生《增值税暂行条例实施细则》第四条规定的固定资产视同销售行为，对已使用过的固定资产无法确定销售额的，以固定资产净值为销售额。

已使用过的固定资产是指纳税人根据财务会计制度已经计提折旧的固定资产。

(三) 视同销售行为的销售额

本章第二节“征税范围及纳税义务人”中已列明了单位和个体经营者9种视同销售行为，如将货物交付他人代销，将自产、委托加工或购买的货物无偿赠送他人等。这9种视同销售行为中某些行为由于不是以资金的形式反映出来，会出现无销售额的现象。因此，税法规定，对视同销售征税而无销售额的按下列顺序确定其销售额：

(1) 按纳税人最近时期销售同类货物、服务、无形资产或不动产的平均销售价格确定。

(2) 按其他纳税人最近时期销售同类货物、服务、无形资产或不动产的平均销售价格确定。

(3) 按组成计税价格确定。组成计税价格的公式为：

$$组成计税价格=成本\times(1+成本利润率)$$

征收增值税的货物，同时又征收消费税的，其组成计税价格中应加上消费税税额。其组成计税价格公式为：

$$组成计税价格=成本\times(1+成本利润率)+消费税税额$$

或：

$$组成计税价格=成本\times(1+成本利润率)\div(1-消费税税率)$$

公式中的成本是指销售自产货物等的为实际生产成本，销售外购货物等的为实际采购成本。公式中的成本利润率由国家税务总局确定。但属于应从价定率征收消费税的货物，其组成计税价格公式中的成利润率，为国家税务总局确定的成本利润率。

(四) “营改增”后部分行业销售额的特殊规定

(1) 贷款服务，以提供贷款服务取得的全部利息及利息性质的收入为销售额。

(2) 直接收费金融服务，以提供直接收费金融服务收取的手续费、佣金、酬金、管理费、服务费、经手费、开户费、过户费、结算费、转托管费等各类费用为销售额。

(3) 金融商品转让，按照卖出价扣除买入价后的余额为销售额。

转让金融商品出现的正负差，按盈亏相抵后的余额为销售额。若相抵后出现负差，可结转下一纳税期与下期转让金融商品销售额相抵，但年末时仍出现负差的，不得转入下一个会计年度。

金融商品的买入价，可以选择按照加权平均法或者移动加权平均法进行核算，选择后36个月内不得变更。

金融商品转让，不得开具增值税专用发票。

(4) 经纪代理服务，以取得的全部价款和价外费用，扣除向委托方收取并代为支付的政府性基金或者行政事业性收费后的余额为销售额。向委托方收取的政府性基金或者行政事业性收费，不得开具增值税专用发票。

(5) 航空运输企业的销售额，不包括代收的机场建设费和代售其他航空运输企业客票而代收转付的价款。

(6) 试点纳税人中的一般纳税人(以下称一般纳税人)提供客运场站服务,以其取得的全部价款和价外费用,扣除支付给承运方运费后的余额为销售额。

(7) 试点纳税人提供旅游服务,可以选择以取得的全部价款和价外费用,扣除向旅游服务购买方收取并支付给其他单位或个人的住宿费、餐饮费、交通费、签证费、门票费和支付给其他接团旅游企业的旅游费用后的余额为销售额。

选择上述办法计算销售额的试点纳税人,向旅游服务购买方收取并支付的上述费用,不得开具增值税专用发票,可以开具普通发票。

(8) 试点纳税人提供建筑服务适用简易计税方法的,以取得的全部价款和价外费用扣除支付的分包款后的余额为销售额。

(9) 房地产开发企业中的一般纳税人销售开发的房地产项目(选择简易计税方法的房地产老项目除外),以取得全部价款和价外费用,扣除受让土地时向政府部门支付的土地价款后的余额为销售额。

房地产老项目是指《建筑工程施工许可证》注明的合同开工日期在2016年4月30日之前的房地产项目。

(五) 含税销售额的换算

为了符合增值税作为价外税的要求,纳税人在填写进销货及纳税凭证、进行账务处理时,应分项记录不含税销售额、销项税额和进项税额,以正确计算应纳增值税额。然而,在实际工作中,常常会出现一般纳税人将销售货物或者应税劳务等采用销售额和销项税额合并定价收取的方法,这样,就会形成含税销售额。我国的增值税是价外税,计税依据中不含增值税本身的数额。在计算应纳税额时,如果不将含税销售额换算为不含税销售额,就不符合我国增值税的设计原则,即仍会导致对增值税销项税额本身的重复征税现象,也会影响企业成本核算过程,如果普遍出现以含税销售额作为计税依据的做法会在某种程度上推动物价非正常上涨情况的出现。因此,一般纳税人销售货物或者应税劳务取得的含税销售额在计算销项税额时,必须将其换算为不含税的销售额。对于一般纳税人销售货物或者应税劳务,采用销售额和销项税额合并定价方法的,按下列公式计算销售额:

销售额＝含税销售额÷(1＋税率)

公式中的税率为销售货物或者应税劳务按《增值税暂行条例》中规定所适用的税率。

二、进项税额的计算

纳税人购进货物或者接受应税劳务、服务支付或者负担的增值税额,为进项税额。进项税额是与销项税额相对应的另一个概念。在开具增值税专用发票的情况下,它们之间的对应关系是,销售方收取的销项税额,就是购买方支付的进项税额。

(一) 准予从销项税额中抵扣的进项税额

根据《增值税暂行条例》的规定,准予从销项税额中抵扣的进项税额,限于下列增值税扣税凭证上注明的增值税税额和按规定的扣除率计算的进项税额。

(1) 从销售方取得的增值税专用发票(含税控机动车销售统一发票,下同)上注明的增值税额。

（2）从海关取得的海关进口增值税专用缴款书上注明的增值税额。

纳税人进口货物，凡已缴纳了进口环节增值税的，不论其是否已经支付货款，其取得的海关进口增值税专用缴款书均可作为增值税进项税额抵扣凭证。自2009年4月起，国家税务总局与海关部门共同推行海关专用缴款书“先比对、后抵扣”管理办法。

对纳税人丢失的海关进口增值税专用缴款书，纳税人应当凭海关出具的相关证明，向主管税务机关提出抵扣申请。主管税务机关受理申请后，应当进行审核，并将纳税人提供的海关进口增值税专用缴款书电子数据纳入稽核系统比对，稽核比对无误后，可予以抵扣进项税额。

（3）从境外单位或者个人购进服务、无形资产或者不动产，自税务机关或者扣缴义务人取得的解缴税款的完税凭证上注明的增值税额。

（4）购进农产品，除取得增值税专用发票或者海关进口增值税专用缴款书外，按照农产品收购发票或者销售发票上注明的农产品买价和9%的扣除率计算的进项税额。进项税额计算公式：

2-10 明确！这4种“普通发票”也能抵扣进项税

进项税额＝买价×扣除率

纳税人购进用于生产或者委托加工13%税率货物的农产品，按照10%的扣除率计算进项税额。

第一，所谓“农业产品”是指直接从事植物的种植、收割和动物的饲养、捕捞的单位和个人销售的自产而且免征增值税的农业产品。

第二，购买农业产品的买价是指纳税人购进农产品在农产品收购发票或者销售发票上注明的价款。

第三，对烟叶税纳税人按规定缴纳的烟叶税，准予并入烟叶产品的买价计算增值税的进项税额，并在计算缴纳增值税时予以抵扣。即购进烟叶准予抵扣的增值税进项税额，为烟叶收购金额和烟叶税及法定扣除率计算出的金额。烟叶收购金额包括纳税人支付给烟叶销售者的烟叶收购价款和价外补贴，价外补贴统一暂按烟叶收购价款的10%计算。计算公式如下：

烟叶收购金额＝烟叶收购价款×（1＋10%）

烟叶税应纳税额＝烟叶收购金额×税率（20%）

准予抵扣的进项税额＝（烟叶收购金额＋烟叶税应纳税额）×扣除率

纳税人取得的增值税扣税凭证不符合法律、行政法规或者国家税务总局有关规定的，其进项税额不得从销项税额中抵扣。

增值税扣税凭证是指增值税专用发票、海关进口增值税专用缴款书、农产品收购发票、农产品销售发票和解缴税款的完税凭证。

2-11 滴滴打车的发票能否抵扣进项税

纳税人凭完税凭证抵扣进项税额的，应当具备书面合同、付款证明和境外单位的对账单或者发票。资料不全的，其进项税额不得从销项税额中抵扣。

（二）不得从销项税额中抵扣的进项税额

纳税人购进货物或者应税劳务服务、不动产、无形资产，取得的增值税扣税凭证不符合法律、行政法规或者国务院税务主管部门有关规定的，其进项税额不得从销项税额中抵扣。

按《增值税暂行条例》规定，下列项目的进项税额不得从销项税额中抵扣：

（1）用于简易计税方法计税项目、免征增值税项目、集体福利或者个人消费的购进货物、加工修理修配劳务、服务、无形资产和不动产。其中涉及的固定资产、无形资产、不动产，仅指专用于上述项目的固定资产、无形资产（不包括其他权益性无形资产）、不动产。但是发生兼用于上述不允许抵扣项目情况的，该进项税额准予全部抵扣。

2-12　购建专家宿舍楼的税收筹划案例

纳税人的交际应酬消费属于个人消费。

（2）非正常损失的购进货物，以及相关的加工修理修配劳务和交通运输服务。

（3）非正常损失的在产品、产成品所耗用的购进货物（不包括固定资产）、加工修理修配劳务和交通运输服务。

（4）非正常损失的不动产，以及该不动产所耗用的购进货物、设计服务和建筑服务。

2-13　视频：不得抵扣的进项税

（5）非正常损失的不动产在建工程所耗用的购进货物、设计服务和建筑服务。

纳税人新建、改建、扩建、修缮、装饰不动产，均属于不动产在建工程。

（6）购进的贷款服务、餐饮服务、居民日常服务和娱乐服务。

住宿服务和旅游服务未列入不得抵扣项目。

（7）财政部和国家税务总局规定的其他情形。

2-14　图解旅客运输服务进项税额抵扣

本条第（4）项、第（5）项所称货物，是指构成不动产实体的材料和设备，包括建筑装饰材料和给排水、采暖、卫生、通风、照明、通讯、煤气、消防、中央空调、电梯、电气、智能化楼宇设备及配套设施。

不动产、无形资产的具体范围，按照本办法所附的《销售服务、无形资产或者不动产注释》执行。

固定资产是指使用期限超过12个月的机器、机械、运输工具以及其他与生产经营有关的设备、工具、器具等有形动产。

非正常损失是指因管理不善造成货物被盗、丢失、霉烂变质，以及因违反法律法规造成货物或者不动产被依法没收、销毁、拆除的情形。这些非正常损失是由纳税人自身原因造成导致征税对象实体的灭失，其损失应有纳税人自行承担。

一般纳税人兼营简易计税方法计税项目、免征增值税项目而无法划分不得抵扣的进项税额，按照下列公式计算不得抵扣的进项税额：

不得抵扣的进项税额＝当期无法划分的全部进项税额×（当期简易计税方法计税项目销售额＋免征增值税项目销售额）÷当期全部销售额

按照“营改增通知”规定不得抵扣且未抵扣进项税额的固定资产、不动产、无形资产发生用途改变，用于允许抵扣进项税额的应税项目，可在用途改变的次月按照下列公式计算可以抵扣的进项税额：

可以抵扣的进项税额＝固定资产、无形资产、不动产净值÷（1＋适用税率）×适用税率

需要注意的是：对纳税人涉及的固定资产、无形资产（不包括其他权益性无形资产）、不

动产项目的进项税额，凡发生专用于简易计税方法计税项目、免征增值税项目、集体福利或者个人消费项目的，该进项税额不得予以抵扣；发生兼用于增值税应税项目和上述项目情况的，该进项税额准予全部抵扣。

自2018年1月1日起，纳税人租入固定资产、不动产，既用于一般计税方法计税项目，又用于简易计税方法计税项目、免征增值税项目、集体福利或者个人消费的，其进项税额准予从销项税额中全额抵扣。

对“不动产”的把握：特别要注意的是，本次“营改增”后，将不动产纳入抵扣范围。对于不动产的抵扣也适用于上述“专用于”的规定。例如，纳税人购置厂房，如果该厂房仅用于生产免税产品，则厂房进项税不得抵扣。但在厂房同时于生产免税和应税产品，此时该厂房进项税可以全额抵扣。

相关思考2-3

原材料保管不善丢失，可抵扣的进项税额是多少？

精品贸易公司2019年1月购进甲类原材料一批，取得增值税专用发票，发票上注明的增值税进项税额为340万元，该原材料主要用于A产品的生产，该公司还购进乙类原材料一批，取得增值税专用发票，发票上注明的增值税进项税额为68万元，该批原材料全部用于本公司基本建设，该公司还购进丙类原材料一批，取得增值税专用发票，发票上注明的增值税进项税额为34万元，该批原材料因保管不善不慎丢失。精品贸易公司2019年1月购进的三批原材料所包含的进项税额中可以抵扣的数额是多少？

三、应纳税额的计算

一般纳税人在计算出销项税额和进项税额后就可以得出实际应纳税额。为了正确计算增值税的应纳税额，在实际操作中还需要掌握以下几个重要规定。

（一）计算应纳税额的时间限定

为了保证计算应纳税额的合理性、准确性，纳税人必须严格把握当期进项税额从当期销项税额中抵扣这个要点。“当期”是个重要的时间限定，具体是指税务机关依照税法规定对纳税人确定的纳税期限；只有在纳税期限内实际发生的销项税额、进项税额，才是法定的当期销项税额或当期进项税额。

1. 计算销项税额的时间限定

销项税额是增值税一般纳税人销售货物或提供应税劳务按照实现的销售额计算的金额。

纳税人在什么时间计算销项税额，《增值税暂行条例》及其《增值税暂行条例实施细则》都作了严格的规定。如，采取直接收款方式销售货物，不论货物是否发出，均为收到销售款或者取得索取销售款凭据的当天；采取托收承付和委托银行收款方式销售货物，为发出货物并办妥托收手续的当天；纳税人发生本章第二节视同销售货物行为中第(3)至第(9)项的，为货物移送的当天等，以保证准时、准确记录和核算当期销项税额。

2. 防伪税控专用发票进项税额抵扣的时间限定

自2020年3月1日起，增值税一般纳税人取得2017年7月1日以后开具的增值税专用发票、机动车销售统一发票，取消认证确认、稽核比对，申报抵扣的期限。

3. 海关完税凭证进项税额抵扣的时间限定

自2020年3月1日起,增值税一般纳税人取得2017年7月1日以后开具的海关缴款书,取消认证确认,稽核比对,申报抵扣的期限。

(二) 计算应纳税额时进项税额不足抵扣的处理

由于增值税实行购进扣税法,有时企业当期购进的货物很多,在计算应纳税额时会出现当期销项税额小于当期进项税额不足抵扣的情况。根据税法规定,当期进项税额不足抵扣的部分可以结转下期继续抵扣。

(三) 扣减发生期进项税额的规定

由于增值税实行以当期销项税额抵扣当期进项税额的"购进扣税法",当期购进的货物或应税劳务如果事先并未确定将用于非生产经营项目,其进项税额会在当期销项税额中予以抵扣。但已抵扣进项税额的购进货物或应税劳务如果事后改变用途,发生用于免征增值税项目、用于集体福利或者个人消费、购进货物发生非正常损失、在产品或产成品发生非正常损失等,将如何处理?根据《增值税暂行条例》及其实施细则的规定,应当将该项购进货物或者应税劳务等的进项税额从当期的进项税额中扣减;无法确定该项进项税额的,按当期实际成本计算应扣减的进项税额。

已抵扣进项税额的固定资产、无形资产或者不动产,发生不得抵扣进项税情形的,按照下列公式计算不得抵扣的进项税额:

不得抵扣的进项税额=固定资产、无形资产或者不动产净值×适用税率

固定资产、无形资产或者不动产净值,是指纳税人根据财务会计制度计提折旧或摊销后的余额。

这里需要注意的是,所称"从当期发生的进项税额中扣减",是指已抵扣进项税额的购进货物或应税劳务是在哪一个时期发生不得抵扣进项税额情况的,就从这个发生期内纳税人的进项税额中扣减,而无须追溯到这些购进货物或应税劳务抵扣进项税额的那个时期。另外,对无法准确确定该项进项税额的,"按当期实际成本计算应扣减的进项税额"是指其扣减进项税额的计算依据不是按该货物或应税劳务的原进价,而是按发生不得抵扣进项税情况的当期该货物或应税劳务等的"实际成本"和征税时该货物或应税劳务等适用的税率计算应扣减的进项税额。

(四) 销货退回或折让涉及销项税额和进项税额的税务处理

一般纳税人销售货物或者应税劳务,开具增值税专用发票后,发生销售货物退回或者折让、开票有误等情形,应按国家税务总局的规定开具红字增值税专用发票。未按规定开具红字增值税专用发票的,增值税额不得从销项税额中扣减。

纳税人在货物购销活动中,因货物质量、规格等原因常会发生销货退回或销售折让的情况。由于销货退回或折让不仅涉及销货价款或折让价款的退回,还涉及增值税的退回,这样,销货方和购货方应相应对当期的销项税额或进项税额进行调整。为此,《增值税暂行条例》及其实施细则规定,增值税一般纳税人因销售货物退回或者折让而退还给购买方的增值税额,应从发生销售货物退回或者折让当期的销项税额中扣减;因购进货物退出或者折让而收回的增值税额,应从发生购进货物退出或者折让当期的进项税额中扣减。

对于一些企业在发生进货退出或折让并收回价款和增值税额时，没有相应减少当期进项税额，造成进项税额虚增，减少纳税的现象，这是税法所不能允许的，都将被认定为是偷税行为，并按偷税予以处罚。

（五）一般纳税人注销时进项税额的处理

一般纳税人注销或取消辅导期一般纳税人资格，转为小规模纳税人时，其存货不作进项税额转出处理，其留抵税额也不予以退税。

【例 2-1】 某生产企业为增值税一般纳税人，适用增值税税率 13%，2019 年8 月份的有关生产经营业务如下：

（1）销售甲产品给某大商场，开具增值税专用发票，取得不含税销售额 80 万元；另外，取得销售甲产品的送货运输费收入 5.65 万元（含增值税价格，与销售货物不能分别核算）。

（2）销售乙产品，开具普通发票，取得含税销售额 28.25 万元。

（3）将试制的一批应税新产品用于本企业职工福利；成本价为 20 万元，国家税务总局规定成本利润率为 10%，该新产品无同类产品市场销售价格。

（4）购进货物取得增值税专用发票，注明支付的货款 60 万元、进项税额 7.8 万元；另外支付购货的运输费用，取得运输公司开具的货物运输业增值税专用发票注明运费 6 万元。

（5）向农业生产者购进免税农产品一批，支付收购价 30 万元，支付给运输单位的运费 5 万元（不含税），取得货物运输业增值税专用发票。本月下旬将购进的农产品的 20%用于本企业职工福利。以上相关票据均符合税法的规定，请按下列顺序计算该企业 8 月份应缴纳的增值税额。

（1）计算销售甲产品的销项税额。

（2）计算销售乙产品的销项税额。

（3）计算自用新产品的销项税额。

（4）计算外购货物应抵扣的应纳税额。

（5）计算外购免税农产品应抵扣的进项税额。

（6）计算企业 8 月份合计应缴纳的增值税额。

【答案与解析】

（1）销售甲产品的销项税额＝80×13%＋5.65÷（1＋13%）×13%＝11.05（万元）

（2）销售乙产品的销项税额＝28.25÷（1＋13%）×13%＝3.25（万元）

（3）自用新产品的销项税额＝20×（1＋10%）×13%＝2.86（万元）

（4）外购货物应抵扣的进项税额＝7.8＋6×9%＝8.34（万元）

（5）外购免税农产品应抵扣的进项税额＝（30×9%＋5×9%）×（1－20%）＝2.52（万元）

（6）该企业 8 月份应缴纳的增值税额＝11.05＋3.25＋2.86－8.34－2.52＝6.3（万元）

第六节 小规模纳税人应纳税额的计算

一、应纳税额的计算

小规模纳税人销售货物或者应税劳务，实行按照销售额和征收率计算应纳税额的简易办法，并不得抵扣进项税额。其应纳税额计算公式为：

应纳税额＝销售额×征收率

这里需要注意两点：第一，小规模纳税人取得的销售额与本章第五节讲述的销售额所包含的内容是一致的，都是销售货物、提供应税劳务、销售应税服务等向购买方收取的全部价款和价外费用，但是不包括按3%的征收率收取的增值税税额。第二，小规模纳税人不得抵扣进项税额，这是因为小规模纳税人会计核算不健全，不能准确核算销项税额和进项税额，不实行按销项税额抵扣进项税额求得应纳税额的税款抵扣制度，而实行简易计税办法；且《增值税暂行条例》规定的3%的征收率，是结合增值税13%和9%两档税率的货物或应税劳务的环节税收负担水平而设计的，其税收负担与一般纳税人基本一致，因此不能再抵扣进项税额。

二、含税销售额的换算

由于小规模纳税人在销售货物或应税劳务时，一般只能开具普通发票，取得的销售收入均为含税销售额。而根据《增值税暂行条例》及其实施细则的规定，小规模纳税人的销售额不包括其应纳税额。为了符合增值税作为价外税的要求，小规模纳税人在计算应纳税额时，必须将含税销售额换算为不含税的销售额后才能计算应纳税额。

当小规模纳税人销售货物或者应税劳务采用销售额和应纳税额合并定价方法的，按下列公式计算销售额：

销售额＝含税销售额÷(1＋征收率)

【例 2-2】 某商店为增值税小规模纳税人，2019年8月取得零售收入总额12.36万元。计算该商店8月应缴纳的增值税税额。

2019年8月取得的不含税销售额＝12.36÷(1＋3%)＝12(万元)

8月应缴纳增值税税额＝12×3%＝0.36(万元)

小规模纳税人因销售货物退回或者折让退还给购买方的销售额，应从发生销售货物退回或者折让当期的销售额中扣减。

第七节　进口货物征税

一、进口货物的征税范围及纳税人

(一) 进口货物的征税范围

根据《增值税暂行条例》的规定，申报进入中华人民共和国海关境内的货物，均应缴纳增值税。

确定一项货物是否属于进口货物、必须首先看其是否有报关进口手续。一般来说，境外产品要输入境内，都必须向我国海关申报进口，并办理有关报关手续。只要是报关进口的应税货物，不论其是国外产制还是我国已出口而转销国内的货物，是进口者自行采购还是国外捐赠的货物，是进口者自用还是作为贸易或其他用途等，均应按照规定缴纳进口环节的增值税。

国家在规定对进口货物征税的同时，对某些进口货物制定了减免税的特殊规定。

如属于“来料加工、进料加工”贸易方式进口国外的原材料、零部件等在国内加工后复出口的，对进口的料、件按规定给予免税或减税，但这些进口免、减税的料件若不能加工复出口，而是销往国内的，就要予以补税。对进口货物是否减免税由国务院统一规定，任何地方、部门都无权规定减免税项目。

（二）进口货物的纳税人

进口货物的收货人或办理报关手续的单位和个人，为进口货物增值税的纳税义务人。也就是说，进口货物增值税纳税人的范围较宽，包括了国内一切从事进口业务的企事业单位、机关团体和个人。

对于企业、单位和个人委托代理进口应征增值税的货物，鉴于代理进口货物的海关完税凭证，有的开具给委托方，有的开具给受托方的特殊性，对代理进口货物以海关开具的完税凭证上的纳税人为增值税纳税人。在实际工作中一般由进口代理者代缴进口环节增值税。纳税后，由代理者将已纳税款和进口货物价款费用等与委托方结算，由委托者承担已纳税款。

二、进口货物的适用税率

进口货物增值税税率为13%或9%，即使是小规模纳税人进口货物，也只能用这两档税率计算进口货物的增值税，不能使用3%的征收率。

三、进口货物应纳税额的计算

纳税人进口货物，按照组成计税价格和《增值税暂行条例》规定的税率计算应纳税额。我们在计算增值税销项税额时直接用销售额作为计税依据或计税价格，但在进口产品计算增值税时不能直接得到类似销售额这样一个计税依据，而是需要通过计算得到一个计税依据，即组成计税价格。组成计税价格是指在没有实际销售价格时，按照税法规定计算出作为计税依据的价格。进口货物增值税计算公式为：

2-15 视频：进口货物增值税应纳税额的计算

$$\text{应纳税额}=\text{组成计税价格}\times\text{税率}$$

（1）如果进口货物不征收消费税，则上述公式中组成计税价格的计算公式为：

$$\text{组成计税价格}=\text{关税完税价格}+\text{关税}$$

（2）如果进口货物征收消费税，则上述公式中组成计税价格的计算公式为：

$$\text{组成计税价格}=\text{关税完税价格}+\text{关税}+\text{消费税}$$

$$\text{消费税}=\text{组成计税价格}\times\text{消费税税率}$$

$$\text{组成计税价格}=\frac{\text{关税完税价格}+\text{关税}}{1-\text{消费税税率}}$$

根据《海关法》和《进出口关税条例》的规定，一般贸易下进口货物的关税完税价格以海关审定的成交价格为基础的到岸价格作为完税价格。所谓成交价格是一般贸易项下进口货物的买方为购买该项货物向卖方实际支付或应当支付的价格；到岸价格是指包括货价，加上货物运抵我国关境内输入地点起卸前的包装费、运费、保险费和其他劳务费等费用构成的一种价格。

【例 2-3】 某商场 10 月进口货物一批。该批货物在国外的买价 40 万元，另该批货物运抵我国海关前发生的包装费、运输费、保险费等共计 20 万元。货物报关后，商场按规定缴纳了进口环节的增值税并取得了海关开具的海关进口增值税专用缴款书。假定该批进口货物在国内全部销售，取得不含税销售额 80 万元。

货物进口关税税率 15%，增值税税率 13%。请按下列顺序回答问题：

(1) 计算关税完税价格。

(2) 计算进口环节应纳的进口关税。

(3) 计算进口环节应纳增值税的组成计税价格。

(4) 计算进口环节应缴纳增值税的税额。

(5) 计算国内销售环节的销项税额。

(6) 计算国内销售环节应缴纳增值税税额。

【答案及解析】

(1) 关税完税价格＝40＋20＝60(万元)

(2) 进口环节应缴纳的进口关税＝60×15%＝9(万元)

(3) 进口环节应纳增值税的组成计税价格＝60＋9＝69(万元)

(4) 进口环节应缴纳增值税的税额＝69×13%＝8.97(万元)

(5) 国内销售环节的销项税额＝80×13%＝10.4(万元)

(6) 国内销售环节应缴纳增值税税额＝10.4－8.97＝1.43(万元)

四、进口货物的税收管理

进口货物的增值税由海关代征。个人携带或者邮寄进境自用物品的增值税，连同关税一并计征。具体办法由国务院关税税则委员会同有关部门制定。

进口货物，增值税纳税义务发生时间为报关进口的当天，其纳税地点应当由进口人或其代理人向报关地海关申报纳税，其纳税期限应当自海关填发海关进口增值税专用缴款书之日起 15 日内缴纳税款。

第八节　出口货物退(免)税

出口货物退(免)税是国际贸易中通常采用的并为世界各国普遍接受的、目的在于鼓励各国出口货物公平竞争的一种退还或免征间接税(目前我国主要包括增值税、消费税)的税收措施，即对出口货物已承担或应承担的增值税和消费税等间接税实行退还或者免征。由于这项制度比较公平合理，因此它已成为国际社会通行的惯例。

我国的出口货物退(免)税是指在国际贸易业务中，对我国报关出口的货物退还或免征其在国内各生产和流转环节按税法规定缴纳的增值税和消费税，即对增值税出口货物实行零税率，对消费税出口货物免税。

增值税出口货物的零税率，从税法上理解有两层含义：一是对本道环节生产或销售货物的增值部分免征增值税；二是对出口货物前道环节所含的进项税额进行退付。当然，由于各种货物出口前涉及征免税情况有所不同，且国家对少数货物有限制出口政策，因此，对货物出口的不同情况国家在遵循“征多少、退多少”“未征不退和彻底退税”基本原则的基础上，制定了不同的税务处理办法。

一、出口货物退(免)税基本政策

世界各国为了鼓励本国货物出口，在遵循 WTO 基本规则的前提下，一般都采取优惠的税收政策。有的国家采取对该货物出口前所包含的税金在出口后予以退还的政策(即出口退税)、有的国家采取对出口的货物在出口前即予以免税的政策。我国则根据本国的实际采取出口退税与免税相结合的政策。鉴于我国的出口体制尚不成熟，拥有出口经营权的企业还限于少部分经国家批准的企业，并且我国生产的某些货物，如稀有金属等还不能满足国内的需要，因此，对某些非生产性企业和国家紧缺的货物则采取限制从事出口业务或限制该货物出口，不予出口退(免)税。目前，我国的出口货物税收政策分为以下三种形式：

(1) 出口免税并退税[即《通知》中所说的“适用增值税退(免)税政策的范围”出口免税是指对货物在出口销售环节不征增值税、消费税，这是把货物出口环节与出口前的销售环节都同样视为一个征税环节；出口退税是指对货物在出口前实际承担的税收负担，按规定的退税率计算后予以退还]。

(2) 出口免税不退税(即《通知》中所说的“适用增值税免税政策的范围”)。

出口免税与上述第(1)项含义相同。出口不退税是指适用这个政策的出口货物因在前一道生产、销售环节或进口环节是免税的，因此，出口时该货物的价格中本身就不含税，也无须退税。

(3) 出口不免税也不退税(即《通知》中所说的“适用增值税征税政策的范围”)。

出口不免税是指对国家限制或禁止出口的某些货物的出口环节视同内销环节，照常征税；出口不退税是指对这些货物出口不退还出口前其所负担的税款。

二、出口货物和劳务及应税服务增值税退(免)税政策

(一) 适用增值税退(免)税政策的范围

出口货物是指向海关报关后实际离境并销售给境外单位或个人的货物，分为自营出口货物和委托出口货物两类。

1. 出口企业出口货物

(1) 出口企业对外援助、对外承包、境外投资的出口货物。

(2) 出口企业经海关报关进入国家批准的出口加工区、保税物流园区、保税港区、综合保税区等特殊区域并销售给特殊区域内单位或境外单位、个人的货物。

(3) 免税品经营企业销售的货物。

(4) 出口企业或其他单位销售给用于国际金融组织或外国政府贷款国际招标建设项目的中标机电产品。

(5) 生产企业向海上石油天然气开采企业销售的自产的海洋工程结构物。

(6) 出口企业或其他单位销售给国际运输企业用于国际运输工具上的货物(例如，外轮

供应公司、远洋运输供应公司销售给外轮、远洋国轮的货物；国内航空供应公司生产销售给国内和国外航空公司国际航班的航空食品）。

2. 视同自产出口货物

(1) 用于对外承包工程项目下的货物。

(2) 用于境外投资的货物。

(3) 用于对外援助的货物。

(4) 生产自产货物的外购设备和原材料(农产品除外)。

3. 出口企业对外提供加工修理修配劳务

出口企业对外提供加工修理修配劳务是指对进境复出口货物或从事国际运输的运输工具进行的加工修理修配。

4. 境内单位和个人

(1) 如适用简易计税方法：免征增值税。

(2) 如适用一般计税方法：生产企业实行“免、抵、退”税办法；外贸企业外购的研发服务和设计服务出口实行免退税办法；外贸企业自行开发的研发服务和设计服务出口，视同生产企业连同其出口货物统一实行“免、抵、退”税办法。

(二) 增值税退(免)税办法：

(1) “免、抵、退”税办法：生产企业出口自产货物和视同自产货物及对外提供加工修理修配劳务，以及列名的生产企业出口非自产货物，免征增值税，相应的进项税额抵减应纳增值税额(不包括适用增值税即征即退、先征后退政策的应纳增值税额)，未抵减完的部分予以退还。

(2) 免退税办法：不具有生产能力的出口企业或其他单位出口货物劳务，免征增值税，相应的进项税额予以退还。

(三) 增值税出口退税率

1. 一般规定

除单独规定外，出口货物的退税率为其适用征税率。

2. 特殊规定

(1) 外贸企业购进按简易办法征税的出口货物、从小规模纳税人购进的出口货物，其退税率分别为简易办法实际执行的征收率、小规模纳税人征收率。上述出口货物取得增值税专用发票的，退税率按照增值税专用发票上的税率和出口货物退税率孰低的原则确定。

(2) 出口企业委托加工修理修配货物，其加工修理修配费用的退税率，为出口货物的退税率。

3. 适用不同退税率的货物、劳务及应税服务

适用不同退税率的货物、劳务及应税服务，应分开报关、核算并申报退(免)税；否则从低适用退税率。

(四) 增值税退(免)税的计税依据

出口货物、劳务及应税服务的增值税退(免)税的计税依据，按出口货物、劳务及应税服务的出口发票(外销发票)、其他普通发票或购进出口货物、劳务及应税服务的增值税专用发票、海关进口增值税专用缴款书确定。

（五）增值税"免、抵、退"税和免退税的计算

（1）当期应纳税额的计算：

当期应纳税额＝当期销项税额－（当期进项税额－当期不得免征和抵扣税额）

当期不得免征和抵扣税额＝当期出口货物离岸价×外汇人民币折合率×（出口货物适用税率－出口货物退税率）－当期不得免征和抵扣税额抵减额

当期不得免征和抵扣税额抵减额＝当期免税购进原材料价格×（出口货物征税率－出口货物退税率）

（2）当期"免、抵、退"税额的计算：

当期"免、抵、退"税额＝当期出口货物离岸价×外汇人民币折合率×出口货物退税率－当期"免、抵、退"税额抵减额

当期"免、抵、退"税额抵减额＝当期免税购进原材料价格×出口货物退税率

（3）当期应退税额和免抵税额的计算：

当期应退税额为"当期期末留抵税额"与"当期免抵退税额"中的较小者。

第九节 税 收 优 惠

一、《增值税暂行条例》规定的免税项目

（1）农业生产者销售的自产农产品。

农业是指种植业、养殖业、林业、牧业、水产业。农业生产者，包括从事农业生产的单位和个人。农产品是指直接从事植物的种植、收割和动物的饲养、捕捞的单位和个人销售的自产农产品，具体范围由财政部、国家税务总局确定；对上述单位和个人销售的外购农产品，以及单位和个人外购农产品生产、加工后销售的仍然属于规定范围的农业产品，不属于免税的范围，应当按照规定的税率征收增值税。

（2）避孕药品和用具。

（3）古旧图书。古旧图书是指向社会收购的古书和旧书。

（4）直接用于科学研究、科学试验和教学的进口仪器、设备。

（5）外国政府、国际组织无偿援助的进口物资和设备。

（6）由残疾人的组织直接进口供残疾人专用的物品。

（7）销售的自己使用过的物品。自己使用过的物品是指其他个人自己使用过的物品。

二、"营改增"试点过渡政策的免税规定

（1）托儿所、幼儿园提供的保育和教育服务。

（2）养老机构提供的养老服务。

（3）残疾人福利机构提供的育养服务。

（4）婚姻介绍服务。

（5）殡葬服务。

（6）残疾人员本人为社会提供的服务。

(7) 医疗机构提供的医疗服务。

(8) 从事学历教育的学校提供的教育服务。

(9) 学生勤工俭学提供的服务。

(10) 农业机耕、排灌、病虫害防治、植物保护、农牧保险以及相关技术培训业务，家禽、牲畜、水生动物的配种和疾病防治。

(11) 纪念馆、博物馆、文化馆、文物保护单位管理机构、美术馆、展览馆、书画院、图书馆在自己的场所提供文化体育服务取得的第一道门票收入。

(12) 寺院、宫观、清真寺和教堂举办文化、宗教活动的门票收入。

(13) 行政单位之外的其他单位收取的符合《试点实施办法》第十条规定条件的政府性基金和行政事业性收费。

(14) 个人转让著作权。

(15) 个人销售自建自用住房。

(16) 台湾航运公司、航空公司从事海峡两岸海上直航、空中直航业务在大陆取得的运输收入。

(17) 纳税人提供的直接或者间接国际货物运输代理服务。

(18) 符合规定条件的贷款、债券利息收入。

(19) 被撤销金融机构以货物、不动产、无形资产、有价证券、票据等财产清偿债务。

(20) 保险公司开办的 1 年期以上人身保险产品取得的保费收入。

(21) 符合条件的金融商品转让收入。

(22) 金融同业往来利息收入。

(23) 同时符合下列条件的担保机构从事中小企业信用担保或者再担保业务取得的收入(不含信用评级、咨询、培训等收入)3 年内免征增值税。

(24) 国家商品储备管理单位及其直属企业承担商品储备任务，从中央或者地方财政取得的利息补贴收入和价差补贴收入。

(25) 纳税人提供技术转让、技术开发和与之相关的技术咨询、技术服务。

(26) 同时符合规定条件的合同能源管理服务。

(27) 政府举办的从事学历教育的高等、中等和初等学校(不含下属单位)，举办进修班、培训班取得的全部归该学校所有的收入。

(28) 政府举办的职业学校设立的主要为在校学生提供实习场所、并由学校出资自办、由学校负责经营管理、经营收入归学校所有的企业，从事《销售服务、无形资产或者不动产注释》中“现代服务”(不含融资租赁服务、广告服务和其他现代服务)、“生活服务”(不含文化体育服务、其他生活服务和桑拿、氧吧)业务活动取得的收入。

(29) 家政服务企业由员工制家政服务员提供家政服务取得的收入。

(30) 福利彩票、体育彩票的发行收入。

(31) 军队空余房产租赁收入。

(32) 为了配合国家住房制度改革，企业、行政事业单位按房改成本价、标准价出售住房取得的收入。

(33) 将土地使用权转让给农业生产者用于农业生产。

(34) 涉及家庭财产分割的个人无偿转让不动产、土地使用权。

(35) 土地所有者出让土地使用权和土地使用者将土地使用权归还给土地所有者。

(36) 县级以上地方人民政府或自然资源行政主管部门出让、转让或收回自然资源使用权(不含土地使用权)。

(37) 随军家属就业。

(38) 军队转业干部就业。营业税改征增值税试点实施办法。

三、增值税起征点的规定

增值税起征点的适用范围限于按照小规模纳税人纳税的个体工商户和其他个人。不适用于登记为一般纳税人的个体工商户。纳税人销售额未达到国务院财政、税务主管部门规定的增值税起征点的,免征增值税;达到起征点的,全额计算缴纳增值税。增值税起征点的幅度规定如下:

(1) 按期纳税的,为月销售额 5 000～20 000 元(含本数)。

(2) 按次纳税的,为每次(日)销售额 300～500 元。

上述所称的销售额,是指《增值税暂行条例实施细则》第三十条第一款所称小规模纳税人的销售额,即小规模纳税人的销售额不包括其应纳税额。

省、自治区、直辖市财政厅(局)和国家税务局应在规定的幅度内,根据实际情况确定本地区适用的起征点,并报财政部、国家税务总局备案。

四、小微企业免税规定

增值税小规模纳税人,月销售额不超过 3 万元(含 3 万元,下同)的,免征增值税。其中,以一个季度为纳税期限的增值税小规模纳税人,季度销售额不超过 9 万元的,免征增值税。

五、其他减免税规定

(1) 纳税人兼营免税、减税项目的,应当分别核算免税、减税项目的销售额;未分别核算销售额的,不得免税、减税。

(2) 纳税人销售货物或者应税劳务适用免税规定的,可以放弃免税,依照《增值税暂行条例》的规定缴纳增值税。放弃免税后,36 个月内不得再申请免税。

第十节 征收管理

一、纳税义务发生的时间

《增值税暂行条例》明确规定了增值税纳税义务的发生时间。纳税义务发生时间,是纳税人发生应税行为应当承担纳税义务的起始时间。税法明确规定纳税义务发生时间的作用在于:第一,正式确认纳税人已经发生属于税法规定的应税行为,应承担纳税义务;第二,有利于税务机关实施税务管理,合理规定申报期限和纳税期限,监督纳税人切实履行纳税义务。

销售货物或者应税劳务的纳税义务发生时间可以分为一般规定和具体规定。

(一) 一般规定

(1) 纳税人销售货物或者应税劳务，其纳税义务发生时间为收讫销售款项或者取得索取销售款项凭据的当天；先开具发票的，为开具发票的当天。

(2) 纳税人进口货物，其纳税义务发生时间为报关进口的当天。

(3) 增值税扣缴义务发生时间为纳税人增值税纳税义务发生的当天。

(二) 具体规定

纳税人收讫销售款项或者取得索取销售款项凭据的当天，按销售结算方式的不同，具体为：

(1) 采取直接收款方式销售货物，不论货物是否发出，均为收到销售款或者取得索取销售款凭据的当天；对于纳税人生产经营活动中采取直接收款方式销售货物，已将货物移送对方并暂估销售收入入账，但既未取得销售款或取得索取销售款凭据也未开具销售发票的，其增值税纳税义务发生时间为取得销售款或取得索取销售款凭据的当天；先开具发票的，为开具发票的当天。

(2) 采取托收承付和委托银行收款方式销售货物，为发出货物并办妥托收手续的当天。

(3) 采取赊销和分期收款方式销售货物，为书面合同约定的收款日期的当天，无书面合同的或者书面合同没有约定收款日期的，为货物发出的当天。

(4) 采取预收货款方式销售货物，为货物发出的当天，但销售生产工期超过 12 个月的大型机械设备、船舶、飞机等货物，为收到预收款或者书面合同约定的收款日期的当天。

(5) 委托其他纳税人代销货物，为收到代销单位的代销清单或者收到全部或者部分货款的当天。未收到代销清单及货款的，为发出代销货物满 180 天的当天。

(6) 销售应税劳务，为提供劳务同时收讫销售款或者取得索取销售款的凭据的当天。

(7) 纳税人提供租赁服务采取预收款方式的，其纳税义务发生时间为收到预收款的当天。

(8) 纳税人从事金融商品转让的，为金融商品所有权转移的当天。

(9) 纳税人发生视同销售情形的，其纳税义务发生时间为货物移送的当天、服务、无形资产转让完成的当天或者不动产权属变更的当天。

(10) 增值税扣缴义务发生时间为纳税人增值税纳税义务发生的当天。

上述销售货物或应税劳务等纳税义务发生时间的确定，明确了企业在计算应纳税额时，对“当期销项税额”时间的限定，是增值税计税和征收管理中重要的规定。目前，一些企业没有按照上述规定的纳税义务发生时间将实现的销售收入及时入账并计算纳税，而是采取延迟入账或不计销售收入等做法，以拖延纳税或逃避纳税，这些做法都是错误的。企业必须按上述规定的时限及时、准确地记录销售额和计算当期销项税额。

二、纳税期限

在明确了增值税纳税义务发生时间后，还需要掌握具体纳税期限，以保证按期缴纳税款。根据《增值税暂行条例》的规定，增值税的纳税期限分别为 1 日、3 日、5 日、10 日、15 日、1 个月或者 1 个季度。

纳税人的具体纳税期限，由主管税务机关根据纳税人应纳税额的大小分别核定；不能按照固定期限纳税的，可以按次纳税。以1个季度为纳税期限的规定仅适用于小规模纳税人、银行、财务公司、信托投资公司、信用社以及财政部和国家税务总局规定的其他纳税人。不能按照固定期限纳税的，可以按次纳税。

纳税人以1个月或者1个季度为1个纳税期的，自期满之日起15日内申报纳税；以1日、3日、5日、10日或者15日为1个纳税期的，自期满之日起5日内预缴税款，于次月1日起15日内申报纳税并结清上月应纳税款。

扣缴义务人解缴税款的期限，依照前两款规定执行。

纳税人进口货物，应当自海关填发进口增值税专用缴纳书之日起15日内缴纳税款。

纳税人出口货物适用退(免)税规定的，应当向海关办理出口手续，凭出口报关单等有关凭证，在规定的出口退(免)税申报期内按月向主管税务机关申报办理该项出口货物的退(免)税。具体办法由国务院财政、税务主管部门制定。

出口货物办理退税后发生退货或者退关的，纳税人应当依法补缴已退的税款。

三、纳税地点

为了保证纳税人按期申报纳税，根据企业跨地区经营和搞活商品流通的特点及不同情况，税法还具体规定了增值税的纳税地点：

(1) 固定业户应当向其机构所在地的主管税务机关申报纳税。总机构和分支机构不在同一县(市)的，应当分别向各自所在地的主管税务机关申报纳税；经国务院财政、税务主管部门或者其授权的财政、税务机关批准，可以由总机构汇总向总机构所在地的主管税务机关申报纳税。

(2) 固定业户到外县(市)销售货物或者应税劳务，应当向其机构所在地的主管税务机关申请开具外出经营活动税收管理证明，并向其机构所在地的主管税务机关申报纳税；未开具证明的，应当向销售地或者劳务发生地的主管税务机关申报纳税；未向销售地或者劳务发生地的主管税务机关申报纳税的，由其机构所在地的主管税务机关补征税款。

(3) 非固定业户销售货物或者应税劳务，应当向销售地或者劳务发生地的主管税务机关申报纳税；未向销售地或者劳务发生地的主管税务机关申报纳税的，由其机构所在地或者居住地的主管税务机关补征税款。

(4) 其他个人提供建筑服务，销售或者租赁不动产，转让自然资源使用权，应向建筑服务发生地、不动产所在地、自然资源所在地主管税务机关申报纳税。

(5) 进口货物，应当向报关地海关申报纳税。

(6) 扣缴义务人应当向其机构所在地或者居住地的主管税务机关申报缴纳其扣缴的税款。

2-16 增值税纳税申报表(一般纳税人)

2-17 视频：增值税一般纳税人纳税申报

2-18 扫一扫看课件

2-19 扫一扫练一练

2-20 练一练参考答案

本章小结

本章主要讲解了增值税的特点、类型；增值税的征税范围的一般规定和特殊行为；一般纳税人与小规模纳税人的划分标准；一般纳税人的税率、应纳税额的计算；小规模纳税人的征收率、应纳税额的计算；进口货物征税的计算等相关内容。

本章重要概念

增值税　价外税　价外费用　销项税额　进项税额　混合销售　兼营行为

推荐阅读资料

[1] 中国注册会计师协会.税法[M].北京：经济科学出版社，2017.
[2] 马海涛.中国税制[M].北京：中国人民大学出版社，2014.
[3] 王振东，张红升，危磊.税法[M].北京：人民邮电出版社，2013.
[4] 刘澄，刘欣华，攀彩霞.新编税收概论[M].北京：科学出版社，2010.

第三章　消 费 税 法

内容简介

本章主要讲解了消费税的基本概念、特点、计税方法、纳税义务人、征税范围、税目、税率、应纳税额的计算及征收管理等内容。本章重点为消费税的征税范围、税目、税率和应纳税额的计算。本章难点为消费税已纳税额扣除的计算。

学习目的和要求

通过本章学习，学生应当掌握消费税的概念、特点、消费税的基本税制要素：纳税义务人、征税范围、税目、税率、应纳税额的计算；应当了解消费税的发展与征收管理。

思政育人　树立正确的消费观

目前我国消费税只选择了15种商品征税，其具有调节产业结构和消费结构，限制某些奢侈品、高能耗产品的生产，促进节能环保的作用，从而正确引导消费方向，国家对这些商品征收消费税的原则：一是过度消费会对人的身体健康、生态环境等方面造成危害，二是奢侈品、非生活必需品，三是不可再生和替代的稀缺消费品，四是不利于生态的可持续发展和环保的产品。

那么，作为当代大学生你会因攀比心理而产生“奢侈”消费行为吗？对于高档化妆品、高档手表等商品你会去购买吗？并思考应该如何树立正确的消费观？

第一节　基 本 原 理

一、消费税的概念

消费税是指对消费品和特定的消费行为按消费流转额征收的一种商品税。消费税可分为一般消费税和特别消费税，前者主要对所有消费品包括生活必需品和日用品普遍课税；后者主要对特定消费品和特定消费行为如奢侈品等课税。消费税以消费品为课税对象，在此情况下，税收随价格转嫁给消费者负担，消费者是实际的负税人。消费税的征收具有较强的选择性，是国家贯彻消费政策、引

3-1　视频：不可不知的消费税

导消费结构从而引导产业结构的重要手段，因而在保证国家财政收入，体现国家经济政策等方面具有十分重要的意义。

二、消费税的发展

消费税具有悠久的历史。早在公元前81年，汉昭帝为避免酒的专卖“与商人争市利”，改酒专卖为普遍征税，允许各地的地主、商人自行酿酒卖酒，每升酒缴税款4文，纳税环节在酒销售之后，而不是在出坊(酒坊)时，这可以说是我国较早的消费税。

新中国成立后，1950年统一全国税制，建立新税制，曾开征了特种消费行为税，这一税种包含娱乐、筵席、冷食、旅馆4个税目，在发生特种消费行为时征收。为适应建立社会主义市场经济体制的需要，配合新一轮税制改革主要是新增值税的推行，1993年年底国务院正式颁布了《消费税暂行条例》，并于1994年1月1日起实施。2006年3月20日，财政部、国家税务总局发文，对消费税税目、税率及相关政策又进行调整。新增高尔夫球及球具、高档手表、游艇、木制一次性筷子、实木地板5个税目；取消汽油、柴油税目，增列成品油税目；取消护肤护发品税目，将原属于护肤护发品征税范围的高档护肤类化妆品列入化妆品税目。

现行消费税法的基本规范，是2008年11月5日经国务院第34次常务会议修订通过并颁布，自2009年1月1日起施行的《中华人民共和国消费税暂行条例》，以及2008年12月15日财政部、国家税务总局第51号令颁布的《中华人民共和国消费税暂行条例实施细则》(以下简称《消费税暂行条例实施细则》)。

延伸阅读3-1

各国消费税政策一览

美国：美国联邦和州两级政府都对汽车燃料征税。联邦政府对汽油课征的税率为每加仑18.4美分，柴油的税率稍高些，为每加仑24.4美分。纳税人是燃料的生产者和进口商，但税负实际上通过零售商转嫁给最终消费者。美国消费税的资金主要用于交通及道路方面的支出。

日本：日本与汽车相关的税共9种。以汽车为征税对象的有5种，分别是汽车重量税、汽车税、轻型汽车税、汽车消费税、汽车取得税。以燃油为征税对象的有4种：汽油税、柴油税、地方道路税、天然气税，这些都是目的税，是为筹措专门用于公路建设和养护的特定支出而课征的税收。

德国：德国的矿物油税是对汽车燃料征收的一种税。开征矿物油税，起初并未考虑环保因素，只是为了控制消费。后来从环境政策出发，对矿物油按品种作了区别，规定不含铅汽油的适用税率低。这样，含铅汽油的含税价格就高于不含铅汽油。

荷兰：荷兰的燃料税是政府为环境保护筹措资金而对汽油、重油、液化气、煤、天然气、石油焦炭等主要燃料征收的一种税。纳税人是应税产品的生产者和进口商。燃料税已成为荷兰最主要的生态税收，也是该国政府实施环境保护政策的主要资金来源。

三、消费税的特点

(一) 征收范围具有选择性

我国消费税在征收范围上根据产业政策与消费政策仅选择部分消费品征税，而不是对所有消费品都征税，我国消费税目前共设置15个税目。

(二) 征税环节具有单一性

消费税的最终负担人是消费者，但是，为了加强源泉控制，防止税款流失，消费税的纳税环节主要确定在生产环节和进口环节，也就是说，应税消费品在生产环节或进口环节征税之后，除少数消费品的纳税环节为零售环节外，再继续转销该消费品不再征收消费税。但无论在哪个环节征税，都实行单环节征收，以零售环节为纳税环节的应税消费品，在零售环节以前的诸环节都不征收消费税。这样，既可以减少纳税人的数量，降低税款征收费用和源泉流失的风险，又可以防止重复征税。

（三）平均税率水平比较高且税负差异大

消费税属于国家运用税收杠杆对某些消费品进行特殊调节的税种。为了有效体现国家政策，消费税的平均税率水平一般定得比较高，并且不同征税项目的税负差异较大，对需要限制或控制消费的消费品，通常税负较重。

（四）征收方法具有灵活性

消费税在征收方法上，既可以采用对消费品制定单位税额，以消费品的数量实行从量定额的征收方法，也可以采用对消费品制定比例税率，依消费品的价格实行从价定率的征收方法。目前，对卷烟和白酒两类消费品采用从价和从量复合征税的方法。

（五）税负具有转嫁性

消费税是对消费应税消费品课税。因此，税负归属应为消费者。但为了简化征收管理，我国消费税直接以应税消费品的生产经营者为纳税人，于产销环节、进口环节或零售环节缴纳税款，并成为商品价格的一个组成部分向购买者收取，消费者为税负的最终负担者。

四、消费税的计税方法

（一）从价定率征收

在从价定率征收情况下，根据不同的应税消费品确定不同的比例税率，以应税消费品的销售额为基数乘以比例税率计算应纳税额。在从价定率征收情况下，消费税税额会随应税消费品的价格上升而增加；相反，消费税税额会随应税消费品的价格下降而减少。

（二）从量定额征收

在从量定额征收情况下，根据不同的应税消费品确定不同的单位税额，以应税消费品的数量为基数乘以单位税额计算应纳税额。在从量定额征收情况下，消费税税额不会随应税消费品的价格变化而变化，具有相对稳定性，一般适用于价格变化较小、批量较大的应税消费品。

（三）从价定率和从量定额复合征收

在从价定率和从量定额复合征收情况下，该应税消费品的应纳税额为以上两种方法计算的应纳税额之和。目前，在我国只对卷烟和白酒两类消费品采用从价定产和从量定额复合征税的方法。

相关衔接 3-1

消费税与增值税的关系

1. 消费税与增值税的区别

(1) 两者征税范围不同：增值税是对销售或进口的货物，加工、修理修配劳务、不动产、无形资产销售的应税服务征税，消费税的征税范围只涉及货物，只对货物中需要限制消费的特殊消费品征税。

(2) 两者与价格的关系不同：增值税是价外税，计税依据中不含增值税税额；消费税是价内税，计税依据中含消费税税额。

(3) 两者的纳税环节不同：增值税是在货物生产、流通各环节道道征收；消费税是单一环节征收，消费税一般只在货物生产、委托加工、进口环节一次性征收，以后的批发零售环节不再征收(卷烟、金银、铂金、钻石除外)。

(4) 两者的计税方法不同：增值税只采用从价定率的计税方法；消费税采用从价定率、从量定额和复合计征三种方法。

2. 消费税与增值税的联系

对应税消费品从价计算消费税的销售额和计算增值税销项税的销售额一般是相同的，均为含消费税而不含增值税的销售额。

第二节　纳税义务人与征税范围

一、纳税义务人

根据《消费税暂行条例》的规定，在中华人民共和国境内生产、委托加工和进口本条例规定的消费品的单位和个人，以及国务院确定的销售《消费税暂行条例》规定的消费品的其他单位和个人，为消费税的纳税人。这里所说的“单位”是指企业、行政单位、事业单位、军事单位、社会团体及其他单位。“个人”是指个体工商户及其他个人。“在中华人民共和国境内”是指生产、委托加工和进口应税消费品的起运地或所在地在境内。消费税的纳税义务人，具体包括：

(1) 生产销售(包括自产自用)除金银首饰、钻石及钻石饰品、铂金首饰以外的应税消费品，以生产销售的单位和个人为纳税人。

(2) 委托加工除金银首饰、钻石及钻石饰品、铂金首饰以外的应税消费品，以委托加工的单位和个人为纳税人。为加强税收的源泉控制，简化税收征管手续，除受托方为个人外，由受托方在向委托方交货时代收代缴消费税。

(3) 进口除金银首饰、钻石及钻石饰品、铂金首饰以外的应税消费品，以进口的单位和个人为纳税人，由海关代征进口环节消费税。

(4) 零售金银首饰、钻石及钻石饰品、铂金首饰、超豪华小汽车的单位和个人。

(5) 自 2009 年 5 月 1 日起，在我国境内从事卷烟批发业务的单位和个人。纳税人(卷烟批发商)销售给纳税人以外的单位和个人的卷烟于销售时纳税。纳税人(卷烟批发商)之间销售的卷烟不缴纳消费税。

二、征税范围

目前，消费税的征税范围分布于以下五个环节。

(一) 生产应税消费品

1. 生产销售

生产应税消费品销售是消费税征收的主要环节，因消费税具有单一环节征税的特点，在生产销售环节征税以后，货物在流通环节无论再流转多少次，不用再缴纳消费税。

另外，工业企业以外的单位和个人的下列行为视为应税消费品的生产行为，按规定征收消费税：

(1) 将外购的消费税非应税产品以消费税应税产品对外销售的。

(2) 将外购的消费税低税率应税产品以高税率应税产品对外销售的。

2. 自产自用

生产应税消费品除了直接对外销售应征收消费税外，纳税人将生产的应税消费品用于生产非应税消费品，用于在建工程、管理部门、非生产机构，提供劳务，以及用于馈赠、赞助、集资、广告、样品、职工福利、奖励等方面，于移送使用时纳税。所谓"用于生产非应税消费品"，是指把自产的应税消费品用于生产消费税条例税目税率表所列 15 类产品以外的产品。例如，原油加工厂用生产出的应税消费品汽油调和制成溶剂汽油，该溶剂汽油就属于非应税消费品。所谓"用于在建工程"，是指把自产的应税消费品用于本单位的各项建设工程。例如，石化工厂把自己生产的柴油用于本厂基建工程的车辆、设备使用。所谓"用于管理部门、非生产机构"，是指把自己生产的应税消费品用于与本单位有隶属关系的管理部门或非生产机构。例如，汽车制造厂把生产出的小汽车提供给上级主管部门使用。所谓"用于馈赠、赞助、集资、广告、样品、职工福利、奖励"，是指把自己生产的应税消费品无偿赠送给他人或以资金的形式投资于外单位某些事业或作为商品广告、经销样品或以福利、奖励的形式发给职工。例如，摩托车厂把自己生产的摩托车赠送或赞助给摩托车拉力赛赛手使用，兼作商品广告；酒厂把生产的滋补药酒以福利的形式发给职工等。总之，企业自产的应税消费品虽然没有用于销售或连续生产应税消费品，但只要是用于税法所规定的范围的都要视同销售，依法缴纳消费税。

这里需要注意的是，纳税人自产的应税消费品，用于连续生产应税消费品的，不纳税。所谓"用于连续生产应税消费品的"，是指作为生产最终应税消费品的直接材料、并构成最终产品实体的应税消费品。例如，卷烟厂生产出烟丝，烟丝已是应税消费品，卷烟厂再用生产出的烟丝连续生产卷烟，这样，用于连续生产卷烟的烟丝就不缴纳消费税，只对生产的卷烟征收消费税。当然，生产出的烟丝如果是直接销售的，则烟丝还是要缴纳消费税的。税法规定对自产的应税消费品，用于连续生产应税消费品的不征税，体现了税不重征且计税简便的原则。

(二) 委托加工应税消费品

委托加工的应税消费品是指由委托方提供原料和主要材料，受托方只收取加工费和代垫部分辅助材料加工的应税消费品。对于由受托方提供原材料生产的应税消费品，或者受托方先将原材料卖给委托方，然后再接受加工的应税消费品，以及由受托方以委托方名义购进原材料生产的应税消费品，不论纳税人在财务上是否作销售处理，都不得作为委托加工应税消费品，而应当按照销售自制应税消费品缴纳消费税。

委托加工是生产应税消费品的另一种形式，也需要纳入征收消费税的范围。例如，某企业将购来的小客车底盘和零部件提供给某汽车改装厂，加工组装成小客车供自己使用，则加工、组装成的小客车就需要缴纳消费税。

按照规定，委托加工的应税消费品，委托方是消费税的纳税义务人，委托加工的应税消费品，除受托方为个人外，由受托方在向委托方交货时代收代缴消费税税款；委托个人加工的应税消费品，由委托方收回后缴纳消费税。

委托加工的应税消费品在提取货物时已由受托方代收代缴了消费税，委托方收回后以不高于受托方计税价格直接出售的，不再缴纳消费税；以高于受托方的计税价格出售的，需按照规定申报缴纳消费税，在计税时准予扣除受托方已代收代缴的消费税；但如果连续加工成另一种应税消费品销售的，销售时还应按新的消费品纳税，为了避免重复征税，税法规定，可按当期生产领用量扣除委托加工环节已纳的消费税。

(三) 进口应税消费品

单位和个人进口货物属于消费税征税范围的，在进口环节也要缴纳消费税。为了减少征税成本，进口环节缴纳的消费税由海关代征。

(四) 零售应税消费品

在零售环节征收消费税的消费品有金银首饰、钻石及钻石饰品、铂金首饰。其中，金银首饰仅限于金基、银基合金首饰及金、银和金基、银基合金的镶嵌首饰。零售环节适用税率为5%。

(五) 批发应税消费品

自2009年5月1日起，卷烟在批发环节加征一道消费税。批发环节适用税率为5%。自2015年5月10日起，卷烟批发环节从价税税率由5%提高到11%，并按0.005元/支加征从量税。

第三节　税目与税率

一、税目

按照《消费税暂行条例》规定，2015年2月调整后，确定征收消费税的只有烟、酒、高档化妆品等15个税目，有的税目还进一步划分若干子目。

(一) 烟

凡是以烟叶为原料加工生产的产品，不论使用何种辅料，均属于本税目的征收范围。包括卷烟(进口卷烟、白包卷烟、手工卷烟和未经国务院批准纳入计划的企业及个人生产的卷烟)、雪茄烟和烟丝。其中，“卷烟”又分为“甲类卷烟”和“乙类卷烟”。

甲类卷烟是指每标准条(200支，下同)调拨价格在70元(不含增值税)以上(含70元)的卷烟；乙类卷烟是指每标准条调拨价格在70元(不含增值税)以下的卷烟。

(二) 酒

酒是酒精度在1度以上的各种酒类饮料，包括粮食白酒、薯类白酒、黄酒、啤酒和其他酒。

啤酒每吨出厂价(含包装物及包装物押金)在3 000元(含3 000元，不含增值税)以上的是甲类啤酒，每吨出厂价(含包装物及包装物押金)在3 000元(不含增值税)以下的是乙类啤酒。果啤按啤酒征税。对饮食业、商业、娱乐业举办的啤酒屋(啤酒坊)利用啤酒生产设备生产的啤酒，应当征收消费税。

其他酒包括：红酒、药酒、葡萄酒等。

(三) 高档化妆品

本税目包括各类高档美容、修饰类化妆品、高档护肤类化妆品和成套化妆品。

美容、修饰类化妆品是指香水、香水精、香粉、口红、指甲油、胭脂、眉笔、唇笔、蓝眼油、眼睫毛以及成套化妆品。

高档美容、修饰类化妆品和高档护肤类化妆品是指生产（进口）环节销售（完税）价格（不含增值税）在 10 元/毫升（克）或 15 元/片（张）及以上的美容、修饰类化妆品和护肤类化妆品，舞台、戏剧、影视演员化妆用的上妆油、卸装油、油彩，不属于本税目的征收范围。

（四）贵重首饰及珠宝玉石

本税目包括金、银、铂金、宝石、珍珠、钻石、翡翠、珊瑚、玛瑙等高贵稀有物质以及其他金属、人造宝石等制作的各种纯金银首饰及镶嵌首饰和经采掘、打磨、加工的各种珠宝玉石。

出国人员免税商店销售的金银首饰征收消费税。

（五）鞭炮、焰火

本税目包括各种鞭炮、焰火。体育上用的发令纸、鞭炮药引线，不按本税目征收。

（六）成品油

本税目包括汽油、柴油、石脑油、溶剂油、航空煤油、润滑油、燃料油 7 个子目。

1. 汽油

汽油是指用原油或其他原料加工生产的辛烷值不小于 66 的可用作汽油发动机燃料的各种轻质油。含铅汽油是指铅含量每升超过 0.013 克的汽油。汽油分为车用汽油和航空汽油。

以汽油、汽油组分调和生产的甲醇汽油、乙醇汽油也属于本税目征收范围。

2. 柴油

柴油是指用原油或其他原料加工生产的倾点或凝点在－50 号至 30 号的可用作柴油发动机燃料的各种轻质油和以柴油组分为主、经调和精制可用作柴油发动机燃料的非标油。

以柴油、柴油组分调和生产的生物柴油也属于本税目征收范围。

3. 石脑油

石脑油又叫化工轻油，是以原油或其他原料加工生产的用于化工原料的轻质油。

石脑油的征收范围包括除汽油、柴油、航空煤油、溶剂油以外的各种轻质油。非标汽油、重整生成油、拔头油、戊烷原料油、轻裂解料（减压柴油 VGO 和常压柴油 AGO）、重裂解料、加氢裂化尾油、芳烃抽余油均属轻质油，属于石脑油征收范围。

4. 溶剂油

溶剂油是用原油或其他原料加工生产的用于涂料、油漆、食用油、印刷油墨、皮革、农药、橡胶、化妆品生产和机械清洗、胶粘行业的轻质油。

橡胶填充油、溶剂油原料，属于溶剂油征收范围。

5. 航空煤油

航空煤油也叫喷气燃料，是用原油或其他原料加工生产的用作喷气发动机和喷气推进系统燃料的各种轻质油。

6. 润滑油

润滑油是用原油或其他原料加工生产的用于内燃机、机械加工过程的润滑产品。润滑油分为矿物性润滑油、植物性润滑油、动物性润滑油和化工原料合成润滑油。

润滑油的征收范围包括矿物性润滑油、矿物性润滑油基础油、植物性润滑油、动物性润滑油和化工原料合成润滑油。以植物性、动物性和矿物性基础油（或矿物性润滑油）混合掺配而成的“混合性”润滑油，不论矿物性基础油(或矿物性润滑油)所占比例高低，均属润滑油的征收范围。

另外，用原油或其他原料加工生产的用于内燃机、机械加工过程的润滑产品均属于润滑油征税范围。润滑脂是润滑产品，生产、加工润滑脂应当征收消费税。

7. 燃料油

燃料油也称重油、渣油，是用原油或其他原料加工生产，主要用作电厂发电、锅炉用燃料、加热炉燃料、冶金和其他工业炉燃料。腊油、船用重油、常压重油、减压重油、180CTS 燃料油、7 号燃料油、糠醛油、工业燃料、4～6 号燃料油等油品的主要用途是作为燃料燃烧，属于燃料油征收范围。

(七) 摩托车

摩托车包括轻便摩托车和摩托车两种。对最大设计车速不超过 50 km/h，发动机汽缸总工作容量不超过 5 ml 的三轮摩托车不征收消费税。

(八) 小汽车

小汽车是指由动力驱动，具有 4 个或 4 个以上车轮的非轨道承载的车辆。

本税目包括含驾驶员座位在内最多不超过 9 个座位(含)的，在设计和技术特性上用于载运乘客和货物的各类乘用车、含驾驶员座位在内的座位数在 10～23 座(含 23 座)的在设计和技术特性上用于载运乘客和货物的各类中轻型商用客车、每辆零售价格 130 万元(不含增值税)及以上的乘用车和中轻型商用客车。

用排气量小于 1.5 升(含)的乘用车底盘(车架)改装、改制的车辆属于乘用车征收范围。用排气量大于 1.5 升的乘用车底盘(车架)或用中轻型商用客车底盘(车架)改装、改制的车辆属于中轻型商用客车征收范围。

含驾驶员人数(额定载客)为区间值的(如 8～10 人；17～26 人)小汽车，按其区间值下限人数确定征收范围。

电动汽车不属于本税目征收范围。车身长度大于 7 米(含)，并且座位在 10～23 座(含)以下的商用客车，不属于中轻型商用客车征税范围，不征收消费税。沙滩车、雪地车、卡丁车、高尔夫车不属于消费税征收范围，不征收消费税。

(九) 高尔夫球及球具

高尔夫球及球具是指从事高尔夫球运动所需的各种专用装备，包括高尔夫球、高尔夫球杆、高尔夫球杆的杆头、杆身和握把及高尔夫球包(袋)等。

高尔夫球是指重量不超过 45.93 克、直径不超过 42.67 毫米的高尔夫球运动比赛、练习用球；高尔夫球杆是指被设计用来打高尔夫球的工具，由杆头、杆身和握把三部分组成；高尔夫球包(袋)是指专用于盛装高尔夫球及球杆的包(袋)。

(十) 高档手表

高档手表是指销售价格(不含增值税)每只在 10 000 元(含)以上的各类手表。

(十一) 游艇

游艇是指长度大于 8 米小于 90 米，船体由玻璃钢、钢、铝合金、塑料等多种材料制作，可以在水上移动的水上浮载体。按照动力划分，游艇分为无动力艇、帆艇和机动艇。

本税目包括艇身长度大于 8 米(含)小于 90 米(含)，内置发动机，可以在水上移动，一般为私人或团体购置，主要用于水上运动和休闲娱乐等非牟利活动的各类机动艇。

(十二) 木制一次性筷子

木制一次性筷子又称卫生筷子，是指以木材为原料经过锯段、浸泡、旋切、刨切、烘干、筛选、打磨、倒角、包装等环节加工而成的各类供一次性使用的筷子。

(十三) 实木地板

实木地板是指以木材为原料，经锯割、干燥、刨光、截断、开榫、涂漆等工序加工而成的块状或条状的地面装饰材料。实木地板按生产工艺不同，可分为独板(块)实木地板、实木指接地板、实木复合地板 3 类；按表面处理状态不同，可分为未涂饰地板(白坯板、素板)和漆饰地板 2 类。

本税目包括各类规格的实木地板、实木指接地板、实木复合地板及用于装饰墙壁、天棚的侧端面为榫、槽的实木装饰板。未经涂饰的素板也属于本税目征税范围。

(十四) 电池

电池是一种将化学能、光能等直接转换为电能的装置，一般由电极、电解质、容器、极端，通常还有隔离层组成的基本功能单元，以及用一个或多个基本功能单元装配成的电池组。本税目的范围包括：原电池、蓄电池、燃料电池、太阳能电池和其他电池。

自 2015 年 2 月 1 日起对电池(铅蓄电池除外)征收消费税；对无汞原电池、金属氢化物镍蓄电池(又称“氢镍蓄电池”或“镍氢蓄电池”)、锂原电池、锂离子蓄电池、太阳能电池、燃料电池、全钒液流电池免消费税。2015 年 12 月 31 日前对铅蓄电池缓征消费税；自 2016 年 1 月 1 日起，对铅蓄电池按 4%税率征收消费税。

(十五) 涂料

涂料是指涂于物体表面能形成具有保护、装饰或特殊性能的固态涂膜的一类液体或固体材料的总称。自 2015 年 2 月 1 日起对涂料开征消费税，施工状态下挥发性有机物含量低于 420 克/升(含)的涂料免征消费税。

二、税率

消费税采用比例税率和定额税率两种形式，以适应不同应税消费品的实际情况。消费税税目、税率如表 3-1 所示。

表 3-1　　消费税税目、税率

税　　目	税　　率
一、烟	
1. 卷烟	
(1) 甲类卷烟	56%加 0.003 元/支
(2) 乙类卷烟	36%加 0.003 元/支
(3) 批发环节	11%加 0.005 元/支
2. 雪茄烟	36%
3. 烟丝	30%
二、酒	
1. 白酒	20%加 0.5 元/500 克(500 毫升)

（续表）

税　　目	税　　率
2. 黄酒	240元/吨
3. 啤酒	
（1）甲类啤酒	250元/吨
（2）乙类啤酒	220元/吨
4. 其他酒	10%
三、高档化妆品	15%
四、贵重首饰及珠宝玉石	
1. 金银首饰、铂金首饰和钻石及钻石饰品	5%
2. 其他贵重首饰和珠宝玉石	10%
五、鞭炮、焰火	15%
六、成品油	
1. 汽油	1.52元/升
2. 柴油	1.20元/升
3. 航空煤油	1.20元/升
4. 石脑油	1.52元/升
5. 溶剂油	1.52元/升
6. 润滑油	1.52元/升
7. 燃料油	1.20元/升
七、摩托车(气缸容量在250毫升及以上的)	10%
八、小汽车	
1. 乘用车	
（1）气缸容量(排气量)在1.0升(含)以下的	1%
（2）气缸容量在1.0升以上至1.5升(含)的	3%
（3）气缸容量在1.5升以上至2.0升(含)的	5%
（4）气缸容量在2.0升以上至2.5升(含)的	9%
（5）气缸容量在2.5升以上至3.0升(含)的	12%
（6）气缸容量在3.0升以上至4.0升(含)的	25%
（7）气缸容量在4.0升以上的	40%
2. 中轻型商用客车	5%
3. 超豪华小汽车(零售环节)	10%
九、高尔夫球及球具	10%
十、高档手表	20%
十一、游艇	10%
十二、木制一次性筷子	5%
十三、实木地板	5%
十四、电池	4%
十五、涂料	4%

值得注意的是：纳税人兼营不同税率的应税消费品，应当分别核算不同税率应税消费品的销售额、销售数量。未分别核算销售额、销售数量，或者将不同税率的应税消费品组成成套消费品销售的，从高适用税率。

3-2 “成套”消费品节税技巧

3-3 企业合并把高税率产品转为低税率产品节税

相关思考 3-1

未分别核算的应税消费品应如何缴纳消费税

某酒厂既生产税率为20%的粮食白酒，又生产税率为10%的其他酒，如药酒、果酒等。同时，该酒厂还生产白酒与其他酒组成的礼品套酒，该酒厂对上述销售行为未分别核算。请问该酒厂应如何缴纳消费税？

第四节 应纳税额的计算

一、生产销售环节应纳税额的计算

纳税人在生产销售环节应缴纳的消费税，包括直接对外销售应税消费品应缴纳的消费税和自产自用应税消费品应缴纳的消费税。

（一）直接对外销售应纳税额的计算

直接对外销售应税消费品可能涉及三种计算方法。

1. 从价定率计算

在从价定率计算方法下，应纳税额等于销售额乘以适用税率。基本计算公式为：

应纳税额＝销售额×比例税率

1）销售额的一般规定

销售额为纳税人销售应税消费品向购买方收取的全部价款和价外费用，不包括向购买方收取的销项税额。价外费用是指价外向购买方收取的手续费、补贴、基金、集资费、返还利润、奖励费、违约金、滞纳金、延期付款利息、赔偿金、代收款项、代垫款项、包装费、包装物租金、储备费、优质费、运输装卸费以及其他各种性质的价外收费。但不包括同时符合以下条件代为收取的政府性基金或者行政事业性收费：

（1）由国务院或者财政部批准设立的政府性基金，由国务院或者省级人民政府及其财政、价格主管部门批准设立的行政事业性收费。

（2）收取时开具省级以上财政部门印制的财政票据。

（3）所收款项全额上缴财政。

其他价外费用，无论是否属于纳税人的收入，均应并入销售额计算征税。

实行从价定率办法计算应纳税额的应税消费品连同包装销售的，无论包装是否单独计价，也不论在会计上如何核算，均应并入应税消费品的销售额中征收消费税。如果包装物不作价随同产品销售，而是收取押金，此项押金则不应并入应税消费品的销售额中征税。但对因逾期未收回的包装物不再退还的或者已收取的时间超过 12 个月的押金，应并入应税消费品的销售额，按照应税消费品的适用税率缴纳消费税。除啤酒、黄酒外，对酒类产品生产企业销售酒类产品而收取的押金，无论押金是否返还，均须并入征收增值税。

3-4　包装物周转使用节约消费税

相关衔接 3-2

包装物押金的税务处理

押金种类	收取时，未逾期	逾期时
一般应税消费品的包装物押金	不缴增值税，不缴消费税	缴纳增值税，缴纳消费税(押金需换算为不含税价)
酒类产品包装物押金(除啤酒、黄酒外)	缴纳增值税、消费税(押金需换算为不含税价)	不再缴纳增值税、消费税
啤酒、黄酒包装物押金	不缴增值税，不缴消费税	只缴纳增值税，不缴纳消费税(因为从量征收)

【例 3-1】 某高档化妆品生产企业为增值税一般纳税人。2×19 年 6 月 15 日向某大型商场销售化妆品一批，开具增值税专用发票，取得不含增值税销售额 80 万元，增值税税额 10.4 万元；6 月 20 日向某单位销售化妆品一批，开具普通发票，取得含增值税销售额 4.52 万元，计算该化妆品生产企业上述业务应缴纳的消费税税额。

高档化妆品适用消费税税率 15%。

高档化妆品的应税销售额＝80＋4.52÷(1＋13%)＝84(万元)

应缴纳的消费税税额＝84×15%＝12.6(万元)

2）销售额的特殊规定

(1) 纳税人通过自设非独立核算门市部销售的自产应税消费品，应当按照门市部对外销售额或销售数量征收消费税。

(2) 纳税人用于换取生产资料和消费资料、投资入股和抵偿债务等方面的应税消费品，应当以纳税人同类应税消费品的最高销售价格为依据计算消费税。

2. 从量定额计算

在从量定额计算方法下，应纳税额等于应税消费品的销售数量乘以单位税额。基本计算公式为：

应纳税额＝销售数量×定额税率

【例 3-2】 某啤酒厂 2×19 年 4 月份销售甲类啤酒 2 000 吨，每吨出厂价格3 800元。计算 4 月份该啤酒厂应纳消费税税额。

(1) 销售甲类啤酒，适用定额税率 250 元/吨。

(2) 应纳税额＝销售数量×定额税率＝2 000×250＝500 000(元)

3. 从价定率和从量定额复合计算

现行消费税的征税范围中，只有卷烟、白酒采用复合计算方法。基本计算公式为：

应纳税额＝销售额×比例税率＋销售数量×定额税率

【例 3-3】 2×19 年 4 月份，某白酒生产企业（增值税一般纳税人）生产粮食白酒 100 吨全部对外销售，取得不含增值税的销售额 480 万元。计算该白酒企业 4 月份应缴纳的消费税额。

（1）白酒适用比例税率 20%，定额税率每 500 克 0.5 元。

（2）应纳税额＝480×20%＋100×2 000×0.5÷10 000＝106（万元）

（二）自产自用应纳消费税的计算

纳税人生产的应税消费品除了直接对外销售应征收消费税外，将生产的应税消费品用于生产非应税消费品、在建工程、管理部门、非生产机构，提供劳务，以及用于馈赠、赞助、集资、广告、样品、职工福利、奖励等方面，于移送使用时纳税。

3-5 视频：自产自用环节消费税应纳税额的计算

1. 从量定额计算

应纳税额＝自产自用数量×定额税率

2. 从价定率计算

（1）有同类消费品销售价格的，按照纳税人生产的同类消费品的销售价格计算纳税。

应纳税额＝同类消费品不含增值税的销售单价×自产自用数量×比例税率

（2）没有同类消费品销售价格的，按照组成计税价格计算纳税。组成计税价格计算公式是：

组成计税价格＝［成本×（1＋成本利润率）］÷（1－比例税率）

应纳税额＝组成计税价格×比例税率

3. 从价定率和从量定额复合计算

（1）有同类消费品销售价格的，按照纳税人生产的同类消费品的销售价格计算纳税。

应纳税额＝同类消费品不含增值税的销售单价×自产自用数量×比例税率＋自产自用数量×定额税率

（2）没有同类消费品销售价格的，按照组成计税价格计算纳税。组成计税价格计算公式是：

组成计税价格＝［成本×（1＋成本利润率）＋自产自用数量×定额税率］÷（1－比例税率）

应纳税额＝组成计税价格×比例税率＋自产自用数量×定额税率

上述公式中的“成本”是指应税消费品的产品生产成本。

上述公式中的成本利润率由国家税务总局确定。

【例 3-4】 某鞭炮生产企业将一批自产的鞭炮在过年时发给职工作福利，鞭炮的成本 85 000 元，该鞭炮无同类产品市场销售价格，但已知其成本利润率为 5%，消费税税率为 15%。计算该批鞭炮应缴纳的消费税税额。

组成计税价格＝成本×(1＋成本利润率)÷(1－消费税税率)
＝85 000×(1＋5%)÷(1－15%)
＝105 000(元)
应纳税额＝105 000×15%＝15 750(元)

二、委托加工环节应纳税额的计算

3-6　视频：委托加工环节消费税应纳税额的计算

为了避免应缴税款的流失，对委托加工的应税消费品的应纳税额，采取了源泉控制的管理办法，除受托方为个人外，由受托方在向委托方交货时代收代缴税款。但是，受托方为个人的，一律于委托方收回后在委托方所在地缴纳消费税。

（一）受托方代收代缴消费税的计算

1. 从量定额计算

应纳税额＝委托加工收回数量×定额税率

2. 从价定率计算

(1) 有同类消费品的销售价格的，按照受托方的同类消费品的销售价格计算纳税，同类消费品的销售价格是指受托方(即代收代缴义务人)当月销售的同类消费品的销售价格。

应纳税额＝同类消费品不含增值税的销售单价×委托加工收回数量×比例税率

(2) 没有同类消费品销售价格的，按照组成计税价格计算纳税。组成计税价格计算公式是：

组成计税价格＝(材料成本＋加工费)÷(1－比例税率)
应纳税额＝组成计税价格×比例税率

3. 从价定率和从量定额复合计算

(1) 有同类消费品的销售价格的，按照受托方的同类消费品的销售价格计算纳税。

应纳税额＝同类消费品不含增值税的销售单价×委托加工收回数量×比例税率＋委托加工收回数量×定额税率

(2) 没有同类消费品销售价格的，按照组成计税价格计算纳税。组成计税价格计算公式是：

组成计税价格＝(材料成本＋加工费＋委托加工收回数量×定额税率)÷(1－比例税率)
应纳税额＝组成计税价格×比例税率＋委托加工收回数量×定额税率

其中，材料成本是指委托方所提供加工材料的实际成本，不包括增值税税金。委托加工应税消费品的纳税人，必须在委托加工合同上如实注明材料成本，凡未提供材料成本的，受托方所在地主管税务机关有权核定其材料成本。

加工费是指受托方加工应税消费品向委托方所收取的全部费用，包括代垫辅助材料的实际成本，不包括增值税税金。

【例3-5】 某企业委托酒厂加工药酒10箱，该药酒无同类产品销售价格，已知委托方提供的原材料成本2万元，受托方垫付辅料成本0.15万元，收取委托方不含增值税的加工费0.55万元，该酒厂当地无同类产品市场价格。计算该酒厂代收代缴的消费税。

(1) 药酒的适用税率为10%。

(2) 组成计税价格=(2+0.15+0.55)÷(1-10%)=3(万元)

(3) 应代收代缴消费税=3×10%=0.3(万元)

(二) 委托加工收回应税消费品的处理

(1) 委托加工的应税消费品收回后,委托方以不高于受托方计税价格直接出售的,不再缴纳消费税;以高于受托方的计税价格出售的,需按照规定申报缴纳消费税,在计税时准予扣除受托方已代收代缴的消费税。

(2) 委托加工的应税消费品收回后,用于连续生产应税消费品销售的,销售时还应按新的消费品纳税,为了避免重复征税,税法规定,可按当期生产领用量扣除委托加工环节已纳的消费税。

【例3-6】 某卷烟厂委托加工厂加工一批烟丝,双方签订的委托加工合同中注明卷烟厂提供的烟叶价值80 000元,加工费15 000元,加工厂代垫辅料价值5 000元(加工费和辅料费均为不含税价格),烟丝加工完毕,加工厂向卷烟厂交货时代收代缴消费税,受托方无同类产品的销售价格。卷烟厂将委托加工收回的烟丝50%直接对外销售,开具的普通发票上注明的销售额为83 000元;其余50%全部用于生产卷烟,当月销售卷烟100箱,开具的增值税专用发票上注明销售额120 000元。烟丝的消费税税率为30%,卷烟的消费税定额税率为150元/箱,比例税率为36%。计算加工厂代收代缴的消费税和卷烟厂应缴纳的消费税。

(1) 加工厂代收代缴的消费税:

组成计税价格=(80 000+15 000+5 000)÷(1-30%)=142 857.14(万元)
代收代缴的消费税=142 857.14×30%=42 857.14(万元)

(2) 卷烟厂应缴纳的消费税:

当期准予扣除烟丝已纳消费税税款=42 857.14×50%=21 428.57(万元)
卷烟厂销售卷烟应纳消费税=100×150+120 000×36%=58 200(元)
卷烟厂应纳消费税=58 200-21 428.57=36 771.33(元)

(三) 未代收代缴税款的规定

如果受托方没有按规定代收代缴消费税,委托方应补缴税款,受托方要按《税收征收管理法》的规定,处以应代收代缴税款50%以上3倍以下的罚款。对委托方补征税款的计税依据是:

如果在检查时,收回的应税消费品已经直接销售的,按销售额计税;收回的应税消费品尚未销售或不能直接销售的(如收回后用于连续生产等),按组成计税价格计税。组成计税价格的计算公式与上述"(一)"组成计税价格公式相同。

三、进口环节应纳税额的计算

进口的应税消费品,于报关进口时缴纳消费税;进口的应税消费品的消费税由海关代征;进口的应税消费品,由进口人或者其代理人向报关地海关申报纳税;纳税人进口应税消费品,按照关税征收管理的相关规定,应当自海关填发海关进口消费税专用缴款书之日起15日内缴纳税款。

纳税人进口应税消费品，按照组成计税价格和规定的税率计算应纳税额。计算方法如下。

1. 从量定额计算

应纳税额＝应税消费品进口数量×定额税率

2. 从价定率计算

实行从价定率办法计算纳税的组成计税价格计算公式：

组成计税价格＝(关税完税价格＋关税)÷(1－比例税率)

应纳税额＝组成计税价格×比例税率

【例 3-7】 某商贸公司，2×19 年 5 月从国外进口一批应税消费品，已知该批应税消费品的关税完税价格为 90 万元，按规定应缴纳关税 18 万元，假定进口的应税消费品的消费税税率为 10％。计算该批消费品进口环节应缴纳的消费税税额。

(1) 组成计税价格＝(90＋18)÷(1－10％)＝120(万元)

(2) 应缴纳消费税税额＝120×10％＝12(万元)

公式中所称“关税完税价格”，是指海关核定的关税计税价格。

3. 从价定率和从量定额复合计算

实行从价定率和从量定额复合计算的组成计税价格计算公式：

组成计税价格＝(关税完税价格＋关税＋进口数量×定额税率)÷(1－比例税率)

应纳税额＝组成计税价格×比例税率＋进口数量×定额税率

进口环节消费税除国务院另有规定外，一律不得给予减税、免税。

四、零售环节应纳税额的计算

金银首饰、铂金首饰和钻石及钻石饰品在零售环节缴纳消费税，税率为 5％。为了引导合理消费，促进节能减排，自 2016 年 12 月 1 日起，对于每辆零售价格 130 万元(不含增值税)及以上的超豪华小汽车，在生产(进口)环节按现行税率征收消费税基础上，在零售环节加征一道消费税，税率为 10％。零售环节应纳税额的计算公式为：

应纳税额＝零售环节销售额(不含增值税)×零售环节税率

对既销售金银首饰，又销售非金银首饰的生产、经营单位，应将两类商品划分清楚，分别核算销售额。凡划分不清楚或不能分别核算的，在生产环节销售的，一律从高适用税率征收消费税；在零售环节销售的，一律按金银首饰征收消费税。

金银首饰与其他产品组成成套消费品销售的，应按销售额全额征收消费税。

金银首饰连同包装物销售的，无论包装是否单独计价，也无论会计上如何核算，均应并入金银首饰的销售额，计征消费说。

带料加工的金银首饰，应按受托方销售同类金银首饰的销售价格确定计税依据征收消费税。没有同类金银首饰销售价格的，按照组成计税价格计算纳税。

纳税人采用以旧换新(含翻新改制)方式销售的金银首饰，应按实际收取的不含增值税的全部价款确定计税依据征收消费税。

【例 3-8】 某首饰商城为增值税一般纳税人，2019 年 5 月发生以下业务：

（1）零售金银首饰与镀金首饰组成的套装礼盒，取得收入 29.25 万元，其中金银首饰收入 20 万元，镀金首饰收入 9.25 万元。

（2）采取“以旧换新”方式向消费者销售金项链 2 000 条，新项链每条零售价 0.25 万元，旧项链每条作价 0.22 万元，每条项链取得差价款 0.03 万元。

其他相关资料：金银首饰零售环节消费税税率 5%。计算销售成套礼盒和“以旧换新”销售金项链应缴纳的消费税。

（1）销售成套礼盒应缴纳的消费税＝29.25÷(1＋13%)×5%＝1.29(万元)

（2）“以旧换新”销售金项链应缴纳的消费税＝2 000×0.03÷(1＋13%)×5%＝2.65(万元)

五、批发环节应纳税额的计算

自 2009 年 5 月 1 日起，卷烟在批发环节加征一道从价税，在中华人民共和国境内从事卷烟批发业务的单位和个人，批发销售的所有牌号规格的卷烟，按其销售额（不含增值税）征收 5%的消费税。自 2015 年 5 月 10 日起，卷烟批发环节从价税税率由 5%提高到 11%，并按 0.005 元/支加征从量税。纳税人应将卷烟销售额与其他商品销售额分开核算，未分开核算的，一并征收消费税。纳税人销售给纳税人以外的单位和个人的卷烟于销售时纳税。纳税人之间销售的卷烟不缴纳消费税。卷烟批发企业的机构所在地，总机构与分支机构不在同一地区的，由总机构申报纳税。卷烟消费税在生产和批发两个环节征收后，批发企业在计算纳税时不得扣除已含的生产环节的消费税税款。

【例 3-9】 某烟酒批发公司为增值税一般纳税人，2019 年 6 月向批发企业甲销售 A 牌卷烟 5 000 条，开具的增值税专用发票上注明销售额 250 万元，向烟酒专卖店乙批发 B 牌卷烟 2 000 条，开具的普通发票上注明销售额 105.3 万元，计算烟酒批发公司当月应缴纳的消费税。

烟酒批发公司当月应缴纳的消费税＝1 053 000÷(1＋13%)×11%＋2 000×250＝602 504.42(元)

六、已纳消费税扣除的计算

为了避免重复征税，现行消费税规定，将外购应税消费品和委托加工收回的应税消费品继续生产应税消费品销售的，可以按当期生产领用数量将外购应税消费品和委托加工收回应税消费品已缴纳的消费税给予扣除。

（一）外购应税消费品已纳税款的扣除

1. 扣税范围

由于某些应税消费品是用外购已缴纳消费税的应税消费品连续生产出来的，在对这些连续生产出来的应税消费品计算征税时，税法规定应按当期生产领用数量计算准予扣除外购的应税消费品已纳的消费税税款。扣除范围包括：

（1）外购已税烟丝生产的卷烟。

（2）外购已税高档化妆品生产的高档化妆品。

（3）外购已税珠宝玉石生产的贵重首饰及珠宝玉石。

(4) 外购已税鞭炮、焰火生产的鞭炮、焰火。

(5) 外购已税杆头、杆身和握把为原料生产的高尔夫球杆。

(6) 外购已税木制一次性筷子为原料生产的木制一次性筷子。

(7) 外购已税实木地板为原料生产的实木地板。

(8) 外购已税汽油、柴油、石脑油、燃料油、润滑油用于连续生产应税成品油。

(9) 外购已税摩托车连续生产应税摩托车(如用外购两轮摩托车改装三轮摩托车)。

(10) 外购已税葡萄酒为原料生产应税葡萄酒的。

根据《葡萄酒消费税管理办法(试行)》的规定,自 2015 年 5 月 1 日起,从葡萄酒生产企业购进、进口葡萄酒连续生产应税葡萄酒的,准予从葡萄酒消费税应纳税额中扣除所耗用应税葡萄酒已纳消费税税款。

2. 扣税计算

上述当期准予扣除外购应税消费品已纳消费税税款的计算公式为:

$$\text{当期准予扣除的外购应税消费品已纳税款}=\text{当期准予扣除的外购应税消费品买价}\times\text{外购应税消费品适用税率}$$

$$\text{当期准予扣除的外购应税消费品买价}=\text{期初库存的外购应税消费品的买价}+\text{当期购进的应税消费品的买价}-\text{期末库存的外购应税消费品的买价}$$

外购已税消费品的买价是指购货发票上注明的销售额(不包括增值税税款)。

【例 3-10】 某卷烟生产企业,某月初库存外购应税烟丝金额 50 万元,当月又外购应税烟丝金额 500 万元(不含增值税),月末库存烟丝金额 30 万元,其余被当月生产卷烟领用。计算卷烟厂当月准许扣除的外购烟丝已缴纳的消费税税额。

(1) 烟丝适用的消费税税率为 30%。

(2) 当期准许扣除的外购烟丝买价=50+500-30=520(万元)。

(3) 当月准许扣除的外购烟丝已缴纳的消费税税额=520×30%=156 (万元)。

3. 扣税环节

(1) 纳税人用外购的已税珠宝玉石生产的改在零售环节征收消费税的金银首饰(镶嵌首饰),在计税时一律不得扣除外购珠宝玉石的已纳税款。

(2) 卷烟在生产和批发两个环节征收消费税后,批发企业计算消费税时不得扣除生产环节交过的消费税。

4. 外购应税消费品后销售

对自己不生产应税消费品,而只是购进后再销售应税消费品的工业企业,其销售的化妆品、护肤护发品、鞭炮焰火和珠宝玉石,凡不能构成最终消费品直接进入消费品市场,而需进一步深加工、包装、贴标、组合的,应当征收消费税,同时允许扣除上述外购应税消费品的已纳税款。

(二) 委托加工收回的应税消费品已纳税款的扣除

委托加工的应税消费品因为已由受托方代收代缴消费税,因此,委托方收回货物后用于连续生产应税消费品的,其已纳税款准予按照规定从连续生产的应税消费品应纳消费税税额中抵扣。

1. 扣税范围

按照国家税务总局的规定,下列连续生产的应税消费品准予从应纳消费税税额中按当期生产领用数量计算扣除委托加工收回的应税消费品已纳消费税税款：

（1）以委托加工收回的已税烟丝生产的卷烟。

（2）以委托加工收回的已税高档化妆品生产的高档化妆品。

（3）以委托加工收回的已税珠宝玉石生产的贵重首饰及珠宝玉石。

（4）以委托加工收回的已税鞭炮、焰火生产的鞭炮、焰火。

（5）以委托加工收回的已税杆头、杆身和握把为原料生产的高尔夫球杆。

（6）以委托加工收回的已税木制一次性筷子为原料生产的木制一次性筷子。

（7）以委托加工收回的已税实木地板为原料生产的实木地板。

（8）以委托加工收回的已税汽油、柴油、石脑油、燃料油、润滑油用于连续生产应税成品油。

（9）以委托加工收回的已税摩托车生产的摩托车(如用外购两轮摩托车改装三轮摩托车)。

（10）以委托加工收回的已税葡萄酒为原料生产葡萄酒的。

2. 扣税计算

上述当期准予扣除委托加工收回的应税消费品已纳消费税税款的计算公式是：

$$\text{当期准予扣除的委托加工应税消费品已纳税款}=\text{期初库存的委托加工应税消费品已纳税款}+\text{当期收回的委托加工应税消费品已纳税款}-\text{期末库存的委托加工应税消费品已纳税款}$$

3. 扣税环节

纳税人用委托加工收回的已税珠宝玉石生产的改在零售环节征收消费税的金银首饰，在计税时一律不得扣除委托加工收回的珠宝玉石的已纳消费税税款。

相关衔接 3-3

外购和委托加工收回的应税消费品扣税规则的联系

1. 不能扣除的税目

从允许抵扣税额的税目大类上看，不包括酒类(葡萄酒除外)、小汽车、高档手表、游艇、电池、涂料。

2. 不能跨税目抵扣

允许扣税的只涉及同一税目中的应税消费品的连续加工，不能跨税目抵扣。

3. 不得跨环节抵扣

在零售环节纳税的金、银、铂金、钻石饰品不得抵扣外购或委托加工收回的珠宝玉石的已纳税款。卷烟批发企业在计算缴纳消费税时，不得扣除该批卷烟在生产环节已纳的消费税税款。

第五节 征收管理

一、纳税义务发生时间

纳税人生产的应税消费品于销售时纳税，进口消费品应当于应税消费品报关进口环节纳税，但金银首饰、钻石及钻石饰品在零售环节纳税。消费税纳税义务发生的时间，以货款结算方式或行为发生时间分别确定。

(1) 纳税人销售的应税消费品,其纳税义务的发生时间为:

纳税人采取赊销和分期收款结算方式的,其纳税义务的发生时间,为销售合同规定的收款日期的当天。

纳税人采取预收货款结算方式的,其纳税义务的发生时间,为发出应税消费品的当天。

纳税人采取托收承付和委托银行收款方式销售的应税消费品,其纳税义务的发生时间,为发出应税消费品并办妥托收手续的当天。

纳税人采取其他结算方式的,其纳税义务的发生时间,为收讫销售款或者取得索取销售款的凭据的当天。

(2) 纳税人自产自用的应税消费品,其纳税义务的发生时间,为移送使用的当天。

(3) 纳税人委托加工的应税消费品,其纳税义务的发生时间,为纳税人提货的当天。

(4) 纳税人进口的应税消费品,其纳税义务的发生时间,为报关进口的当天。

二、纳税期限

按照《消费税暂行条例》规定,消费税的纳税期限分别为 1 日、3 日、5 日、10 日、15 日、1 个月或者 1 个季度。纳税人的具体纳税期限,由主管税务机关根据纳税人应纳税额的大小分别核定;不能按照固定期限纳税的,可以按次纳税。

纳税人以 1 个月或以 1 个季度为一期纳税的,自期满之日起 15 日内申报纳税;以 1 日、3 日、5 日、10 日或者 15 日为一期纳税的,自期满之日起 5 日内预缴税款,于次月 1 日起至 15 日内申报纳税并结清上月应纳税款。

纳税人进口应税消费品,应当自海关填发海关进口消费税专用缴款书之日起 15 日内缴纳税款。如果纳税人不能按照规定的纳税期限依法纳税,将按《税收征收管理法》的有关规定处理。

三、纳税地点

(1) 纳税人销售的应税消费品,以及自产自用的应税消费品,除国务院财政、税务主管部门另有规定外,应当向纳税人机构所在地或者居住地的主管税务机关申报纳税。

(2) 委托加工的应税消费品,除受托方为个人外,由受托方向机构所在地或者居住地的主管税务机关解缴消费税税款。

(3) 进口的应税消费品,由进口人或者其代理人向报关地海关申报纳税。

(4) 纳税人到外县(市)销售或者委托外县(市)代销自产应税消费品的,于应税消费品销售后,向机构所在地或者居住地主管税务机关申报纳税。

纳税人的总机构与分支机构不在同一县(市)的,应当分别向各自机构所在地的主管税务机关申报纳税;经财政部、国家税务总局或者其授权的财政、税务机关批准,可以由总机构汇总向总机构所在地的主管税务机关申报纳税。

(5) 纳税人销售的应税消费品,如因质量等原因由购买者退回时,经所在地主管税务机关审核批准后,可退还已征收的消费税税款。但不能自行直接抵减应纳税款。

3-7 成品油、电池、涂料消费税纳税申报表

3-8 酒类、其他应税消费品消费税纳税申报表

3-9 扫一扫看课件

3-10 扫一扫练一练

3-11 练一练参考答案

本章小结

本章主要介绍了消费税的概念、特点、计税方法、纳税义务人、征税范围、税目、税率、应纳税额计算及征收管理等内容，通过讲解要求学生能够掌握消费税的概念、特点、消费税的基本税制要素：纳税义务人、征税范围、税目、税率、应纳税额的计算。

本章重要概念

消费税　从价定率　从量定额　复合征收　自产自用应税消费品　委托加工应税消费品

推荐阅读资料

[1] 张守文.税法原理[M].北京：北京大学出版社，2012.
[2] 王曙光，李兰，张小峰.税法学[M].大连：东北财经大学出版社，2014.
[3] 中国注册会计师协会.税法[M].北京：经济科学出版社，2014.
[4] 张紫东，姜敏，张彤. 消费税业务实训[M].北京：北京大学出版社，2012.

第四章　关　税　法

内容简介

本章主要介绍了关税和船舶吨税的相关内容，包括其概念、纳税义务人、征收对象、应纳税额的计算、税收优惠、征收管理等。本章重点为关税完税价格的确定和应纳税额的计算；难点为关税完税价格的确定。

学习目的和要求

通过本章学习，学生应了解关税和船舶吨税的概念、税率、税收优惠和征收管理；掌握关税的纳税人、征税对象、原产地的确定、完税价格中运输及相关费用、保险费的计算；船舶吨税的税率形式等基本内容；重点掌握关税完税价格的确定和应纳税额的计算。

思政育人　海南免税新政的战略意义

自 2020 年 7 月 1 日海南离岛免税新政实施以来，海南免税热度持续升温，这是自 2011 年 4 月 20 日试点以来的第五次调整公告。九年来，该项政策的主要变化有以下几个方面。享受免税政策的对象 2011 年限定为年满 18 周岁，2012 年起放宽至 16 周岁，旅客范围由最初的仅限乘飞机离开海南岛扩大到乘飞机火车、船舶离开均可。免税商品品种由最初的 18 种增加至 45 种。免税购物金额由最初的限定每人每次 5 000 元到现在的每人每年 10 万元。购物次数由最初岛内居民每人每年 1 次，岛外居民每人每年 2 次到现在的不限次数。购买数量由最初对所有免税商品设定限制，减少到除了化妆品、手机和酒类以外，其他免税商品均不限制购买数量。2011 年海南免税店数量只有 2 家，2020 年下半年将扩大到 7 家。

那什么是离岛免税政策？免哪些税？离岛免税政策调整背后蕴含着哪些重大战略意义？免税政策调整对于增强国际旅游岛的竞争力、改善进出口贸易逆差，拉动消费有什么作用？在现实生活中通过中介代购海南免税商品是否违法？

第一节 关税概述

一、关税的概念

关税是海关依法对进出境货物、物品征收的一种税。所谓“境”指关境，又称“海关境域”或“关税领域”，是国家海关法全面实施的领域。在通常情况下，一国关境与国境是一致的，包括国家全部的领土、领海、领空。但是也有不一致的情况，如当某一国家在国境内设立了自由港、自由贸易区等，这些区域执行独立的关税政策，这时该国家的关境小于国境，如我国的香港和澳门保持自由港地位，为我国单独的关境区域。香港或澳门与大陆之间的货物或物品往来，需要征收进出口关税。

但如果几个国家结成关税联盟，组成一个共同关境区，执行统一的关税政策，这时关境就大于其成员国的各自国境。例如，欧洲联盟就组成了一个共同关境，其范围大于任何一个成员国的国境。欧盟国之间货物进出国境不征关税，只对来自和运往非欧盟成员国的货物征收关税。

我国关税历史悠久，西周就有“关市之征”的记载，征税的目的是“关市之赋，以待王之膳服”。秦统一天下，国境的概念比较明显了。随着国际贸易往来的逐渐增多，陆地边境关卡的征税和沿海港口市舶机构的征税，具有国境关税的特征。清初时设立江、浙、闽、粤四处海关，其后在不平等条约下增开对外通商口岸设立海关，征收关税。1950 年 1 月政务院颁布了《关于关税政策和海关工作的决定》，同年 5 月颁布了《中华人民共和国暂行海关法》《中华人民共和国进出口税则》和《中华人民共和国进出口税则暂行实施条例》，统一了新中国的关税政策，建立了完全独立自主的保护关税制度。

现行关税法以全国人民代表大会于 2000 年 7 月修正颁布的《中华人民共和国海关法》为法律依据，以国务院于 2003 年 11 月发布的《中华人民共和国进出口关税条例》，以及由国务院关税税则委员会审定并报国务院批准，作为条例组成部分的《中华人民共和国海关进出口税则》和《中华人民共和国海关入境旅客行李物品和个人邮递物品征收进口税办法》为基本法规，由负责关税政策制定和征收管理的主管部门依据基本法规拟定的管理办法和实施细则为主要内容。

二、关税的分类

依据不同的分类标准，关税可以划分为不同的种类，按征收对象划分，有进口税、出口税和过境税；按征收目的划分，有财政关税和保护关税；按计征方式划分，有从价税、从量税、复合税、选择税和滑准税；按税率制定划分，有自主关税和协定关税；按差别待遇和特定的实施情况划分，有进口附加税、差价税、特惠税和普遍优惠制。

4-1 视频：关税的意义——“烧烤串”的故事

三、关税的作用

关税是贯彻对外经济贸易政策的重要手段。它在调节经济、促进改革开放、正确保护民族企业生产、防止国外的经济侵袭、争取关税互惠、促进对外贸易发展、增加国家财政收入方面都具有重要作用。

1. 维护国家主权和经济利益

对进出口货物征收关税，从表面上看似乎只是一个与对外贸易相联系的税收问题，其实一国采取什么样的关税政策直接关系到国与国之间的主权和经济利益。历史发展到今天，关税已成为各国政府维护本国政治、经济权益，乃至进行国际经济斗争的一个重要武器。我国根据平等互利和对等原则、通过关税复式税则的运用等方式，争取国际的关税互惠并反对他国对我国进行关税歧视，促进对外经济技术交往，扩大对外经济合作。

2. 保护和促进本国工农业生产的发展

一个国家采取什么样的关税政策，是实行自由贸易，还是采用保护关税政策，是由该国的经济发展水平、产业结构状况、国际贸易收支状况以及参与国际经济竞争的能力等多种因素决定的。国际上许多发展经济学家认为，自由贸易政策不适合发展中国家的情况。相反，这些国家为了顺利地发展民族经济，实现工业化，必须实行保护关税政策。我国作为发展中国家，一直十分重视利用关税保护本国的“幼稚工业”，促进进口替代工业发展，关税在保护和促进本国工农业生产的发展方面发挥了重要作用。

3. 调节国民经济和对外贸易

关税是国家的重要经济杠杆，通过税率的高低和关税的减免，可以影响进出口规模，调节国民经济活动。例如，调节出口产品和出口产品生产企业的利润水平，有意识地引导各类产品的生产，调节进出口商品数量和结构，可促进国内市场商品的供需平衡，保护国内市场的物价稳定，等等。

4. 筹集国家财政收入

从世界大多数国家尤其是发达国家的税制结构分析，关税收入在整个财政收入中的比重不大，并呈下降趋势。但是，一些发展中国家，其中主要是那些国内工业不发达、工商税源有限、国民经济主要依赖于某种或某几种初级资源产品出口，以及国内许多消费品主要依赖于进口的国家，征收进出口关税仍然是它们取得财政收入的重要渠道之一。我国关税收入是财政收入的重要组成部分。

相关思考 4-1

中美贸易战

2017 年 8 月 14 日，特朗普签署行政备忘录授权贸易代表对中国开展 301 调查，可谓是中美贸易战的开端，该条款授权美国政府调查涉嫌不当行为的贸易伙伴，并自行决定相关惩罚措施。美国在钢铁和铝的进口，以及对从中国进口约 600 亿美元商品大规模加征关税，并限制中国企业对美投资并购。随后中国商务部给予反击，对美国产水果、猪肉等 100 多种商品征收关税。2019 年 6 月，中美贸易战愈演愈烈。继美国总统特朗普对价值 2 000 亿美元中国输美产品加征关税之后，中国于 2019 年 6 月 1 日起，对原产于美国的部分进口商品提高加征关税税率。国务院关税税则委员会对原产于美国约 600 亿美元进口商品清单中的部分商品，分别实施加征 25%、20%、10%的关税。至此，中美正式拉开关税拉锯战。此次贸易战，关税政策成为美国的利器，中国也不甘示弱，予以对等反制。可见，关税政策对于一个国家在国际贸易中取得有利地位具有十分重要的作用。

从中美贸易战看关税，关税在国际交往中发挥了什么样的重要作用？对于国家发展具有什么样的重要意义？并结合此事件，谈谈你对“互利共赢”的理解。

第二节 征税对象、纳税义务人、税率

一、征税对象

关税的征税对象是准许进出境的货物和物品。

货物是指贸易性商品；物品指入境旅客随身携带的行李物品、个人邮递物品、各种运输工具上的服务人员携带进口的自用物品、馈赠物品以及其他方式进境的个人物品。

二、纳税义务人

进口货物的收货人、出口货物的发货人、进出境物品的所有人，是关税的纳税义务人。

进出口货物的收、发货人是依法取得对外贸易经营权，并进口或者出口货物的法人或者其他社会团体。进出境物品的所有人包括该物品的所有人和推定为所有人的人。在一般情况下，对于携带进境的物品，推定其携带人为所有人；对分离运输的行李，推定相应的进出境旅客为所有人；对以邮递方式进境的物品，推定其收件人为所有人；以邮递或其他运输方式出境的物品，推定其寄件人或托运人为所有人。

三、税率

（一）进出口税则

进出口税则是一国政府根据国家关税政策和经济政策，通过一定的立法程序制定公布实施的进出口货物和物品应税的关税税率表。进出口税则以税率表为主体，通常还包括实施税则的法令、使用税则的有关说明和附录等。《中华人民共和国海关进出口税则》是我国海关据以征收关税的法律依据，也是我国关税政策的具体体现。我国现行税则包括《中华人民共和国进出口关税条例》《税率适用说明》《中华人民共和国海关进口税则》《中华人民共和国海关出口税则》及《进口商品从量税、复合税、滑准税税目税率表》《关税配额商品进口税率表》《进口商品税则暂定税率表》《出口商品税则暂定税率表》《非全税率信息技术产品税率表》等附录。

税率表作为税则主体，包括税则商品分类目录和税率栏两大部分。税则商品分类目录是把种类繁多的商品加以综合，按照其不同特点分门别类地简化成数量有限的商品类目，分别编号按序排列，称为税则号列，并逐号列出该号中应列入的商品名称。商品分类的原则即归类规则，包括归类总规则和各类、章的具体注释。税率栏是按商品分类目录逐项定出的税率栏。我国现行进口税则为四栏税率，出口税则为一栏税率。

（二）进口关税税率

在我国加入 WTO 之后，为履行我国在加入 WTO 关税减让谈判中承诺的有关义务，享有 WTO 成员应有的权利，自 2002 年 1 月 1 日起，我国进口税则设有最惠国税率、协定税率、特惠税率、普通税率、关税配额税率等税率。对进口货物在一定期限内可以实行暂定税率。

1. 最惠国税率

最惠国税率适用原产于与我国共同适用最惠国待遇条款的 WTO 成员或地区的进口货物，或原产于与我国签订有相互给予最惠国待遇条款的双边贸易协定的国家或地区进口的货物,以及原产于我国境内的进口货物,税率较低。目前90%以上的国家签订了贸易协定,最惠国税在各国间被普遍采用。

2. 协定税率

协定税率适用原产于我国参加的含有关税优惠条款的区域性贸易协定有关缔约方的进口货物,如目前对原产于韩国、斯里兰卡和孟加拉国3个《曼谷协定》成员国的739个税目进口商品实行协定税率。

3. 特惠税率

特惠税率适用原产于与我国签订有特殊优惠关税协定的国家或地区的进口货物,如目前对原产于孟加拉国的18个税目进口商品实行特惠税率(即《曼谷协定》特惠税率)。

4. 普通税率

普通税率适用于原产于上述国家或地区以外的其他国家或地区的进口货物,即用于未签订协定的国家之间,税率较高且具有一定的歧视性。目前只有少数国家间采用普通税率,通常为经贸关系不正常的国家之间。按照普通税率征税的进口货物,经国务院关税税则委员会特别批准,可以适用最惠国税率。

5. 关税配额税率

关税配额税率按照国家规定实行关税配额管理的进口货物,在关税配额以内的,适用关税配额税率;在关税配额以外的,其税率的适用按照上述最惠国税率、协定税率、特惠税率、普通税率和暂定税率的规定执行。我国对小麦、玉米等7种农产品和尿素等3种化肥产品实行关税配额,即一定数量内的上述进口商品适用税率较低的配额内税率,超出该数量的进口商品适用税率较高的配额外税率。

6. 暂定税率

暂定税率适用最惠国税率的进口货物有暂定税率的,应当适用暂定税率;适用协定税率、特惠税率的进口货物有暂定税率的,应当从低适用税率;适用普通税率的进口货物,不适用暂定税率。

适用最惠国税率、协定税率、特惠税率的国家或者地区名单,由国务院关税税则委员会决定,报国务院批准后执行。

延伸阅读4-1

中华人民共和国海关进出口税则

第一部分:《关税税则》。

第1列为“税则号列”,其8位数与《中华人民共和国海关进出口税则》完全一致,并在此基础上增加了海关的10位数编码。

第2列为“货品的中文名称”。

第3列为“进口税率”,其中第1栏是最惠国税率,适用于原产于世贸组织成员或与我国签有互惠双边贸易协定的国家或地区进口的货物;第2栏是中巴税率,适用于原产于巴基斯坦部分进口的货物;第3栏为普通税率,适用于原产于上述1、2栏以外国家或地区进口的货物。

第4列为“增值税税率”,栏目空白时为免征,其他分为13%和17%两种。

第5列为“出口退税率”,栏内数字表示相应退税税率。

第6列为“计量单位”,为海关统计使用的法定计量单位。

第7列为"监管条件",相应的代码表示在一般贸易进口或出口时应向海关提交的监管证件代码,具体名称参见本书《监管证件与名称代码表》。

第8列为"货品的英文名称"。

第二部分:集财政部、商务部、海关总署等相关部委最新颁布的有关外贸管理方面的法律、法规及管理办法,并配有准确的英文翻译。

第三部分:本书添加了报关必须填写的"申报说明"即海关总署最新编制的《中华人民共和国进出口商品规范申报目录》的全部内容。

(三) 原产地的规定

确定进境货物原产国的主要原因之一,是便于正确运用进口税则的各栏税率,对产自不同国家或地区的进口货物适用不同的关税税率。我国原产地规定基本上采用了"全部产地生产标准""实质性加工标准"两种国际上通用的原产地标准。

1. 全部产地生产标准

全部产地生产标准是指进口货物"完全在一个国家内生产或制造",生产或制造国即为该货物的原产国。完全在一国生产或制造的进口货物包括:

(1) 在该国领土或领海内开采的矿产品。

(2) 在该国领土上收获或采集的植物产品。

(3) 在该国领土上出生或由该国饲养的活动物及从其所得产品。

(4) 在该国领土上狩猎或捕捞所得的产品。

(5) 在该国的船只上卸下的海洋捕捞物,以及由该国船只在海上取得的其他产品。

(6) 在该国加工船加工上述第5项所列物品所得的产品。

(7) 在该国收集的只适用于作再加工制造的废碎料和废旧物品。

(8) 在该国完全使用上述(1)~(7)项所列产品加工成的制成品。

2. 实质性加工标准

实质性加工标准是适用于确定有两个或两个以上国家参与生产的产品的原产国的标准,其基本含义是:经过几个国家加工、制造的进口货物,以最后一个对货物进行经济上可以视为实质性加工的国家作为有关货物的原产国。"实质性加工"是指产品加工后,在进出口税则中四位数税号一级的税则归类已经有了改变,或者加工增值部分所占新产品总值的比例已超过30%及以上的。

相关思考4-2

原产地的确定

1. 从南非买钻石(7102),在意大利镶嵌成铂金镶钻首饰(7113)。思考:铂金镶钻首饰的原产国在哪里?

2. 意大利从南非购买100万欧元钻石,简单切割后对外销售140万欧元,税号前四位7102不变。思考:钻石原产国在哪里?如果意大利简单切割后对外销售了150万欧元,钻石原产国又在哪里?

(四) 出口关税税率

我国出口税则为一栏税率,即出口税率。国家仅对少数资源性产品及易于竞相杀价、盲目进口、需要规范出口秩序的半制成品征收出口关税。1992年对47种商品计征出口关税,税率为20%~40%。现行税则对100余种商品计征出口关税,主要是鳗鱼苗、部分有色金属矿砂及其精矿、生锑、磷、氟钽酸钾、苯、山羊板皮、部分铁合金、钢铁废碎料、铜和铝原料及其制品、镍锭、锌锭、锑锭。但对上述范围内的部分商品实行0～25%的暂定税率，此外，根据需要对其他200多种商品征收暂定税率。与进口暂定税率一样，出口暂定税率优先适用于出口税则中规定的出口税率。

（五）特别关税

特别关税包括报复性关税、反倾销税与反补贴税、保障性关税。征收特别关税的货物、适用国别、税率、期限和征收办法，由国务院关税税则委员会决定，海关总署负责实施。

第三节　应纳税额的计算

一、关税计征方式

关税按计征方式划分，有从价税、从量税、复合税、选择税和滑准税。

（1）**从价税**是以货物的价格或价值为计税依据，按一定比例的税率进行计征，价格或价值越高，税额越高。货物进口时，以海关审定的实际进口货物完税价格乘以税率计算应纳税额。从价税的优点是：税负能反映货物价值的高低；但也存在一些不足，如不同品种、规格、质量的同一货物价格有很大差异，海关估价有一定的难度，因此计征关税的手续也较繁杂。目前，我国的关税主要是从价税。

（2）**从量税**是以货物的数量、重量、体积、容积等为计税依据，以货物的单位定额税额为税率，货物的应纳税额不受其价格的影响。从量税的优点是：计算简便，通关手续快捷，并能起到抑制低廉商品或故意低瞒价格货物的进口。但是，由于税额不能反映价格波动，因此在物价上涨时，关税调控作用相对减弱。我国目前对原油、啤酒和胶卷等进口商品征收从量税。

（3）**复合税**是对某种进口商品同时使用从价和从量计征的一种计征关税的方法。复合税既可发挥从量税抑制低价进口货物的特点，又可发挥从价税税负合理、稳定的特点。目前我国对录像机、放像机、摄像机、数字照相机和摄录一体机实行复合税。

（4）**选择税**是对同一种货物在税则中规定从价、从量两种税率，在征税时选择其中征收税额较多的一种，以免因物价波动影响财政收入。这样不仅能保护国家财政收入，还可较好地发挥保护本国产业的作用。但由于选择税通常就高不就低，征税标准摇摆不定，致使海关计税手续繁杂。

（5）**滑准税**是根据货物的不同价格适用不同税率的一类特殊的从价税。滑准税税率随进口商品价格由高到低而由低到高设置，可以使进口商品价格越高，其进口关税税率越低，进口商品的价格越低，其进口关税税率越高。其主要目的是可保持滑准税商品的国内市场价格的相对稳定，尽可能减少国际市场价格波动的影响。目前我国对棉花实行滑准税。

二、从价税应纳税额的计算

关税税额＝应税进（出）口货物的关税完税价格×税率

《海关法》规定，进（出）口货物的完税价格，由海关以货物的成交价格为基础审查确定。成交价格不能确定时，完税价格由海关依法估定。

(一) 一般进口货物的完税价格

1. 以成交价格为基础的完税价格

根据《海关法》规定，进口货物的完税价格包括货物的货价、货物运抵我国境内输入地点起卸前的运输及其相关费用、保险费。我国境内输入地为入境海关地，包括内陆河、江口岸，一般为第一口岸。货物的货价以成交价格为基础。进口货物的成交价格是指买方为购买该货物，并按《完税价格办法》有关规定调整后的实付或应付价格。

2. 对实付或应付价格进行调整的有关规定

"实付或应付价格"是指买方为购买进口货物直接或间接支付的总额，即作为卖方销售进口货物的条件，由买方向卖方或为履行卖方义务向第三方已经支付或将要支付的全部款项。

(1) 如下列费用或者价值未包括在进口货物的实付或者应付价格中，应当计入完税价格：①由买方负担的除购货佣金以外的佣金和经纪费。"购货佣金"是指买方为购买进口货物向自己的采购代理人支付的劳务费用。"经纪费"是指买方为购买进口货物向代表买卖双方利益的经纪人支付的劳务费用。②由买方负担的与该货物视为一体的容器费用。③由买方负担的包装材料和包装劳务费用。④与该货物的生产和向中华人民共和国境内销售有关的，由买方以免费或者以低于成本的方式提供并可以按适当比例分摊的料件、工具、模具、消耗材料及类似货物的价款，以及在境外开发、设计等相关服务的费用。⑤与该货物有关并作为卖方向我国销售该货物的一项条件，应当由买方直接或间接支付的特许权使用费。"特许权使用费"是指买方为获得与进口货物相关的、受著作权保护的作品、专利、商标、专有技术和其他权利的使用许可而支付的费用。但是在估定完税价格时，进口货物在境内的复制权费不得计入该货物的实付或应付价格之中。⑥卖方直接或间接从买方对该货物进口后转售、处置或使用所得中获得的收益。

(2) 下列费用，如能与该货物实付或者应付价格区分，不得计入完税价格：①厂房、机械、设备等货物进口后的基建、安装、装配、维修和技术服务的费用。②货物运抵境内输入地点之后的运输费用、保险费和其他相关费用。③进口关税及其他国内税收。④为在境内复制进口货物而支付的费用。⑤境内外技术培训及境外考察费用。

3. 估定完税价格

进口货物的价格不符合成交价格条件或者成交价格不能确定的，海关应当依次以相同货物成交价格方法、类似货物成交价格方法、倒扣价格方法、计付价格方法及其他合理方法确定的价格为基础，估定完税价格。

(二) 特殊进口货物的完税价格

1. 加工贸易进口料件及其制成品

加工贸易进口料件及其制成品需征税或内销补税的，海关按照一般进口货物的完税价格规定，审定完税价格。其中：

(1) 进口时需征税的进料加工进口料件，以该料件申报进口时的价格估定。

(2) 内销的进料加工进口料件或其制成品，以料件原进口时的价格估定。

(3) 内销的来料加工进口料件或其制成品，以料件申报内销时的价格估定。

(4) 出口加工区内的加工企业内销的制成品，以制成品申报内销时的价格估定。

(5) 保税区内的加工企业内销的进口料件或其制成品，分别以料件或制成品申报内销时的价格估定。

(6) 加工贸易加工过程中产生的边角料，以申报内销时的价格估定。

2. 保税区、出口加工区货物

从保税区或出口加工区销往区外、从保税仓库出库内销的进口货物(加工进口料件及其制成品除外)，以海关审定的价格估定完税价格。对经审核销售价格不能确定的，海关应当按照一般进口货物估价办法的规定，估定完税价格。如销售价格中未包括在保税区、出口加工区或保税仓库中发生的仓储、运输及其他相关费用的，应当按照客观量化的数据资料予以计入。

3. 运往境外修理的货物

运往境外修理的机械器具、运输工具或其他货物，出境时已向海关报明，并在海关规定期限内复运进境的，应当以海关审定的境外修理费和料件费为完税价格。

4. 运往境外加工的货物

运往境外加工的货物，出境时已向海关报明，并在海关规定期限内复运进境的，应当以海关审定的境外加工费和料件费以及该货物复运进境的运输及其相关费用、保险费估定完税价格。

5. 暂时进境货物

对于经海关批准的暂时进境的货物，应按照一般进口货物估价办法的规定估定完税价格。

6. 租赁方式进口货物

租赁方式进口的货物中，以租金方式对外支付的租赁货物，在租赁期间以海关审定的租金作为完税价格，利息应当予以计入；留购的租赁货物，以海关审定的留购价格作为完税价格；承租人申请一次性缴纳税款的，经海关同意，按照一般进口货物估价办法的规定估定完税价格。

7. 予以补税的减免税货物

减税或免税进口的货物应当补税时，应以海关审定的该货物原进口时的价格，扣除折旧部分价值作为完税价格，其计算公式如下：

完税价格＝海关审定的该货物原进口时的价格×[1－补税时实际已进口的时间(月)÷(监管年限×12)]

8. 以其他方式进口的货物

以易货贸易、寄售、捐赠、赠送等其他方式进口的货物，应当按照一般进口货物估价办法的规定，估定完税价格。

【例 4-1】 某企业 2×19 年 5 月将一台账面余值 60 万元的进口设备运往境外修理，当月在海关规定的期限内复运进境。经海关审定的境外修理费 8 万元、料件费 7 万元。假定该设备的进口关税税率为 30%，计算该企业应缴纳的关税。

应纳税额＝(8＋7)×30%＝4.5(万元)

(三) 出口货物的完税价格

1. 以成交价格为基础的完税价格

出口货物的完税价格，由海关以该货物向境外销售的成交价格为基础审查确定，并应包括货物运至我国境内输出地点装载前的运输及其相关费用、保险费，但其中包含的出口关税税额，应当扣除。

出口货物的成交价格是指该货物出口销售到我国境外时买方向卖方实付或应付的价格。出口货物的成交价格中含有支付给境外的佣金的，如果单独列明，应当扣除。

2. 出口货物海关估价方法

出口货物的成交价格不能确定时，完税价格由海关依次使用下列方法估定：

(1) 同时或大约同时向同一国家或地区出口的相同货物的成交价格。

(2) 同时或大约同时向同一国家或地区出口的类似货物的成交价格。

(3) 根据境内生产相同或类似货物的成本、利润和一般费用、境内发生的运输及其相关费用、保险费计算所得的价格。

(4) 按照合理方法估定的价格。

(四) 进出口货物完税价格中的运输及相关费用、保险费的计算

1. 以一般陆运、空运、海运方式进口的货物

在计算进口货物的运输及相关费用、保险费时，海运进口货物，计算至该货物运抵境内的卸货口岸；如果该货物的卸货口岸是内河(江)口岸，则应当计算至内河(江)口岸。陆运进口货物，计算至该货物运抵境内的第一口岸；如果运输及其相关费用、保险费支付至目的地口岸，则计算至目的地口岸。空运进口货物，计算至该货物运抵境内的第一口岸；如果该货物的目的地为境内的第一口岸外的其他口岸，则计算至目的地口岸。

陆运、空运和海运进口货物的运费和保险费，应当按照实际支付的费用计算。如果进口货物的运费无法确定或未实际发生，海关应当按照该货物进口同期运输行业公布的运费率(额)计算运费；按照“货价加运费”两者总额的3‰计算保险费。

2. 以其他方式进口的货物

邮运的进口货物，应当以邮费作为运输及其相关费用、保险费；以境外边境口岸价格条件成交的铁路或公路运输进口货物，海关应当按照货价的1%计算运输及其相关费用、保险费；作为进口货物的自驾进口的运输工具，海关在审定完税价格时，可以不另行计入运费。

3. 出口货物

出口货物的销售价格如果包括离境口岸至境外口岸之间的运输、保险费的，该运费、保险费应当扣除。

进口关税完税价格如图4-1所示。

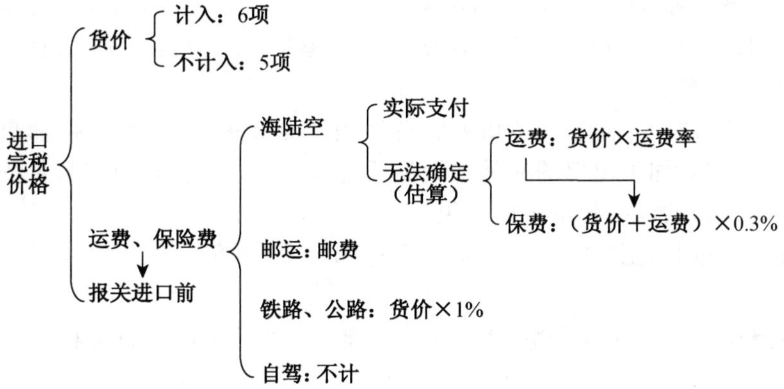

图4-1 进口关税完税价格

【例 4-2】 某进出口公司从美国进口一批化工原料共500吨，货物以境外口岸离岸价格成交，单价折合人民币为20 000元，买方承担包装费每吨500元，另向卖方支付的佣金每吨1 000元人民币，另向自己的采购代理人支付佣金5 000元人民币，已知该货物运抵中国海关境内输入地起卸前的包装、运输、保险和其他劳务费用为每吨2 000元人民币，进口后另发生运输和装卸费用300元人民币，计算该批化工原料的关税完税价格。

关税完税价格＝(20 000＋500＋1 000＋2 000)×500÷10 000＝1 175(万元)

三、从量税应纳税额的计算

关税税额＝应税进(出)口货物数量×单位税额

四、复合税应纳税额的计算

关税税额＝应税进(出)口货物数量×单位税额＋应税进(出)口货物的完税价格×税率

五、滑准税应纳税额的计算

关税税额＝应税进(出)口货物的完税价格×滑准税税率

第四节 税收优惠

一、法定减免税

我国《海关法》和《进出口条例》明确规定，下列货物、物品予以减免关税：

(1) 关税税额在人民币50元以下的一票货物。

(2) 无商业价值的广告品和货样。

(3) 外国政府、国际组织无偿赠送的物资。

(4) 进出境运输工具装载的途中必需的燃料、物料和饮食用品。

(5) 经海关核准暂时进境或者暂时出境，并在6个月内复运出境或者复运进境的货物、展览品、施工机械、工程车辆等，在货物收发货人向海关缴纳相当于税款的保证金或者提供担保后，可予暂时免税。

(6) 为境外厂商加工、装配成品和为制造外销产品而进口的原材料、辅料、零件和包装物材料，海关按照实际加工出口的成品数量免征进口关税，或者对进口料、件先征进口关税，再按照实际加工出口的成品数量予以退税。

(7) 因故退还的中国出口货物，经海关审查属实，可予免征进口关税，但已征收的出口关税不予退还。

(8) 因故退还的境外进口货物，经海关审查属实，可予免征出口关税，但已征收的进口关税不予退还。

(9) 进口货物如有以下情形，经海关查明属实，可酌情减免进口关税：在境外运输途中或者在起卸时，遭受损坏或者损失的；起卸后海关放行前，因不可抗力遭受损失或者损坏的；海关查验时已经破漏、损坏或者腐烂，经证明不是保管不慎造成的。

（10）无代价抵偿货物，即进口货物在征税放行后，发现货物残损、短少或品质不良，而由国外承运人、发货人或保险公司免费补偿或更换的同类货物，可以免税。如未退运，其进口的无代价抵偿货物应照章征税。

二、特定减免税

特定减免税也称政策性减免税，在法定减免税之外，国家按照国际通行规则和我国情况，制定发布的有关进出口货物减免关税的政策，称为特定或政策性减免税。特定减负税包括：科教用品；残疾人专用品；扶贫、慈善性捐赠物资加工贸易产品；边境贸易进口物资；保税区进出口货物；出口加工区进出口货物；进口设备；特定行业或用途的减免税政策。

4-2 跨境电商零售进口税收新政

4-3 海南离岛免税政策

第五节 征 收 管 理

一、关税缴纳

进口货物自运输工具申报进境之日起 14 日内，出口货物在货物运抵海关监管区后装货的 24 小时以前，应由进出口货物的纳税义务人向货物进(出)境地海关申报，海关根据税则归类和完税价格计算应缴纳的关税和进口环节代征税，并填发税款缴款书。纳税义务人应当向海关填发税款缴款书之日起 15 日内，向指定银行缴纳税款。

关税纳税义务人因不可抗力或者在国家税收政策调整的情形下，不能按期缴纳税款的，经海关总署批准，可以延期缴纳税款，但最长不得超过 6 个月。

二、关税的强制执行

纳税义务人未在关税缴纳期限内缴纳税款，即构成关税滞纳。为保证海关征收关税决定的有效执行和国家财政收入的及时入库，《海关法》赋予海关对滞纳关税的纳税义务人强制执行的权利。强制措施主要有两类：

（1）征收关税滞纳金。滞纳金自关税缴纳期限届满之日起，至纳税义务人缴纳关税之日止，按滞纳税款 5‱的比例按日征收，周末或法定节假日不予扣除。具体计算公式为：

关税滞纳金金额＝滞纳关税税额×滞纳金征收比率×滞纳天数

（2）强制征收。如纳税义务人自海关填发缴款书之日起 3 个月仍未缴纳税款，经海关关长批准，海关可以采取强制扣缴、变价抵缴等强制措施。强制扣缴即海关从纳税义务人在开户银行或者其他金融机构的存款中直接扣缴税款。变价抵缴即海关将应税货物依法变卖，以变卖所得抵缴税款。

三、关税退还

关税退还是关税纳税义务人按海关核定的税额缴纳关税后，因某种原因的出现，海关将实际征收多于应当征收的税额(称为溢征关税)退还给原纳税义务人的一种行政行为，根据《海关法》规定，海关多征的税款，海关发现后应当立即退还。

按规定，有下列情形之一的，进出口货物的纳税义务人可以自缴纳税款之日起 1 年内，书面声明理由，连同原纳税收据向海关申请退税并加算银行同期活期存款利息，逾期不予受理：

(1) 因海关误征，多纳税款的。

(2) 海关核准免验进口的货物，在完税后，发现有短卸情形，经海关审查认可的。

(3) 已征出口关税的货物，因故未将其运出口，申报退关，经海关查验属实的。

对已征出口关税的出口货物和已征进口关税的进口货物，因货物品种或规格原因(非其他原因)原状复运进境或出境的，经海关查验属实的，也应退还已征关税。海关应当自受理退税申请之日起 30 日内，作出书面答复并通知退税申请人。

四、关税补征和追征

补征和追征是海关在关税纳税义务人按海关核定的税额缴纳关税后，发现实际征收税额少于应当征收的税额(称为短征关税)时，责令纳税义务人补缴所差税款的一种行政行为。海关法根据短征关税的原因，将海关征收原短征关税的行为分为补征和追征两种。由于纳税人违反海关规定造成短征关税的，称为追征；非因纳税人违反海关规定造成短征关税的，称为补征。区分关税追征和补征的目的是为了区别不同情况适用不同的征收时效。超过时效规定的期限，海关就丧失了追补关税的权力。根据《海关法》规定，进出境货物和物品放行后，海关发现少征或者漏征税款，应当自缴纳税款或者货物、物品放行之日起 1 年内，向纳税义务人补征；因纳税义务人违反规定而造成的少征或者漏征的税款，自纳税义务人应缴纳税款之日起 3 年以内可以追征，并从缴纳税款之日起按日加收少征或者漏征税款 5‰的滞纳金。

五、关税纳税争议

为保护纳税人合法权益，我国《海关法》和《关税条例》都规定了纳税义务人对海关确定的进出口货物的征税、减税、补税或者退税等有异议时，有提出申诉的权利。在纳税义务人同海关发生纳税争议时，可以向海关申请复议，但同时应当在规定期限内按海关核定的税额缴纳关税，逾期则构成滞纳，海关有权按规定采取强制执行措施。

纳税争议的内容一般为进出境货物和物品的纳税义务人对海关在原产地认定、税则归类、税率或汇率适用、完税价格确定、关税减征、免征、追征、补征和退还等征税行为是否合法或适当，是否侵害了纳税义务人的合法权益，而对海关征收关税的行为表示异议。

纳税争议的申诉程序：纳税义务人自海关填发税款缴款书之日起 30 日内，向原征税海关的上一级海关书面申请复议。逾期申请复议的，海关不予受理。海关应当于收到复议申请之日起 60 日内作出复议决定，并以复议决定书的形式正式答复纳税义务人；纳税义务人对海关复议决定仍然不服的，可以自收到复议决定书之日起 15 日内，向人民法院提起诉讼。

第六节 船舶吨税

现行船舶吨税的规范是 2011 年 11 月 23 日，国务院第 182 次常务会议通过并公布的《中华人民共和国船舶吨税暂行条例》，自 2012 年 1 月 1 日起施行。1952 年 9 月 16 日经政务院财政经济委员会批准，于 1952 年 9 月 29 日海关总署发布的《中华人民共和国海关船舶吨税暂行办法》同时废止。

一、征税范围、税率

（一）征税范围

自中华人民共和国境外港口进入境内港口的船舶（以下简称应税船舶），应当缴纳船舶吨税（以下简称吨税）。吨税的税目、税率依照《吨税税目、税率表》（见表 4-1）执行。

（二）税率

吨税设置优惠税率和普通税率。中华人民共和国籍的应税船舶，船籍国（地区）与中华人民共和国签订含有相互给予船舶吨税最惠国待遇条款的条约或者协定的应税船舶，适用优惠税率。其他应税船舶，适用普通税率。《吨税税目、税率表》的调整由国务院决定。

表 4-1 吨税税目、税率表

税目 按船舶净吨位划分	税率（元/净吨）						备注
	普通税率 按执照期限划分			优惠税率 按执照期限划分			
	1 年	9 日	3 日	1 年	9 日	3 日	
不超过 2 000 净吨	12.6	4.2	2.1	9.0	3.0	1.5	拖船和非机动驳船分别按相同净吨位船舶税率的 50%计征税款
超过 2 000 净吨，但不超过 10 000 净吨	24.0	8.0	4.0	17.4	5.8	2.9	
超过 10 000 净吨，但不超过 50 000 净吨	27.6	9.2	4.6	19.8	6.6	3.3	
超过 5 000 净吨	31.8	10.6	5.3	22.8	7.0	3.8	

注：拖船是指专门用于拖（推）动运输船舶的专业作业船舶，拖船按照发动机功率每 1 千瓦折合净吨位 0.67 吨；非机动驳船是指在船舶管理部门登记为驳船的非机动船舶。

二、应纳税额的计算

吨税按照船舶净吨位和吨税执照期限征收，应纳税额按照船舶净吨位乘以适用税率计算。净吨位，是指由船籍国（地区）政府授权签发的船舶吨位证明书上标明的净吨位。计算公式为：

应纳税额＝船舶净吨位×定额税率（元）

应纳税额在进入港口办理入境手续时，应当向海关申报纳税领取吨税执照，或者交验吨税执照。应税船舶负责人在每次申报纳税时，可以按照《吨税税目税率表》选择申领一种期限的吨税执照。应纳船舶负责人缴纳吨税或者提供担保后，海关按其申领的执照期限填发吨税执照。

应税船舶负责人申领吨税执照时，应向海关提供下列证明：

(1) 船舶国籍证书或者海事部门签发的船舶国籍证书收存证明。

(2) 船舶吨位证明。

应税船舶在吨税执照期限内，因税目税率调整或者船籍改变而导致适用税率变化的，吨税执照继续有效。应税船舶在离开港口办理出境手续时，应当交验吨税执照。

【例 4-3】 2×18 年 10 月 20 日，B 国某运输公司一吨货轮驶入我国某港口，该货轮净吨位为 30 000 吨，货轮负责人已向我国海关领取了吨税执照。在港口停留期限为 30 天，B 国已与我国签订含有相互给以船舶吨税最惠国待遇条款。请计算该货轮负责人该向我国海关缴纳的船舶吨税。

(1) 根据船舶吨税的相关规定，该货轮应享受优惠税率，每净吨位为 3.3 元。

(2) 应缴纳船舶吨税＝30 000×3.3＝99 000(元)

三、税收优惠

(一) 直接优惠

下列船舶免征吨税：

(1) 应纳税额在人民币 50 元以下的船舶。

(2) 自境外以购买、受赠、继承等方式取得船舶所有权的初次进口到港的空载船舶。

(3) 吨税执照期满后 24 小时内不上下客货的船舶。

(4) 非机动船舶(不包括非机动驳船)。

(5) 捕捞、养殖渔船。

(6) 避难、防疫隔离、修理、终止运营或者拆解，并不上下客货的船舶。

(7) 军队、武装警察部队专用或者征用的船舶。

(8) 依照法律规定应当予以免税的外国驻华使领馆、国际组织驻华代表机构及其有关人员的船舶。

(9) 国务院规定的其他船舶。

上述(5)～(8)项优惠，应当提供海事部门、渔业船舶管理部门或者卫生检疫部门等部门机构出具的具有法律效力的证明文件或者使用关系证明，申请免税理由。

(二) 延期优惠

在吨税执照期限内，应税船舶发生下列情形之一的，海关按照实际发生的天数批注延长吨税执照期限：

(1) 避难、防疫隔离、修理，并不上下客货。

(2) 军队、武装警察部队征用。

(3) 应税船舶因不可抗力在未设立海关地点停泊的，船舶负责人应当立即向附近海关报告，并在不可抗力原因消除后，向海关申报纳税。

上述船舶，应当提供海事部门、渔业船舶管理部门或者卫生检疫部门等部门机构出具的具有法律效力的证明文件或者使用关系证明，申请延长吨税执照期限的依据和理由。

四、征收管理

(1) 吨税由海关负责征收。海关征收吨税应制发缴款凭证。

(2) 吨税纳税义务发生时间为应税船舶进入港口的当日。

(3) 应税船舶在吨税执照期满后尚未离开港口的，应当申请新的吨税执照，自上一次执照期满的次日起续缴吨税。

(4) 应税船舶负责人应当自海关填发吨税缴款凭证之日起 15 日内向指定银行缴清税款。未按期缴清税款的，自滞纳税款之日起，按日加收滞纳税款 0.5‰的滞纳金。

(5) 应税船舶到达港口之前，经海关核准先行申报并办结出入境手续的，应税船舶负责人应当向海关提供与其依法履行吨税缴纳义务相适应的担保，应税船舶到达港口后，向海关申报纳税。

下列财产、权利可用于担保：①人民币、可自由兑换货币；②汇票、本票、支票、债券、存单；③银行、非银行金融机构的保证；④海关依法认可的其他财产、权利。

(6) 应税船舶在吨税执照期限范围内，因修理导致净吨位变化的，吨税执照继续有效。应税船舶办理出入境手续时，应当提供船舶经过修理的证明文件。

因船籍改变导致适用税率变化的，应税船舶办理出入境手续时，应当提供船籍变化的证明文件。

(7) 吨税执照在期满前毁损或遗失的，应当向原发照海关书面申请核发吨税执照副本，不再补税。

(8) 海关发现少征或者漏征税款，应当自应税船舶应当缴纳税款之日起 1 年内，补征税款；但因应税船舶违反规定而造成的少征或者漏征的税款的，海关可以自应缴纳税款之日起 3 年内追征税款，并自应缴纳税款之日起按日加收少征或者漏征税款 0.5‰的滞纳金。

海关发现多征税款的，应立即通知应税船舶办理退还手续，并加算银行同期活期存款利息。应税船舶发现多缴税款的，可以自缴纳税款之日起 1 年内以书面形式要求海关退还多缴的税款并加算银行同期活期存款利息；海关应自受理退税申请之日起 30 日内查实并通知应税船舶办理退还手续。

(9) 应税船舶有下列行为之一的，由海关责令限期改正，处 2 000 元以上 3 万元以下罚款；不缴或者少缴应纳税款的，处不缴或者少缴税款 50%以上 5 倍以下的罚款，但罚款不得低于 2 000 元：①未按照规定申报纳税、领取吨税执照的；②未按照规定交验吨税执照及其他证明文件的。

(10) 吨税税款、滞纳金、罚款以人民币计算。

4-4 扫一扫
看课件

4-5 扫一扫
练一练

4-6 练一练
参考答案

本章小结

本章主要讲解了关税和船舶吨税的相关税制要素，要求学生掌握关税的纳税人、征税对象、原产地的确定、关税完税价格中货价的调整、运输保险费的计算，应纳税额的计算；船舶吨税的税率形式、应纳税额的计算。

本章重要概念

关税　完税价格　滑准税　原产地　船舶吨税

推荐阅读资料

[1] 李九领.关税理论与政策[M].北京：中国海关出版社，2010.
[2] 刘刚.中国关税制度、政策与实践[M].北京：中国财政经济出版社，2012.
[3] 中国注册会计师协会.税法[M].北京：经济科学出版社，2014.
[4] 中华人民共和国财政部关税司.中华人民共和国进出口税则[M].北京：中国财政经济出版社，2014.

第五章　特定目的税类

内容简介

本章主要讲解了特定目的税类中的城市维护建设税、车辆购置税、耕地占用税、烟叶税等税种，从征税范围、纳税义务人、税率、应纳税额的计算和税收优惠等方面进行讲解；本章重点为特定目的行为税类各种税种的计税依据和应纳税额的计算。

学习目的和要求

通过本章的学习，学生应理解特定目的税类各税种的概念、开征的目的和意义；掌握特定目的税类各税种的税制要素，如征税对象、纳税人、税率和征收管理等方面的基本内容；熟练掌握特定行为、目的税类各税种计税依据的确定和应纳税额的计算。

思政育人　从特定目的税看绿色发展

云海公司是一家2021年成立的卷烟生产企业，该企业的业务范围是收购烟叶生产卷烟销售。成立之初，公司进行以下经营活动：为建立厂房占用耕地2 000平方米，收购烟叶作为原材料生产卷烟销售，同时，为管理部门购进一辆小汽车。进行纳税申报时，该企业根据经营业务确定应缴纳的特定目的税种有：城市维护建设税和教育费附加、车辆购置税、烟叶税、耕地占用税。

党的十九大报告指出坚持人与自然和谐共生，建设生态文明是中华民族永续发展的千年大计，必须树立和践行绿水青山就是金山银山的理念，故建立绿色生产和消费的法律制度和政策导向，建立健全绿色低碳循环发展的经济体系刻不容缓且意义重大。基于绿色发展理念，我国税制设置的特定目的税是根据经济的发展，为了达到特定的目的对特定对象和特定行为征收的一种税。

结合材料思考特定目的税类各自的征税范围有哪些？计税依据是什么？以及国家出台了哪些税收优惠政策来引导企业的经营行为？

第一节　城市维护建设税法

5-1　视频：城市维护建设税法来了

一、征税范围

城市维护建设税是指国家制定的用以调整城市维护建设税征收与缴纳权利

及义务关系的法律规范。现行的城市维护建设税的基本规范，是2020年8月11日第十三届全国人大常委会第二十一次会议表决通过，并于2021年9月1日实施的《中华人民共和国城市维护建设税法》。国务院发布并于1月1日实施的《中华人民共和国城市维护建设税暂行条例》。

城市维护建设税的征税范围比较广，具体包括城市、县城和建制镇，以及税法规定征收“三税”的其他地区。城市、县城和建制镇的范围具体以行政区划分为标准，不能随意扩大或缩小某个行政区域的管辖范围。

二、纳税义务人

城市维护建设税的纳税人是指负有缴纳增值税、消费税义务的单位和个人，包括国有企业、集体企业、私营企业、股份制企业、其他企业和行政事业单位、事业单位、军事单位、社会团体、其他单位，以及个体工商户及其他个人。

自2010年12月1日起，对外商投资企业、外国企业及外籍个人(以下简称“外资企业”)征收城市维护建设税。

城市维护建设税的代扣代缴、代收代缴，一律比照增值税、消费税的有关规定办理。增值税、消费税的代扣代缴、代收代缴义务人同时也是城市维护建设税的代扣代缴、代收代缴义务人。

三、税率

城市维护建设税的税率是指纳税人应缴纳的城市维护建设税税额与纳税人实际缴纳的增值税、消费税税额之间的比率。实行地区差别比例税率，按纳税人所在地的不同，设置了3档差别比例税率，即：

(1) 纳税人所在地为市区的，税率为7%。

(2) 纳税人所在地为县城、镇的，税率为5%。

(3) 纳税人所在地不在市区、县城或者镇的，税率为1%。

城市维护建设税的适用税率，应当按纳税人所在地的规定税率执行。但是，对于以下两种情况，按缴纳增值税、消费税所在地的规定税率就地缴纳城市维护建设税：

(1) 代征代扣城市维护建设税——缴纳增值税、消费税所在地的规定税率(代征代扣方所在地适用税率)。

(2) 流动经营无固定纳税地点——缴纳增值税、消费税所在地的规定税率。

四、计税依据

城市维护建设税的计税依据是指纳税人实际缴纳的增值税和消费税的税额。

纳税人违反增值税、消费税有关税法而加收的滞纳金和罚款，属于税务机关对纳税人违法行为的经济制裁，不属于城市维护建设税的计税依据，但对于纳税人被查补的增值税、消费税应作为城市维护建设税的计税依据依法纳税。

城市维护建设税以增值税、消费税税额为计税依据并同时征收，如果要免征或者减征增值税、消费税，也就要同时免征或者减征城市维护建设税。

但对出口产品退还增值税、消费税的，不退还已缴纳的城市维护建设税。

五、应纳税额的计算

城市维护建设税应纳税额的大小是由纳税人实际缴纳的增值税和消费税的税额决定的，其计算公式为：

5-2 视频：城市维护建设税法的计算

应纳城市维护建设税税额＝（实际缴纳的增值税＋实际缴纳的消费税）×适用税率

【例5-1】 某县城一家企业2×19年5月份实际缴纳增值税20万元，消费税10万元。计算该企业应纳的城市维护建设税税额。

应纳城市维护建设税税额＝（20＋10）×5％＝1.5（万元）

六、税收优惠

城市维护建设税从原则上不单独减免，但因城市维护建设税具有附加税的性质，当主税发生减免时，城市维护建设税相应发生税收减免。城市维护建设税的具体减免情况有以下几种情况：

（1）城市维护建设税按减免后实际缴纳的增值税、消费税税额计征，即随同增值税、消费税的减免而减免。

（2）对因减免税而需进行增值税、消费税退库的，城市维护建设税也同时退库，但是对出口产品退还增值税、消费税的，不退还已缴纳的城市维护建设税。

（3）海关对进口产品代征的增值税、消费税，不征收城市维护建设税。

（4）对增值税、消费税实行先征后返、先征后退、即征即退办法的，除另有规定外，对随增值税、消费税附征的城市维护建设税和教育费附加，一律不予退（返）还。

（5）根据国民经济和社会发展的需要，国务院对重大公共基础设施建设、特殊产业和群体以及重大突发事件应对等情形可以规定减征或者免征城市维护建设税，报全国人民代表大会常务委员会备案。

七、纳税环节

城市维护建设税的纳税环节是指《城市维护建设税暂行条例》规定的纳税人应当缴纳城市维护建设税的环节，实际就是纳税人缴纳增值税、消费税的环节。纳税人只要发生增值税、消费税的纳税义务，就要在同样的环节，分别缴纳城市维护建设税。

八、纳税地点

城市维护建设税以纳税人实际缴纳增值税、消费税税额为计税依据，分别与增值税、消费税同时缴纳。所以，纳税人缴纳增值税、消费税的地点，就是该纳税人缴纳城市维护建设税的纳税地点。但是，属于下列情况的，纳税地点规定如下：

（1）代扣代缴、代收代缴增值税、消费税的单位和个人，同时也是城市维护建设税的代扣代缴、代收代缴义务人，其城市维护建设税的纳税地点在代扣代收地。

(2) 对流动经营等无固定纳税地点的单位和个人,应随同增值税、消费税在经营地按适用税率缴纳。

(3) 跨省开采的油田,下属生产单位与核算单位不在一个省内的,其生产的原油,在油井所在地缴纳增值税,其应纳税款由核算单位按照各油井的产量和规定税率,计算汇拨各油井缴纳。所以,各油井应纳的城市维护建设税,应由核算单位计算,随同增值税一并汇拨油井所在地,由油井在缴纳增值税的同时,一并缴纳城市维护建设税。

九、纳税期限

城市维护建设税的纳税期限分别与增值税、消费税的纳税期限一致。城市维护建设税的具体纳税期限,由主管税务机关根据纳税人应纳税额的大小分别核定。不能按照固定期限按期纳税的,可以按次纳税。

第二节 教育费附加和地方教育费附加的有关规定

教育费附加是对缴纳增值税、消费税的单位和个人就其实际缴纳的税额为计税依据征收的一种附加费。

1984 年,国务院颁布了《关于筹措农村学校办学经费的通知》,开征了农村教育事业经费附加。1985 年,中共中央作出了《关于教育体制改革的决定》,指出国家增拨教育经费的同时,开辟多种渠道筹措经费。为此,国务院于 1986 年 4 月28 日颁布了《征收教育费附加的暂行规定》,并于同年 7 月 1 日开征。自 2006 年9 月1 日起施行的《中华人民共和国教育法》规定:"税务机关依法足额征收教育费附加,由教育行政部门统筹管理,主要用于实施义务教育。省、自治区、直辖市人民政府根据国务院有关规定,可以决定开征用于教育的地方附加费,专款专用。"2010 年,财政部下发了《关于统一地方教育附加政策有关问题的通知》,对各省、市、自治区的地方教育附加进行了统一。

一、征税范围和计税依据

教育费附加是对缴纳增值税、消费税的单位和个人就其实际缴纳的税额为计税依据,分别与增值税、消费税同时缴纳。

自 2010 年 12 月 1 日起,对外商投资企业、外国企业及外籍个人(以下简称"外资企业")征收教育费附加。

二、教育费附加和地方教育费附加的计征比率

根据国务院《关于教育费附加征收问题的紧急通知》的精神,教育费附加征收率为增值税、消费税税额的 3%,地方教育费附加的加征比率为增值税、消费税税额的 2%。

三、教育费附加和地方教育费附加的计算

教育费附加、地方教育费附加应纳税额的大小是由纳税人实际缴纳的增值税、消费税税额决定的,其计算公式为:

$$\begin{matrix}应纳教育费附加、\\地方教育费附加\end{matrix}=\left(\begin{matrix}实际缴纳\\的增值税\end{matrix}+\begin{matrix}实际缴纳\\的消费税\end{matrix}\right)\times 适用税率(3\%或2\%)$$

【例 5-2】 某县城一家企业 2×19 年 5 月份实际缴纳增值税 20 万元、消费税 30 万元。计算该企业应纳教育费附加和地方教育费附加费。

应纳教育费附加＝(20＋30)×3%＝1.5(万元)

应纳地方教育费附加＝(20＋30)×2%＝1(万元)

四、教育费附加和地方教育费附加的减免规定

(1) 对海关进口的产品征收的增值税、消费税，不征收教育费附加。

(2) 对由于减免增值税、消费税而发生退税的，可以同时退还已征收的教育费附加。但对出口产品退还增值税、消费税的。不退还已征的教育费附加。

(3) 对国家重大水利建设基金免征教育费附加。

第三节 车辆购置税法

现行车辆购置税法的基本规范，是 2018 年 12 月 29 日第十三届全国人民代表大会常务委员会第七次会议通过，并于 2019 年 7 月 1 日起施行的《中华人民共和国车辆购置税法》(以下简称《车辆购置税法》)。

车辆购置税是指以在中国境内购置规定车辆为课税对象、在特定环节向车辆购置者征收的一种税。就其性质而言，属于直接税的范畴。车辆购置税具有征税范围单一、征收环节单一、税率单一、征收方法单一、征税具有特定目的、价外征收、不转嫁税负等特点。

车辆购置税的开征，有利于筹集建设资金、积累国家财政收入，促进交通基础设施建设的健康发展；有利于规范政府行为，理顺税费关系，深化和完善税制改革；有利于调节收入差别，缓解社会分配不公；有利于配合打击走私，保护民族工业，维护国家权益。

一、纳税义务人和征税范围

(一) 纳税义务人

车辆购置税的纳税义务人是指在中华人民共和国境内购置应税车辆的单位和个人。单位是指国有企业、集体企业、私营企业、股份制企业、外商投资企业、事业单位、军事单位、社会团体、其他单位；个人包括个体工商户及其他个人。

其中购置行为是指：购买使用行为、进口使用行为、受赠使用行为、自产自用行为、获奖使用行为，以及以拍卖、抵债、走私、罚没等方式取得并使用的行为。

(二) 征税范围

车辆购置税以列举的车辆作为征税对象，未列举的车辆不纳税。其征税范围包括汽车、有轨电车、汽车挂车、排气量超过 150 毫升的摩托车。

地铁、轻轨等城市轨道交通车辆，装载机、平地机、挖掘机、推土机等轮式专用机械车，以及起重机(吊车)、叉车、电动摩托车，不属于应税车辆。

纳税人进口自用应税车辆，是指纳税人直接从境外进口或者委托代理进口自用的应税车辆，不包括在境内购买的进口车辆。

延伸阅读 5-1

国外车辆购置税简介

在国外，针对汽车的税收分为 3 个环节：购置环节、保有环节、使用环节。在汽车购置环节上所征收的税款在整个比例中的税收所占的份额很小，而在使用环节上征收的税款所占比例却很高，大约为 60%。在购车环节中，发达国家通常的做法是采取轻税政策，即征收额都很低。美国的车辆购置税属于地方税，各州收取比例不同，最多的州也只有 6%左右。而在购车环节，欧洲只征收增值税，各国税率不同，意大利和法国在 20%左右。购车之后的使用阶段需要交纳燃油税等税费，而燃油税则是发达国家汽车税收的重头。欧盟各国的燃油税率普遍在 200%以上，而日本的燃油税率大概为 120%。

二、税率和计税依据

（一）税率

我国车辆购置税实行统一比例税率，税率为 10%。

（二）计税依据

车辆购置税以应税车辆为课税对象，考虑到目前我国车辆市场供求的矛盾，价格差异变化，计量单位不规范，车辆购置税实行从价定率、价外征收的方法计算应纳税额，应税车辆的价格即计税价格就成为车辆购置税的计税依据。但是，由于购置行为的界定不同，计税价格的确定也不尽相同。车辆购置税的计税依据具体有以下几种情况。

1. 购买自用应税车辆计税依据的确定

纳税人购买自用应税车辆的计税价格，为纳税人购买应税车辆而支付给销售者的全部价款，不包括增值税税款。

购买的应税自用车辆包括自用的国产应税车辆和购买自用进口应税车辆，如纳税人从国内的汽车市场和汽车贸易公司购买的自用进口车辆。

2. 进口自用应税车辆计税依据的确定

进口自用车辆是指直接从境外进口或者委托代理进口自用的应税车辆，即非贸易方式进口自用车辆。

纳税人进口自用车辆以组成计税价格为计税依据，如果进口车辆是不属于消费税征税范围的大卡车、大客车，组成计税价格的计算公式为：

组成计税价格＝关税完税价格＋关税

如果进口车辆是属于消费税征税范围的车辆，组成计税价格的计算公式为：

组成计税价格＝关税完税价格＋关税＋消费税
＝（关税完税价格＋关税）÷（1－消费税税率）

3. 其他自用应税车辆的确定

纳税人自产、受赠、获奖和其他方式取得并自用的应税车辆，按购置该型号车辆的价格确认，不包括增值税税款。

4. 纳税人申报的应税车辆的确定

纳税人申报的应税车辆计税价格明显偏低，又无正当理由，由税务机关依照《中华人民共和国税收征收管理法》的规定核定其应纳税额。

三、应纳税额的计算

5-3 视频：车辆购置税法

车辆购置税实行从价定率的方法计算应纳税额，计算公式为：

应纳税额＝计税依据×税率

根据车辆的来源、应税行为的发生以及计税依据组成的不同，车辆购置税应纳税额的计算方法也有区别。

(一) 购买自用应税车辆应纳税额的计算

纳税人购买自用的应税车辆，其计税价格由纳税人支付给销售者的全部价款（不包括增值税税款）。

【例 5-3】 2×20 年 3 月，张某从某销售公司（增值税一般纳税人）购买轿车一辆供自己使用，支付含增值税的价款 226 000 元。计算张某应缴纳的车辆购置税。

(1) 计税依据＝226 000÷(1＋13%)
＝200 000(元)

(2) 应纳车辆购置税＝200 000×10%＝20 000(元)

(二) 进口自用应税车辆应纳税额的计算

纳税人进口自用的应税车辆以组成计税价格为计税依据。应纳税额的计算公式为：

应纳税额＝(关税完税价格＋关税＋消费税)×税率

如果进口车辆是不属于消费税征税范围的大卡车、大客车，则应纳税额的计算公式简化为：

应纳税额＝(关税完税价格＋关税)×税率

【例 5-4】 某汽车贸易公司 2×19 年 8 月进口 10 辆小轿车，海关审定的关税完税价格为 185 000 元/辆，海关征收关税 203 500 元/辆，并按增值税和消费税有关规定缴纳消费税和增值税，代征消费税 11 655 元/辆和增值税 66 045 元/辆，1 辆企业自用，其余销售，计算该公司应纳车辆购置税。

(1) 计税依据＝185 000＋203 500＋11 655＝400 155(元)

(2) 应纳税额＝400 155×10%＝40 015.5(元)

四、税收优惠

5-4 关于《机动车发票使用办法》的解读

(一) 车辆购置税减免税规定

我国车辆购置税实行法定减免，减免税范围的具体规定是：

(1) 外国驻华使馆、领事馆和国际组织驻华机构及其外交人员自用的车辆，免税。

(2) 中国人民解放军和中国人民武装警察部队列入军队武器装备订货计划的车辆，免税。

(3) 设有固定装置的非运输车辆，免税。

(4) 回国服务的留学人员用现汇购买1辆自用国产小汽车，免税。

(5) 来华定居专家(以下简称来华专家)进口自用的1辆小汽车免税。

(6) 防汛和森林消防部门购置的由指定厂家生产的指定型号的用于指挥、检查、调度、防汛(警)、联络的专用车辆(以下简称防汛专用车和森林消防专用车)，免税。

(7) 纳税人购置的农用三轮车，免税。

(8) 有国务院规定予以免税或者减税的其他情形的，按照规定免税或者减税。

(二) 车辆购置税的退税

纳税人已经缴纳车辆购置税但在办理车辆登记手续前，因下列原因需要办理退换车辆购置税的，由纳税人申请，征收机构审查后办理退还车辆购置税手续。

(1) 公安机关车辆管理机构不予办理车辆登记注册手续的，凭公安机关车辆管理机构出具的证明办理退税手续。

(2) 因质量等原因发生退回所购车辆的，凭经销商的退货证明办理退税手续。

五、征收管理

根据2006年1月1日开始试行的《车辆购置征收管理办法》，车辆购置税的征收规定如下。

5-5 视频：三分钟带你学会车辆购置税网上申报

(一) 纳税申报

车辆购置税是对应税车辆的购置行为课征，征税环节选择在使用环节(即最终消费环节)。具体而言，纳税人应当在向公安机关等车辆管理机构办理车辆登记注册手续前，缴纳车辆购置税。车辆购置税实行一次课征制，即购置已征车辆购置税的车辆不再征收。

(二) 纳税期限

纳税人购买自用的应税车辆，自购买之日起60日内申报纳税；进口自用的应税车辆，应当自进口之日起60日内申报纳税；自产、受赠、获奖和以其他方式取得并自用应税车辆的，应当自取得之日起60日内申报纳税。

(三) 纳税地点

纳税人购置应纳税车辆，应当向车辆登记注册地的主管税务机关申报纳税；购置无须办理车辆登记注册手续的应税车辆，应当向纳税人所在地的主管税务机关申报纳税。车辆登记注册地是指车辆的上牌落籍地或落户地。

5-6 车辆购置税纳税申报表

车辆购置税实行一车一申报制度。纳税人在办理纳税申报时应如实填写《车辆购置税纳税申报表》，同时提供车主身份证、车辆价格证明、车辆合格证明及税务机关要求提供的其他资料的原件及复印件，经车购办审核后，由税务机关保存复印件。

第四节 耕地占用税法

耕地占用税法是指国家规定的调整耕地占用税征收与缴纳权利及义务关系的法律规范。现行耕地占用税法的基本规范，是2007年12月1日国务院重新颁布的《中华人民共和国耕地占用税暂行条例》。

5-7 一图读懂耕地占用税

耕地占用税是指国家对占用耕地建房或者从事其他非农业建设的单位和个人，依据实际占用耕地面积、按照规定税额一次性征收的一种税。耕地占用税属行为税范畴。耕地占用税是我国对占用耕地建房或从事非农业建设的单位或个人所征收的一种税收。我国由于人多地少的矛盾，为了遏制并改变这种状况政府开征耕地占用税，运用税收经济杠杆和法律相配合有效保护耕地。

延伸阅读5-2

18.26亿亩：耕地红线岌岌可危

耕地是最基本的生产资料，也是短期内不可再生的自然资源。虽然我国提出了严格的耕地保护和总量动态平衡制度，但耕地面积减少是不可避免的长期趋势。目前中国耕地面积仅约为18.26亿亩，比1997年的19.49亿亩减少1.23亿亩，中国人均耕地面积由10多年前的1.58亩减少到1.38亩，仅为世界平均水平的40%，不到发达国家的1/4，只有美国的1/6、阿根廷的1/9、加拿大的1/14。可见，我国的耕地资源危机重重，18亿亩的耕地红线岌岌可危。

一、纳税义务人与征税范围

（一）纳税义务人

耕地占用税的纳税人是占用耕地建房或者从事非农业建设的单位或者个人。

所谓单位，包括各类性质的企业、事业单位、社会团体、国家机关、部队以及其他单位；所谓个人，包括个体工商户以及其他个人。

（二）征税范围

耕地占用税的征税范围包括用于建房或从事其他非农业建设而征（占）用的国家所有和集体所有的耕地。“耕地”是指种植农业作物的土地，包括从事农业种植的土地、菜地、园地。其中，园地包括花圃、苗圃、茶园、果园、桑园和其他种植经济林木的土地。

对于占用鱼塘及其农业土地建房或从事其他非农业建设，也视同占用耕地。占用已开发从事种植、养殖的滩涂、草场、水面和林地等从事非农业建设，由省、自治区、直辖市确定是否征收耕地占用税。

二、税率、计税依据和应纳税额的计算

（一）税率

由于在中国的不同地区之间人口和耕地资源的分布极不均衡，有些地区人烟稠密，耕地资源相对匮乏；而有些地区则人烟稀少，耕地资源比较丰富。各地区之间的经济发展水平也有很大差异。考虑到不同地区之间客观条件的差别以及与此相关的税收调节力度和纳税人

负担能力方面的差别，耕地占用税在税率设计上采用了地区差别定额税率。税率规定如下：

（1）人均耕地不超过1亩的地区（以县级行政区域为单位，下同），每平方米为10～50元。

（2）人均耕地超过1亩但不超过2亩的地区，每平方米为8～40元。

（3）人均耕地超过2亩但不超过3亩的地区，每平方米6～30元。

（4）人均耕地超过3亩以上的地区，每平方米5～25元。

经济特区、经济技术开发区和经济发达、人均耕地特别少的地区，适用税额可以适当提高，但最多不得超过当地适用税额的50%。

表5-1　　各省、自治区、直辖市耕地占用税平均税额　　单位：元

地　区	每平方米平均税额
上海	45
北京	40
天津	35
江苏、浙江、福建、广东	30
辽宁、湖北、湖南	25
河北、安徽、江西、山东、河南、重庆、四川	22.5
广西、海南、贵州、云南、陕西	20
山西、吉林、黑龙江	17.5
内蒙古、西藏、甘肃、青海、宁夏、新疆	12.5

（二）计税依据

耕地占用税以纳税人占用耕地的面积为计税依据，以每平方米为计量单位。

（三）应纳税额计算

耕地占用税以纳税人实际占用的耕地面积为计税依据，以每平方米土地为计税单位，按照规定的适用税额标准计算应纳税额，实行一次性征收。

应纳税额＝纳税人实际占用的耕地面积×适用税额标准

三、税收优惠和征收管理

（一）税收优惠

1. 下列情形免征耕地占用税

（1）军事设施占用耕地。

（2）学校、幼儿园、养老院、医院占用耕地。

2. 减征耕地占用税

（1）铁路线路、公路线路、飞机场跑道、停机坪、港口、航道占用耕地，减按每平方米2元的税额征收耕地占用税。

（2）农村居民占用耕地新建住宅，按照当地适用税额减半征收耕地占用税。

农村烈士家属、残疾军人、鳏寡孤独以及老革命根据地、少数民族聚居区和边远贫困山区生活困难的农村居民，在规定用地标准以内新建住宅缴纳耕地占用税确有困难的，经所在地乡(镇)人民政府审核，报经县级人民政府批准后，可以免征或者减征耕地占用税。

依照条例规定，免征或者减征耕地占用税后，纳税人改变原占地用途，不再属于免征或者减征耕地占用税情形的，应当按照当地适用税额补缴耕地占用税。

(二) 征收管理

1. 纳税义务发生时间

经批准占用耕地的，耕地占用税纳税义务发生时间为纳税人收到土地管理部门办理占用农用地手续通知当天；未经批准占用耕地的，耕地占用税纳税义务发生时间为纳税人实际占用耕地的当天。

2. 纳税期限

耕地占用税的纳税期限为30天。即获准占用耕地的单位或者个人应当在收到土地管理部门的通知之日起30日内缴纳耕地占用税。

3. 纳税地点

耕地占用税由地方税务机关负责征收。土地管理部门在通知单位或者个人办理占用耕地手续时，应当同时通知耕地所在地同级地方税务机关。土地管理部门凭耕地占用税完税凭证或者免税凭证和其他有关文件发放建设用地批准书。

第五节 烟叶税法

烟叶税是对烟叶征收的一种税收。2006年4月28日，国务院颁布了《中华人民共和国烟叶税暂行条例》(以下简称《烟叶税暂行条例》)，即日起实施，开征烟叶税代替原烟叶特产农业税。

5-8 视频：秒懂烟叶税

一、纳税义务人、征税范围与税率

(一) 纳税义务人

在中华人民共和国境内收购烟叶的单位为烟叶税的纳税人。

(二) 征收范围

按照《烟叶税暂行条例》的规定，烟叶的征收范围是指晾晒烟叶、烤烟叶。

(三) 税率

烟叶税实行比例税率，税率为20%。烟叶税税率的调整，由国务院决定。

二、应纳税额的计算与征收管理

(一) 应纳税额的计算

烟叶税的应纳税额按照《烟叶税暂行条例》的规定，以纳税人收购烟叶的收购金额和规定的税率计算。应纳税额的计算公式为：

$$应纳税额=烟叶收购金额\times税率$$

收购金额包括纳税人支付给烟叶销售者的烟叶收购价款和价外补贴。按照简化手续、方便征收的原则，对价外补贴统一暂按烟叶收购价款的10%计入收购金额征税。

$$收购金额=收购价款\times(1+10\%)$$

【例 5-5】 某烟草公司系增值税一般纳税人，8 月收购烟叶 100 000 千克，烟叶收购价格 10 元/千克，总计 1 000 000 元，货款已全部支付。请计算该烟草公司 8 月份收购烟叶应缴纳的烟叶税。

应缴纳烟叶税＝1 000 000×(1＋10%)×20%＝220 000(元)

(二) 征收管理

烟叶税的征收管理，依照《税收征收管理法》及《烟叶税暂行条例》的有关规定执行。

1. 纳税义务发生时间

烟叶税的纳税义务发生时间为纳税人收购烟叶的当天。收购烟叶的当天是指纳税人向烟叶销售者收购付讫收购烟叶款项或者开具收购烟叶凭证的当天。

2. 纳税地点

烟叶税由地方税务机关征收。纳税人收购烟叶，应当向烟叶收购地的主管税务机关申报纳税。按照《烟叶税暂行条例》的规定，烟叶收购地的主管税务机关是指烟叶收购地的县级地方税务局或者其所指定的税务分局。

3. 纳税期限

纳税人应当自纳税义务发生之日起 30 日内申报纳税。具体纳税期限由主管税务机关核定。

5-9　扫一扫
看课件

5-10　扫一扫
练一练

5-11　练一练
参考答案

本章小结

本章主要学习了城市维护建设税，车辆购置税，耕地占用税和烟叶税 4 种特定目的税类，主要从征税对象、纳税义务人、税率、应纳税额的计算、税收优惠和征收管理对其进行了讲解，其中应纳税额的计算是每个税种的重点。

本章重要概念

城市维护建设税　教育费附加和地方教育费附加　车辆购置税　耕地占用税　烟叶税

推荐阅读资料

[1] 中国注册会计师协会.税法[M].北京：经济科学出版社，2014.

[2] 应小陆，程振强.税法[M].北京：中国财政经济出版社，2013.

[3] 王振东，张红升，危磊.税法[M].北京：人民邮电出版社，2013.

[4] 陈宏.我国耕地占用税存在的问题及其完善[J].税务研究，2014(5).

第六章　资 源 税 类

内容简介

本章主要介绍了资源税类的四个税种资源税、土地增值税、城镇土地使用税、环境保护税的概念、开征背景、纳税人、征税对象、税率、应纳税额计算、税收优惠、征收管理等相关内容。本章重点为各个税种的征税对象的确定和应纳税额的计算;本章难点为土地增值税扣除项目的确定。

学习目的和要求

通过本章学习,学生应了解我国现行资源税制的构成,资源税类各税种的概念、发展历程、税收优惠和征收管理等内容。掌握资源税类各税种的构成要素,如纳税人、征税对象、税率等,能够正确计算各税种的计税依据和应纳税额。

思政育人　保护环境从我做起

从2018年1月1日起,国家开始征收“环境保护税”,对积极治理环境污染的企业实行税收优惠政策,对于不积极治理的企业提高税率。习近平总书记指出“绿水青山就是金山银山”,明确把生态环境保护摆在突出位置。

请同学们阐述国家开征环保税的意义?思考如何从“小我”做起,提高环保意识,坚持人与自然应该和谐共生,为建设美丽中国贡献自己的力量。

第一节　资 源 税 法

一、概述

(一) 资源税的概念和发展历程

资源税是对在我国境内从事应税矿产品开采和生产盐的单位和个人课征的一种税,属于对自然资源占用课税的范畴。

6-1　视频:资源税法自2020年9月1日起施行

6-2　《资源税法》新税法,带来新变化

我国于1984年开征资源税,设立资源税的初衷是为了调节开发自然资源的企业(单位)因资源结构和开发条件的差异而形成的级差收入,促进资源合理开发利用。最初,主要对开采天然气、石油、煤炭的企业开征，按照销售利润率超过12%的利润部分征税。

1993年12月25日，国务院发布了《中华人民共和国资源税暂行条例》，并于1994年1月正式实行。该条例调整扩大了资源税的征税范围，将资源税的征税范围扩至7个税目：原油、天然气、煤炭、其他非金属矿原矿、黑色金属矿原矿、有色金属矿原矿、盐，改变了资源税的计税依据，不再按超额利润征税，而是按矿产品销售量征税。

2010年5月20日，财政部公布了《新疆原油天然气资源税改革若干问题的规定》，新疆从2010年6月1日起对油气资源税实行从价计征，国家从2010年12月1日起将改革试点扩大至西部内蒙古、甘肃等12个省区；2011年10月10日，国务院公布了修改后的《中华人民共和国资源税暂行条例》，该条例从11月1日起全面施行，以资源税税额由从量计征改为从价计征为核心内容的资源税改革从试点向全国推开。

2014年10月9日，财政部，国家税务总局下发《关于实施煤炭资源税改革的通知》，决定自2014年12月1日起，在全国范围内实施煤炭资源税从价计征改革，同时清理相关收费基金，煤炭资源税税率幅度为2%～10%。

2015年5月1日起，对稀土、资源税由从量定额计征改为从价定率计征，2015年8月1日，煤炭资源税由从量定额计征改为从价定率计征。同时，清理了涉及煤炭、原油、天然气、稀土、钨、钼的相关收费基金。2016年7月1日，将21种资源品目和未列举名称的其他金属矿实行从价计征。在实施资源税从价计征改革的同时，将全部资源品目矿产资源补偿费费率降为零，停止征收价格调节基金，取缔地方针对矿产资源违规设立的各种收费基金项目。

2019年8月26日，经十三届全国人大常委会第十二次会议表决，资源税法正式通过，《中华人民共和国资源税法》已正式立法，于2020年9月1日起施行，全部按照新法调整，1993年12月25日国务院发布的《中华人民共和国资源税暂行条例》同时废止。具体而言，新资源税法带来的变化体现在三点：一是资源税法简并了征收期限。二是规范了税目税率，有利于简化纳税申报。三是强化了部门协同，有利于维护纳税人权益。而且在本次通过的资源税法当中，保留了与水资源税相关的内容，并作出完善，体现出与水资源税改革进程相衔接的特点。

（二）资源税的特点

1. 征税范围较窄

自然资源是生产资料或生活资料的天然来源，它包括的范围很广，如矿产资源、土地资源、水资源、动植物资源等。目前我国的资源税征税范围较窄，仅选择了部分级差收入差异较大，资源较为普遍，易于征收管理的矿产品和盐列为征税范围。随着我国经济的快速发展，对自然资源的合理利用和有效保护将越来越重要，因此，资源税的征税范围应逐步扩大。

2. 采用从量定额和从价定率的办法计征

目前我国资源税采用从量和从价相结合的方式计征，从量计征计算简便，适用于价格波动不大的矿产品，但会使得资源税税负与价格脱节，难以发挥促进资源节约和环境保护的作用。自2010年6月1日起，陆续对原油、天然气和煤炭采用从价定率的计征方式。从价计征意味着今后产品资源税征税将不仅和开采量挂钩，还和资源产品的价格挂钩，确保了资源的合理开发和节约使用，有利于经济结构调整，也有利于增加地方财政收入。

3. 实行一次课征制

资源税是对开采或生产应税资源进行销售或自用的单位和个人，在销售或移作自用时一次性征收，而对批发、零售已税资源产品的单位和个人不再征收。

4. 实行源泉课征

不论采掘或生产单位是否属于独立核算，资源税均规定在采掘或生产地源泉控制征收，这样征收资源税既照顾了采掘地的利益，又避免了税款的流失。

（三）资源税的作用

（1）调节资源级差收入，有利于企业在同一水平上竞争。我国的资源税属于比较典型的级差资源税，它根据应税产品的品种、质量、存在形式、开采方式以及企业所处地理位置和交通运输条件等客观因素的差异确定差别税率，从而使条件优越者税负较高；反之则税负较低。这种税率设计使资源税能够比较有效地调节由于自然资源条件差异等客观因素给企业带来的级差收入，减少或排除资源条件差异对企业盈利水平的影响。为企业之间开展平等竞争创造有利的外部条件。

（2）促进对自然资源的合理开发利用。通过对开发、利用应税资源的行为课征资源税，体现了国有自然资源有偿占用的原则，从而可以促使纳税人节约、合理地开发和利用自然资源，有利于我国经济可持续发展。

（3）为国家筹集财政资金。随着课征范围的逐渐扩展，资源税的收入规模及其在税收收入总额中所占的比重都相应增加，其财政意义也日渐明显，在为国家筹集财政资金方面发挥着不可忽视的作用。

二、纳税义务人、税目、税率

6-3 视频：资源税(1)

（一）纳税义务人

资源税的纳税义务人是指在中华人民共和国领域及管辖海域开采应税资源的矿产品或者生产盐的单位和个人。对进口应税资源的单位或个人不征资源税，相应对出口应税产品也不退（免）已纳资源税。

单位是指国有企业、集体企业、私营企业、股份制企业、其他企业和行政单位、事业单位、军事单位、社会团体及其他单位；个人是指个体经营者和其他个人；其他单位和其他个人包括外商投资企业、外国企业及外籍人员。

资源税的扣缴义务人是收购未税矿产品的单位。规定资源税的扣缴义务人，主要是针对零星、分散、不定期开采的情况，为了加强管理，避免漏税，本着源泉控制的原则，由扣缴义务人在收购矿产品时代扣代缴资源税。

收购未税矿产品的单位是指独立矿山、联合企业和其他单位。独立矿山是指只有采矿或只有采矿和选矿，独立核算、自负盈亏的单位，其生产的原矿和精矿主要用于对外销售。联合企业是指采矿、选矿、冶炼（或加工）连续生产的企业或采矿、冶炼（或加工）连续生产的企业，其采矿单位，一般是该企业的二级或二级以下核算单位。其他单位也包括收购未税矿产品的个体户在内。

（二）税目

根据《资源税法》规定，资源税税目涵盖了所有已经发现的矿种和盐，包括能源矿产、金属矿产、非金属矿产、水气矿产、盐5大类税目。各税目的征税对象包括原矿、选矿，具体按照《资源税税目税率表》相关规定执行。在5个税目下面又设有若干个子目，例如：

（1）能源矿产包含7类子目，分别是原油；天然气、页岩气、天然气水合物；煤炭；煤成（层）

气；铀、钍；油页岩、油砂、天然沥青、石煤；地热。其中，原油是指开采的天然原油，不包括人造石油、成品油；煤炭指原煤和以未税原煤加工的洗选煤。

(2) 金属矿产包含 2 类子目，分别是黑色金属和有色金属，铁、锰、铬、钒、钛等属于黑色金属；铜、铅、锌、金、银、稀土等属于有色金属。

(3) 非金属矿产包含 3 类子目，分别是矿物类、岩石类和宝玉石类。例如大理岩、花岗岩、火山渣、泥炭等；宝石、玉石、玛瑙、黄玉、碧玺等。

(4) 水气矿产包含 2 类子目，分别是二氧化碳气、硫化氢气等；矿泉水。

(5) 盐包含 3 类子目，分别是钠盐、钾盐、镁盐、锂盐；天然卤水；海盐。

纳税人开采或者生产应税产品，自用于连续生产应税产品的，不缴纳资源税；但是自用于其他方面的，如纳税人以应税产品用于非货币性资产交换、捐赠、偿债、赞助、集资、投资、广告、样品、职工福利、利润分配或者连续生产非应税产品等；视同销售，应当缴纳资源税。

自 2017 年 7 月 1 日起河北省，纳入水资源税改革试点，由征收水资源费改为征收水资源税。2017 年 12 月 1 日起，扩大到北京、天津、山西、内蒙古、河南、山东、四川、陕西、宁夏 9 个省区市。

(三) 税率

资源税的税率有比例税率和定额税率两种形式。对《资源税税目税率幅度表》中列举名称的 27 种资源品目和未列举名称的其他金属矿实行从价计征。对经营分散、多为现金交易且难以控管的黏土、砂石，按照便利征管原则，仍实行从量定额计征。对未列举名称的其他非金属矿产品，按照从价计征为主、从量计征为辅的原则，由省级人民政府确定计征方式。资源税的税目、征税对象、税率依照《资源税税目税率幅度表》(见表 6-1)及财政部有关规定执行。

6-4 水资源税改革试点实施办法

资源税税率的确定实施“级差调节”的原则。根据资源的贮存状况、开采条件、资源优劣、地理位置等客观存在的差别规定了幅度税额，通过实施差别税额标准进行调节。资源条件好的，税率、税额高一些；资源条件差的，税率、税额低一些。

表 6-1　　资源税税目税率表

税目			征税对象	税率
能源矿产	原油		原矿	6%
	天然气、页岩气、天然气水合物		原矿	6%
	煤		原矿或者选矿	2%～10%
	煤成(层)气		原矿	1%～2%
	铀、钍		原矿	4%
	油页岩、油砂、天然沥青、石煤		原矿或者选矿	1%～4%
	地热		原矿	1%～20%或者每立方米 1～30 元
金属矿产	黑色金属	铁、锰、铬、钒、钛	原矿或者选矿	1%～9%
	有色金属	铜、铅、锌、锡、镍、锑、镁、钴、铋、汞	原矿或者选矿	2%～10%
		铝土矿	原矿或者选矿	2%～9%
		钨	选矿	6.5%
		钼	选矿	8%
		金、银	原矿或者选矿	2%～6%

（续表）

税目			征税对象	税率
金属矿产	有色金属	铂、钯、钌、锇、铱、铑	原矿或者选矿	5%～10%
		轻稀土	选矿	7%～12%
		中重稀土	选矿	20%
		铍、锂、锆、锶、铷、铯、铌、钽、锗、镓、铟、铊、铪、铼、镉、硒、碲	原矿或者选矿	2%～10%
非金属矿产	矿物类	高岭土	原矿或者选矿	1%～6%
		石灰岩	原矿或者选矿	1%～6%或者每吨（或者每立方米）1～10元
		磷	原矿或者选矿	3%～8%
		石墨	原矿或者选矿	3%～12%
		萤石、硫铁矿、自然硫	原矿或者选矿	1%～8%
		天然石英砂、脉石英、粉石英、水晶、工业用金刚石冰洲石、蓝晶石、硅线石（砂线石）、长石、滑石、刚玉、菱镁矿、颜料矿物、天然碱、芒硝、钠硝石、明矾石、砷、硼、碘、溴、膨润土、硅藻土、陶瓷土、耐火粘土、铁矾土、凹凸棒石粘土、海泡石粘土、伊利石粘土、累托石粘土	原矿或者选矿	1%～12%
		叶蜡石、硅灰石、透辉石、珍珠岩、云母、沸石、重晶石、毒重石、方解石、蛭石、透闪石、工业用电气石、白垩、石棉、蓝石棉、红柱石、石榴子石、石膏	原矿或者选矿	2%～12%
		其他粘土（铸型用粘土、砖瓦用粘土、陶粒用粘土、水泥配料用粘土、水泥配料用红土、水泥配料用黄土、水泥配料用泥岩、保温材料用粘土）	原矿或者选矿	1%～5%或者每吨（或者每立方米）0.1～5元
	岩石类	大理岩、花岗岩、白云岩、石英岩、砂岩、辉绿岩、安山岩、闪长岩、板岩、玄武岩、片麻岩、角闪岩、页岩、浮石、凝灰岩、黑曜岩、霞石正长岩、蛇纹岩、麦饭石、泥灰岩、含钾岩石、含钾砂页岩、天然油石、橄榄岩、松脂岩、粗面岩、辉长岩、辉石岩、正长岩、火山灰、火山渣、泥炭	原矿或者选矿	1%～10%
		砂石	原矿或者选矿	1%～5%或者每吨（或者每立方米）0.1～5元
	宝玉石类	宝石、玉石、宝石级金刚石、玛瑙、黄玉、碧玺	原矿或者选矿	4%～20%
水气矿产	二氧化碳气、硫化氢气、氦气、氡气		原矿	2%～5%
	矿泉水		原矿	1%～20%或每立方米1～30元
盐	钠盐、钾盐、镁盐、锂盐		选矿	3%～15%
	天然卤水		原矿	3%～15%或者每吨（或者每立方米）1～10元
	海盐			2%～5%

对《资源税税目税率幅度表》中列举名称的资源品目，由省级人民政府在规定的税率幅度内提出具体适用税率建议，报财政部、国家税务总局确定核准。对未列举名称的其他金属

和非金属矿产品，由省级人民政府根据实际情况确定具体税目和适用税率，报财政部、国家税务总局备案。

这里需要说明的是，纳税人开采或者生产不同税目应税产品的，应当分别核算不同税目应税产品的销售额或者销售数量；未分别核算或者不能准确提供不同税目应税产品的销售额或者销售数量的，从高适用税率。

纳税人开采销售共伴生矿，共伴生矿与主矿产品销售额分开核算的，对共伴生矿暂不计征资源税；没有分开核算的，共伴生矿按主矿产品的税目和适用税率计征资源税。

纳税人开采未列举名称的其他非金属矿原矿和其他有色金属矿原矿，由省、自治区、直辖市人民政府决定征收或暂缓征收资源税，并报财政部和国家税务总局备案。

独立矿山、联合企业收购未税矿产品的单位，按照本单位应税产品税额、税率标准，依据收购的数量代扣代缴资源税。其他收购单位收购的未税矿产品，按税务机关核定的应税产品税额、税率标准，依据收购的数量代扣代缴资源税。

三、应纳税额的计算

资源税采取从价定率和从量定额两种方法计征，分别以应税产品的销售额乘以纳税人具体适用的比例税率或者以应税产品的销售数量乘以纳税人具体适用的定额税率计算。

6-5 视频：资源税(2)

(一) 从价定率

资源税采取从价定率方法计征的，以应税产品的销售额乘以纳税人具体适用的比例税率计算应纳税额，即：

应纳税额＝应税产品的销售额×比例税率

(1) 销售额。

销售额为纳税人销售应税产品向购买方收取的全部价款和价外费用，但不包括收取的增值税销项税额和运杂费用。

价外费用，包括价外向购买方收取的手续费、补贴、基金、集资费、返还利润、奖励费、违约金、滞纳金、延期付款利息、赔偿金、代收款项、代垫款项、包装费、包装物租金、储备费、优质费以及其他各种性质的价外收费。运杂费用是指应税产品从坑口或洗选(加工)地到车站、码头或购买方指定地点的运输费用、建设基金以及随运销产生的装卸、仓储、港杂费用。运杂费用应与销售额分别核算，凡未取得相应凭据或不能与销售额分别核算的，应当一并计征资源税。但不包括符合以下条件代为收取的政府性基金或者行政事业性收费：

第一，由国务院或者财政部批准设立的政府性基金，由国务院或者省级人民政府及其财政、价格主管部门批准设立的行政事业性收费。

第二，收取时开具省级以上财政部门印制的财政票据。

第三，所收款项全额上缴财政。

(2) 纳税人以人民币以外的货币结算销售额的，应当折合成人民币计算。其销售额的人民币折合率可以选择销售额发生的当天或者当月 1 日的人民币汇率中间价。纳税人应在事先确定采用何种折合率计算方法，确定后 1 年内不得变更。

【例 6-1】 某油田 2019 年 10 月共计开采原油 8 000 吨，当月销售原油 6 000 吨，取得销售收入（不含增值税）18 000 000 元，同时还向购买方收取违约金 23 400 元，优质费 5 850 元。已知销售原油的资源税税率为 5%，计算该油田 10 月应缴纳的资源税。

取得违约金和优质费属于价外费用，价外费用一般都是含税的，要换算成不含税的。

$$应缴纳的资源税=[18\ 000\ 000+(23\ 400+5\ 850)\div(1+13\%)]\times 5\%=901\ 294.25(元)$$

(3) 纳税人申报的应税产品销售额明显偏低并且无正当理由的、有视同销售应税产品行为而无销售额的，除财政部、国家税务总局另有规定外，按下列顺序确定销售额：

第一，按纳税人最近时期同类产品的平均销售价格确定。

第二，按其他纳税人最近时期同类产品的平均销售价格确定。

第三，按组成计税价格确定。组成计税价格为：

$$组成计税价格=成本\times(1+成本利润率)\div(1-税率)$$

公式中的成本是指应税产品的实际生产成本。公式中的成本利润率由省、自治区、直辖市税务机关确定。

(二) 从量定额

资源税采取从量定额方法计征的，以应税产品的销售数量乘以纳税人具体适用的定额税率计算应纳税额，即：

$$应纳税额=应税产品的销售数量\times定额税率$$

(1) 纳税人开采或者生产应税产品销售的，以实际销售数量为销售数量。

(2) 纳税人开采或者生产应税产品自用的，以移送时的自用数量为销售数量。自产自用包括生产自用和非生产自用；

(三) 扣缴资源税应纳税额的计算

$$代扣代缴应纳税额=收购未税矿产品的数量\times适用的单位税额$$

(四) 计税依据的特殊规定

(1) 纳税人外购应税产品与自采应税产品混合销售或者混合加工为应税产品销售的，在计算应税产品销售额或者销售数量时，准予扣减外购应税产品的购进金额或者购进数量；当期不足扣减的，可结转下期扣减。纳税人应当准确核算外购应税产品的购进金额或者购进数量，未准确核算的，一并计算缴纳资源税。

纳税人核算并扣减当期外购应税产品购进金额、购进数量，应当依据外购应税产品的增值税发票、海关进口增值税专用缴款书或者其他合法有效凭据。

(2) 纳税人以外购原矿与自采原矿混合为原矿销售，或者以外购选矿产品与自产选矿产品混合为选矿产品销售的，在计算应税产品销售额或者销售数量时，直接扣减外购原矿或者外购选矿产品的购进金额或者购进数量。

纳税人以外购原矿与自采原矿混合洗选加工为选矿产品销售的，在计算应税产品销售额或者销售数量时，按照下列方法进行扣减：

$$\frac{准予扣减的外购应税}{产品购进金额(数量)}=\frac{外购原矿购进}{金额(数量)}\times\left(\frac{本地区原矿}{适用税率}\div\frac{本地区选矿}{产品适用税率}\right)$$

不能按照上述方法计算扣减的，按照主管税务机关确定的其他合理方法进行扣减。

(3) 纳税人开采或者生产同一税目下适用不同税率应税产品的，应当分别核算不同税率应税产品的销售额或者销售数量；未分别核算或者不能准确提供不同税率应税产品的销售额或者销售数量的，从高适用税率。

(4) 纳税人以自采原矿(经过采矿过程采出后未进行选矿或者加工的矿石)直接销售，或者自用于应当缴纳资源税情形的，按照原矿计征资源税。

纳税人以自采原矿洗选加工为选矿产品(通过破碎、切割、洗选、筛分、磨矿、分级、提纯、脱水、干燥等过程形成的产品，包括富集的精矿和研磨成粉、粒级成型、切割成型的原矿加工品)销售，或者将选矿产品自用于应当缴纳资源税情形的，按照选矿产品计征资源税，在原矿移送环节不缴纳资源税。对于无法区分原生岩石矿种的粒级成型砂石颗粒，按照砂石税目征收资源税。

(5) 纳税人开采或者生产同一应税产品，其中既有享受减免税政策的，又有不享受减免税政策的，按照免税、减税项目的产量占比等方法分别核算确定免税、减税项目的销售额或者销售数量。

延伸阅读 6-1

纳税人开采或生产的应税产品自用应纳税额的计算

(1) 纳税人开采或者生产应税产品，自用于连续生产应税产品的不缴纳资源税。例如，纳税人开采的原煤，自用于连续生产洗选煤，移送使用的原煤不缴纳资源税。

(2) 纳税人开采或者生产应税产品，自用于其他方面或生产非应税产品，视同销售，缴纳资源税。例如，纳税人将开采的原油用于在建工程，视同销售，缴纳资源税；纳税人将开采的原煤用于职工宿舍供暖，用于赠送客户，视同销售，缴纳资源税。

相关衔接 6-1

资源税和增值税的关系

1. 征税范围

凡是缴纳资源税的产品都缴纳增值税。

2. 税率

(1) 缴纳资源税的原矿在征收增值税时除天然气用 9%税率之外，其他都适用 13%的基本税率。

(2) 资源产品加工后形成的产品。例如，居民用煤炭制品、食用盐，在计算增值税时也用 9%的低税率，但不再征收资源税。

3. 征税环节

(1) 资源税实行一次课征制，只在开采后出厂销售或移送自用环节纳税。

(2) 增值税多环节征税。

四、税收优惠

(一) 减税、免税项目

资源税贯彻普遍征收、级差调节的立法原则，因此规定的减免税项目比较少。

(1) 开采原油过程中用于加热、修井的原油免税。

(2) 煤炭开采企业因安全生产需要抽采的煤成(层)气。

(3) 对青藏铁路公司及其所属单位运营期间自采自用的砂、石等材料免征资源税。

(4) 纳税人开采或者生产应税产品过程中,因意外事故或者自然灾害等原因遭受重大损失的,由省、自治区、直辖市人民政府酌情决定减税或者免税。

(5) 对已经缴纳资源税的岩金矿原矿经选矿形成的尾矿进行再利用的,只要纳税人能够在统计、核算上清楚地反映,并在堆放等具体操作上能够同应税原矿明确区隔开、不再计征资源税。尾矿与原矿如不能划分清楚的,应按原矿计征资源税。

(6) 我国油气田稠油、高凝油和高含硫天然气资源税减征 40%;三次采油资源税减征 30%;低丰度油气田资源税暂减征 20%;深水油气田减征 30%;油田范围内运输稠油过程中用于加热的原油天然气免征资源税。纳税人开采的原油、天然气同时符合上述两项及两项以上减税规定的,只能选择其中一项执行,不能叠加适用。

(7) 对依法在建筑物下、铁路下、水体下通过充填开采方式采出的矿产资源,资源税减征 50%。充填开采是指随着回采工作面的推进,向采空区或离层带等空间充填废石、尾矿、废渣、建筑废料以及专用充填合格材料等采出矿产品的开采方法。

(8) 对实际开采年限在 15 年以上的衰竭期矿山开采的矿产资源,资源税减征 30%。衰竭期矿山是指剩余可采储量下降到原设计可采储量的 20%(含)以下或剩余服务年限不超过 5 年的矿山,以开采企业下属的单个矿山为单位确定。

(9) 国务院规定的其他减税、免税项目。

【例 6-2】 某油田原油价格每吨 6 000 元(不含增值税,下同),天然气每立方米 2 元。2018 年 12 月,该企业生产原油 25 万吨,当月销售 20 万吨,加热、修井用 2 万吨,将 3 万吨原油赠送给协作单位;开采天然气 700 万立方米,当月销售 600 万立方米,待售 100 万立方米,原油、天然气的税率均为 5%。该油田 2018 年 12 月应纳资源税多少万元?

(1) 开采原油过程中用于加热、修井的原油,免税。对外赠送的,视同销售,纳税。

(2) 开采的天然气尚未销售的暂不征税。

(3) 应纳税额=(20+3)×6 000×5%+600×2×5%=6 900+60=6 960(万元)。

五、征收管理

资源税在应税产品的销售或自用环节计算缴税。以自采原矿加工精矿产品的,在原矿移送使用时不缴纳资源税,在精矿销售或自用时缴纳资源税。

纳税人以自采原矿加工金锭的,在金锭销售或自用时缴纳资源税。纳税人销售自采原矿或者自采原矿加工的金精矿、粗金,在原矿或者金精矿、粗金销售时缴纳资源税,在移送使用时不缴纳资源税。

(一) 纳税义务发生时间

(1) 纳税人销售应税产品,其纳税义务发生时间为:①纳税人采取分期收款结算方式的,其纳税义务发生时间,为销售合同规定的收款日期的当天;②纳税人采取预收货款结算方式的,其纳税义务发生时间,为发出应税产品的当天;③纳税人采取其他结算方式的,其纳税义务发生时间,为收讫销售款或者取得索取销售款凭据的当天。

(2) 纳税人自产自用应税产品的纳税义务发生时间,为移送使用应税产品的当天。

(3) 扣缴义务人代扣代缴税款的纳税义务发生时间,为支付货款的当天。

(二) 纳税期限

(1) 纳税期限是纳税人发生纳税义务后缴纳税款的期限。资源税的纳税期限为1日、3日、5日、10日、15日或者1个月,纳税人的纳税期限由主管税务机关根据实际情况具体核定。不能按固定期限计算纳税的,可以按次计算纳税。

(2) 纳税人以1个月为1个纳税期的,自期满之日起5日内申报纳税;以1日、3日、5日、10日或者15日为1个纳税期的,自期满之日起5日内预缴税款,于次月1日起10日内申报纳税并结清上月税款。

(三) 纳税地点

(1) 凡是缴纳资源税的纳税人,都应当向应税产品的开采或者生产所在地主管税务机关缴纳税款。

(2) 如果纳税人在本省、自治区、直辖市范围内开采或者生产应税产品,其纳税地点需要调整的,由所在地省、自治区、直辖市税务机关决定。

(3) 纳税人跨省开采资源税应税产品,其下属生产单位与核算单位不在同一省自治区、直辖市的,对其开采的矿产品一律在开采地纳税。实行从量计征的应税产品,其应纳税款由独立核算的单位,按照每个开采地或者生产地的实际销售量(或者自用量)及适用的单位税额计算划拨;实行从价计征的应税产品,其应纳税款由独立核算的单位按照每个开采地或者生产地的销售量(或自用量)单位销售价格及适用税率计算划拨。

6-6　资源税纳税申报表

(4) 扣缴义务人代扣代缴的资源税,也应当向收购地主管税务机关缴纳。

第二节　土地增值税法

一、概述

(一) 土地增值税的概念

土地增值税是对有偿转让国有土地使用权及地上建筑物和其他附着物产权,取得增值收入的单位和个人征收的一种税。

6-7　视频:土地增值税的征税范围

改革开放前,我国土地管理制度一直采取行政划拨方式,不允许进行土地买卖,既没有地产交易行为,更不存在地产交易市场。实践证明,这种土地管理制度不利于提高土地资源的使用效益。改革开放后,对土地使用管理制度逐步实行了改革,打破了无偿使用,不准买卖的老规定,确立了有偿使用,允许转让使用权的政策和制度。新的土地使用政策和管理制度的实施,从根本上促进了我国房地产开发和房地产交易市场的发展。这对于合理配置土地资源,提高土地使用效益,增加政府财政收入,改善城市基础设施和人民生活居住条件,以及带动国民经济相关产业的发展,都产生了积极作用。

但是,由于相关土地管理制度的不完善,我国在房地产业发展中也出现了一些问题。特别是1992年及1993年上半年,我国部分地区出现了房地产开发过热,炒买炒卖房地产的投机盛行,房地产价格上涨过猛,投入房地产的资金规模过大,国家土地资源浪费较严重,国有土地资源收益流失过多,影响和危害了国民经济的健康协调发展。

为扭转这一局面,合理调配转让房地产的过高增值收益,维护国家权益,保护合法房地产开发企业的正当经营行为,国务院于 1993 年 12 月 13 日出台《中华人民共和国土地增值税暂行条例》(以下简称《土地增值税暂行条例》),并于 1994 年 1 月 1 日起开征土地增值税。

(二) 土地增值税的特点

1. 以转让房地产的增值额为计税依据

土地增值税的增值额是以征税对象的全部销售收入额扣除与其相关的成本、费用、税金及其他项目金额后的余额。

2. 征税面比较广

凡在我国境内转让房地产并取得收入的单位和个人,除税法规定免税的外,均应依照土地增值税条例规定缴纳土地增值税。换言之,凡发生应税行为的单位和个人,不论其经济性质,也不分内、外资企业或中、外籍人员,无论专营或兼营房地产业务,均应缴纳土地增值税。

3. 实行超率累进税率

土地增值税的税率是以转让房地产增值率的高低为依据确认,按照累进原则设计,实行分级计税,增值率高的,税率高,多纳税;增值率低的,税率低,少纳税。

4. 实行按次征收

土地增值税在房地产发生转让的环节,实行按次征收,每发生一次转让行为,就应根据每次取得的增值额征一次税。

二、纳税义务人与征税范围

(一) 纳税义务人

土地增值税的纳税义务人为转让国有土地使用权、地上的建筑及其附着物并取得收入的单位和个人。不论法人与自然人,即不论是企业、事业单位、国家机关、社会团体及其他组织,还是个人。不论经济性质,即不论是全民所有制企业、集体企业、私营企业、个体经营者,还是联营企业、合资企业、合作企业、外商独资企业等。不论内资与外资企业、中国公民与外籍个人。不论部门,即不论是工业、农业、商业、学校、医院、机关等,只要有偿转让房地产,都是土地增值税的纳税人。

(二) 征税范围

1. 基本征税范围

根据《土地增值税暂行条例》及其实施细则的规定,土地增值税的征税范围如下:

(1) 转让国有土地使用权。"国有土地"是指按国家法律规定属于国家所有的土地。

(2) 地上的建筑物及其附着物连同国有土地使用权一并转让。"地上的建筑物"是指建于土地上的一切建筑物,包括地上地下的各种附属设施。"附着物"是指附着于土地上的不能移动或一经移动即遭损坏的物品。纳税人取得国有土地使用权后进行房屋开发建造然后出售的,即为房地产的开发。纳税人在卖房的同时,土地使用权也随之发生转让,所以应纳入土地增值税的征税范围。

(3) 存量房地产的买卖。存量房地产是指已经建成并已投入使用的房地产,其房屋所有人将房屋产权和土地使用权一并转让给其他单位和个人。这种行为按照国家有关的房地产法律和法规，应当到有关部门办理房产产权和土地使用权的转移变更手续；原土地使用权属于无偿划拨的，还应到土地管理部门补交土地出让金。

2. 征税范围的界定

准确界定土地增值税的征税范围十分重要。在实际工作中，我们可以通过以下几条标准来判定：

(1) 土地使用权是否为国家所有，使用权是否发生转让是判定是否征收土地增值税的标准之一。这里有两层含义：

第一，国家所有的土地，其土地使用权在转让时，征收土地增值税。

根据《中华人民共和国土地管理法》的规定，城市的土地属于国家所有。农村和城市郊区的土地除由法律规定属于国家所有的以外，属于集体所有。而农村集体所有的土地，是不得自行转让的，只有根据有关法律规定，由国家征用以后变为国家所有时，才能进行转让。

第二，国有土地使用权转让，征收土地增值税。国有土地使用权出让，不征收土地增值税。

国有土地使用权出让是指国家以土地所有者的身份将土地使用权在一定年限内让与土地使用者，并由土地使用者向国家支付土地使用权出让金的行为，属于土地买卖的一级市场。土地使用权出让的出让方是国家，国家凭借土地的所有权向土地使用者收取土地的租金。出让的目的是实行国有土地的有偿使用制度，合理开发、利用、经营土地，因此，土地使用权的出让不属于土地增值税的征税范围。

国有土地使用权的转让是指土地使用者通过出让等形式取得土地使用权后，将土地使用权再转让的行为，包括出售、交换和赠与，它属于土地买卖的二级市场。土地使用权转让，属于土地增值税的征税范围。

(2) 房地产权属(指土地使用权和房屋产权)是否发生变更，是判定是否征收土地增值税的标准之二。

土地增值税的征税范围不包括未转让房地产权属的行为。例如，房地产的出租，没有发生房产产权、土地使用权的转让，因此不征收土地增值税。

(3) 转让房地产是否取得收入，是判定是否征收土地增值税的标准之三。

土地增值税的征税范围不包括房地产的权属虽转让，但未取得收入的行为。例如，房地产的继承，尽管房地产的权属发生了变更，但权属人并没有取得收入，因此不征收土地增值税。

需要强调的是，无论是单独转让国有土地使用权，还是房屋产权与国有土地使用权一并转让的，只要取得收入，均属于土地增值税的征税范围，应对之征收土地增值税。

3. 具体情况判定

(1) 房地产的继承。房地产的继承是指房产的原产权所有人、依法取得土地使用权的土地使用人死亡以后，由其继承人依法承受死者房产产权和土地使用权的民事法律行为。虽然发生了房地产的权属变更，但作为房产产权，土地使用权的原所有人并没有因为权属变更而取得任何收入。因此，房地产的继承不属于土地增值税的征税范围。

(2) 房地产的赠与。房地产的赠与是指房产所有人、土地使用权所有人将自己所拥有的房地产无偿地交给其他人的民事法律行为。但这里的“赠与”仅指以下情况：①房产所有人、土地使用权所有人将房屋产权、土地使用权赠与直系亲属或承担直接赡养义务人的；②房产所有人、土地使用权所有人通过中国境内非营利的社会团体、国家机关将房屋产权、土地使用权赠与教育、民政和其他社会福利、公益事业的。社会团体是指中国青少年发展基金会、希望工程基金会、宋庆龄基金会、减灾委以会、中国红十字会、中国残疾人联合会、全国老年基金会、老区促进会以及经民政部门批准成立的其他非营利性的公益性组织。

房地产的赠与虽发生了房地产的权属变更，但作为房产所有人、土地使用权的所有人并没有因为权属的转让而取得任何收入。因此，房地产的赠与不属于土地增值税的征税范围。

相关思考 6-1

将房地产赠与当红明星，土地增值税免交吗？

某房地产公司开发建造了 20 栋风格各异的豪华别墅。为广告促销，该公司将其中一栋价值 150 万元的苏格兰式别墅送给了当红的某影星。此后媒体对此事广为报道，其余的别墅很快销售一空。但申报纳税时，该公司以送影星的苏格兰别墅是无偿赠送行为，不属于土地增值税的征税范围为由，没有进行土地增值税的申报。税务机关则认定其赠送的别墅不纳土地增值税的行为是错误的。双方为此发生争议，起诉至法院。

你认为该项赠送行为是否应当缴纳土地增值税？

(3) 房地产的出租。房地产的出租是指房产的产权所有人、依法取得土地使用权的土地使用人，将房地产、土地使用权租赁给承租人使用，由承租人向出租人支付租金的行为。房地产的出租，出租人虽取得收入，但没有发生房产产权、土地使用权的转让。因此，不属于土地增值税征税范围。

(4) 房地产的抵押。房地产的抵押是指房地产的产权所有人、依法取得土地使用权的土地使用人作为债务人或第三人向债权人提供不动产作为清偿债务的担保而不转移权属的法律行为。在抵押期间房地产的产权并未发生转让，不征收土地增值税。待抵押期满后，视该房地产产权是否转让而确定是否征收土地增值税。

(5) 房地产的交换。这种情况是指一方以房地产与另一方的房地产进行交换的行为。由于这种行为既发生了房产产权、土地使用权的转移，交换双方又取得了实物形态的收入，按《土地增值税暂行条例》规定，它属于土地增值税的征税范围。但对个人之间互换自有居住用房地产的，经当地税务机关核实，可以免征土地增值税。

(6) 以房地产进行投资、联营。对于以房地产进行投资、联营的，投资、联营的一方以土地(房地产)作价入股进行投资或作为联营条件，将房地产转让到所投资、联营的企业中时，征收土地增值税。但投资方和接受方都是非房地产开发企业的，暂免征收土地增值税。

对投资、联营企业将上述房地产再转让的，应征收土地增值税。

(7) 合作建房。对于一方出地，一方出资金，双方合作建房，建成后按比例分房自用的，暂免征收土地增值税；建成后转让的，应征收土地增值税。

(8) 企业兼并转让房地产。

在企业兼并中，对被兼并企业将房地产转让到兼并企业中的，暂免征收土地增值税。

(9) 房地产的代建房行为。这种情况是指房地产开发公司代客户进行房地产的开发,开发完成后向客户收取代建收入的行为。对于房地产开发公司而言,虽然取得了收入,但没有发生房地产权属的转移,其收入属于劳务收入性质,故不属于土地增值税的征税范围。

(10) 房地产的重新评估。这主要是指国有企业在清产核资时对房地产进行重新评估而使其升值的情况。这种情况下,房地产虽然有增值,但其既没有发生房地产权属的转移,房产产权、土地使用权人也未取得收入,所以不属于土地增值税的征税范围。

对于房地产的征税范围,可归纳为应征、不征、免征三个方面。现将具体情况总结如表6-2所示。

表6-2　具体情况的判定

应征	不征	免征
① 出售国有土地使用权 ② 取得土地使用权后进行房屋开发建造然后出售的 ③ 存量房地产买卖 ④ 抵押期满以房地产抵债(发生权属转让) ⑤ 单位之间交换房地产(有实物形态收入) ⑥ 投出方或接受方属于房地产开发企业的房地产投资 ⑦ 投资联营后将投入的房地产再转让的 ⑧ 合作建房建成后转让的	① 房地产继承(无收入) ② 房地产有条件的赠与(无收入) ③ 房地产出租(权属未变) ④ 房地产抵押期内(权属未变) ⑤ 房地产的代建房行为(权属未变) ⑥ 房地产重新评估增值(无权属转移)	① 个人互换自有居住用房地产 ② 合作建房建成后按比例分房自用 ③ 与房地产商无关的投资联营,将房地产转让到投资企业 ④ 企业兼并,被兼并企业将房地产转让到兼并企业中

三、税率、应税收入与扣除项目

(一) 税率

土地增值税的税率以转让房地产增值率的高低为依据确认,采用四级超率累进税率,增值率高的,税率高,多纳税;增值率低的,税率低,少纳税。土地增值税四级超率累进税税率表如表6-3所示。

表6-3　土地增值税四级超率累进税税率表

级数	增值额与扣除项目金额的比率	税率	速算扣除系数
1	不超过50%(含)的部分	30%	0
2	超过50%至100%(含)的部分	40%	5
3	超过100%至200%(含)的部分	50%	15
4	超过200%的部分	60%	35

(二) 应税收入

根据《土地增值税暂行条例》及其《土地增值税暂行条例实施细则》的规定,纳税人转让房地产取得的应税收入,应包括转让房地产的全部价款及有关的经济收益。从收入的形式来看,包括货币收入、实物收入和其他收入。

1. 货币收入

货币收入是指纳税人转让房地产而取得的现金、银行存款、支票、银行本票、汇票等各种信用票据和国库券、金融债券、企业债券、股票等有价证券。这些类型的收入其实质都是转让方因转让土地使用权、房屋产权而向取得方收取的价款。货币收入一般比较容易确定。

2. 实物收入

实物收入是指纳税人转让房地产而取得的各种实物形态的收入，如钢材、水泥等建材，房屋、土地等不动产等。实物收入的价值不太容易确定，一般要对这些实物形态的财产进行估价。

3. 其他收入

其他收入是指纳税人转让房地产而取得的无形资产收入或具有财产价值的权利，如专利权、商标权、著作权、专有技术使用权、土地使用权、商誉权等。这种类型的收入比较少见，其价值需要进行专门的评估。

(三) 扣除项目的确定

土地增值税不是直接对纳税人转让房地产所取得的收入征税，而是对转让房地产获取的增值额征税。因此，要计算增值额，首先必须确定扣除项目。税法准予纳税人从转让收入额中减除的扣除项目包括如下几项。

1. 取得土地使用权所支付的金额

取得土地使用权所支付的金额包括两方面的内容：

(1) 纳税人为取得土地使用权所支付的地价款。如果是以协议、招标、拍卖等出让方式取得土地使用权的，地价款为纳税人所支付的土地出让金；如果是以行政划拨方式取得土地使用权的，地价款为按照国家有关规定补交的土地出让金；如果是以转让方式取得土地使用权的，地价款为向原土地使用权人实际支付的地价款。

(2) 纳税人在取得土地使用权时按国家统一规定缴纳的有关费用。它是指纳税人在取得土地使用权过程中为办理有关手续，按国家统一规定缴纳的有关登记、过户手续费。

2. 房地产开发成本

房地产开发成本是指纳税人房地产开发项目实际发生的成本，包括土地的征用及拆迁补偿费、前期工程费、建筑安装工程费、基础设施费、公共配套设施费、开发间接费用等。

(1) 土地征用及拆迁补偿费，包括土地征用费、耕地占用税、劳动力安置费及有关地上、地下附着物拆迁补偿的净支出、安置动迁用房支出等。

(2) 前期工程费，包括规划、设计、项目可行性研究和水文、地质、勘察、测绘、“三通一平”等支出。

(3) 建筑安装工程费，指以出包方式支付给承包单位的建筑安装工程费，以自营方式发生的建筑安装工程费。

(4) 基础设施费，包括开发小区内道路、供水、供电、供气、排污、排洪、通信、照明、环卫、绿化等工程发生的支出。

(5) 公共配套设施费，包括不能有偿转让的开发小区内公共配套设施发生的支出。

(6) 开发间接费用，是指直接组织、管理开发项目发生的费用，包括工资、职工福利费、折旧费、修理费、办公费、水电费、劳动保护费、周转房摊销等。

3. 房地产开发费用

房地产开发费用是指与房地产开发项目有关的销售费用、管理费用和财务费用。这三项期间费用，不按纳税人开发房地产项目的实际发生额进行扣除，而按《土地增值税暂行条例实施细则》的标准进行扣除。标准的选择取决于财务费用中利息支出的不同。

(1) 纳税人能按转让房地产项目计算分摊利息支出，并能提供金融机构的贷款证明的，其允许扣除的房地产开发费用＝利息＋(取得土地使用权所支付的金额＋房地产开发成本)×5%以内。

(2) 纳税人不能按转让房地产项目计算分摊利息支出或不能提供金融机构贷款证明的，其允许扣除的房地产开发费用为＝(取得土地使用权所支付的金额＋房地产开发成本)×10%以内。

全部使用自有资金，没有利息支出的，按照以上方法扣除。

需要注意的是，一是利息最高不能超过按商业银行同类同期贷款利率计算的金额，超过部分不允许扣除；对于超过贷款期限的利息部分和加罚的利息也不允许扣除。二是计算扣除的具体比例，由各省、自治区、直辖市人民政府规定。

4. 与转让房地产有关的税金

与转让房地产有关的税金是指在转让房地产时缴纳的城市维护建设税、印花税。因转让房地产缴纳的教育费附加、地方教育费附加也可视同税金予以扣除。

纳税人缴纳的印花税(按产权转移书据所载金额的0.5‰贴花)允许在此扣除。

5. 其他扣除项目

对从事房地产开发的纳税人可按取得土地使用权所支付的金额和房地产开发成本的金额之和，加计20%的扣除。在此，应特别指出的是：此条优惠只适用于从事房地产开发的纳税人，除此之外的其他纳税人不适用。这样的规定，目的是为了抑制炒买炒卖房地产的投机行为，保护正常开发投资者的积极性。

6. 旧房及建筑物的评估价格

纳税人转让旧房的，应按房屋及建筑物的评估价格、取得土地使用权所支付的地价款或出让金、按国家统一规定缴纳的有关费用和转让环节缴纳的税金作为扣除项目金额计征土地增值税。对取得土地使用权时未支付地价款或不能提供已支付的地价款凭据的，在计征土地增值税时不允许扣除。

旧房及建筑物的评估价格是指在转让已使用的房屋及建筑物时，由政府批准设立的房地产评估机构评定的重置成本价乘以成新度折扣率后的价格。评估价格须经当地税务机关确认。重置成本价的含义是：对旧房及建筑物，按转让时的建材价格及人工费用计算，建造同样面积、同样层次、同样结构、同样建设标准的新房及建筑物所需花费的成本费用。成新度折扣率的含义是：按旧房的新旧程度作一定比例的折扣。

【例6-3】 一栋房屋已使用近10年，建造时的造价为2 000万元，按转让时的建材及人工费用计算，建同样的新房需花费3 000万元，假定该房有六成新，计算该房的评估价格。

评估价格＝重置成本价×成新度折扣率
＝3 000×60%
＝1 800(万元)

凡不能取得评估价格，但能提供购房发票的，可按发票所载金额从购买年度起至转让年度止每年加计 5%计算旧房及建筑物的评估价格。“每年”按购房发票所载日期起至售房发票开具之日止，每满 12 个月计 1 年；超过 1 年，未满 12 个月但超过 6 个月的，可以视同为 1 年。

对纳税人购房时缴纳的契税，凡能提供契税完税凭证的，准予作为“与转让房地产有关的税金”予以扣除，但不作为加计 5%的基数。

对于转让旧房及建筑物，既没有评估价格，又不能提供购房发票的，地方税务机关可以实行核定征收。

需要注意的是，转让主体（房地产开发企业、非房地产开发企业）的不同、转让标的物（新建房、存量房、土地使用权）的不同，计算土地增值额时准予从转让收入中扣除的项目也不同。扣除项目的确定如表 6-4 所示。

表 6-4　　扣除项目的确定

转让主体	转让标的物	可扣除项目
房地产开发企业	新建房	1. 取得土地使用权所支付的金额 2. 房地产开发成本 3. 房地产开发费用 4. 与转让房地产有关的税金 ①印花税；②城市维护建设税；③教育费附加、地方教育费附加 5. 其他扣除项目（加计扣除）
非房地产开发企业	新建房	1. 取得土地使用权所支付的金额 2. 房地产开发成本 3. 房地产开发费用 4. 与转让房地产有关的税金 ①印花税；②城市维护建设税；③教育费附加、地方教育费附加
各类企业	存量房	1. 取得土地使用权所支付的金额 2. 转让环节缴纳的税金： ①印花税；②城市维护建设税；③教育费附加、地方教育费附加；④购房契税 3. 房屋及建筑物的评估价格
各类企业	单纯转让未经开发的土地	1. 取得土地使用权所支付的金额 2. 转让环节缴纳的税金： ①印花税；②城市维护建设税；③教育费附加、地方教育费附加

四、应纳税额的计算

（一）增值额的确定

增值额是纳税人转让房地产所取得的收入减除规定的扣除项目后的余额。增值额是土地增值税的计税依据。准确核算增值额，需要有准确的房地产转让收入额和扣除项目的金额。在实际房地产交易活动中，有些纳税人由于不能准确提供房地产转让价格或扣除项目金额，致使增值额不准确，直接影响应纳税额的计算和缴纳。因此，纳税人有下列情形之一的，按照房地产评估价格计算征收。

1. 隐瞒、虚报房地产成交价格的

隐瞒、虚报房地产成交价格，应由评估机构参照同类房地产的市场交易价格进行评估。

税务机关根据评估价格确定转让房地产的收入。

2. 提供扣除项目金额不实的

提供扣除项目金额不实的，应由评估机构按照房屋重置成本价乘以成新度折扣率计算的房屋成本价和取得土地使用权时的基准地价进行评估。税务机关根据评估价格确定扣除项目金额。

3. 转让房地产的成交价格低于房地产评估价格，又无正当理由的

转让房地产的成交价格低于房地产评估价格，又无正当理由的，由税务机关参照房地产评估价格确定转让房地产的收入。

(二) 应纳税额的计算

土地增值税按照纳税人转让房地产所取得的增值额和规定的税率计算征收。土地增值税的计算公式是：

$$\text{应纳税额}=\sum(\text{每级距的土地增值额}\times\text{适用税率})$$

但在实际工作中，分步计算比较繁琐，一般可以采用速算扣除法计算，即用增值额乘以适用的税率减去扣除项目金额乘以速算扣除系数，具体公式如下：

$$\text{应纳税额}=\text{增值额}\times\text{适用税率}-\text{扣除项目金额}\times\text{速算扣除系数}$$

在计算土地增值税时，可按如下步骤：

第一步，计算收入总额。

第二步，计算扣除项目金额。

第三步，计算增值额。

$$\text{增值额}=\text{收入总额}-\text{扣除项目金额}$$

第四步，计算增值率，确定税率和速算扣除系数。

$$\text{增值率}=\text{增值额}\div\text{扣除项目金额}\times 100\%$$

第五步，套用公式计算税额。

【例 6-4】 2015 年某房地产开发公司销售其新建商品房一幢，取得销售收入 14 000 万元，已知该公司支付与商品房相关的土地使用权费及开发成本合计为4 800万元；该公司没有按房地产项目计算分摊银行借款利息；该商品房所在地的省政府规定计征土地增值税时房地产开发费用扣除比例为最高比例；销售商品房缴纳的有关税金 770 万元。计算该公司销售该商品房应缴纳的土地增值税。

(1) 计算扣除金额＝4 800＋4 800×10%＋770＋4 800×20%＝7 010(万元)

(2) 计算土地增值税额＝14 000－7 010＝6 990(万元)

(3) 计算增值率＝6 990÷7 010×100%＝99.71%(适用税率为第二档，税率 40%、速算扣除系数 5%)

(4) 应纳土地增值税＝6 990×40%－7 010×5%＝2 445.5(万元)

五、房地产开发企业土地增值税清算

自 2007 年 2 月 1 日起，各省税务机关可按以下规定对房地产开发企业土地增值税进行

清算。各省税务机关可依据以下规定并结合当地实际情况制定具体清算管理办法。

(一) 土地增值税的清算单位

土地增值税以国家有关部门审批的房地产开发项目为单位进行清算，对于分期开发的项目，以分期项目为单位清算。

开发项目中同时包含普通住宅和非普通住宅的，应分别计算增值额。

(二) 土地增值税的清算条件

1. 符合下列情形之一的，纳税人应进行土地增值税的清算

(1) 房地产开发项目全部竣工、完成销售的。

(2) 整体转让未竣工决算房地产开发项目的。

(3) 直接转让土地使用权的。

2. 符合下列情形之一的，主管税务机关可要求纳税人进行土地增值税清算

(1) 已竣工验收的房地产开发项目，已转让的房地产建筑面积占整个项目可售建筑面积的比例在85%以上，或该比例虽未超过85%，但剩余的可售建筑面积已经出租或自用的。

(2) 取得销售(预售)许可证满3年仍未销售完毕的。

(3) 纳税人申请注销税务登记但未办理土地增值税清算手续的。

(4) 省税务机关规定的其他情况。

(三) 非直接销售和自用房地产的收入确定

(1) 房地产开发企业将开发产品用于职工福利、奖励、对外投资、分配给股东或投资人、抵偿债务、换取其他单位和个人的非货币性资产等，发生所有权转移时应视同销售房地产，其收入按下列方法和顺序确认：①按本企业在同一地区、同一年度销售的同类房地产的平均价格确定；②由主管税务机关参照当地当年、同类房地产的市场价格或评估价值确定。

(2) 房地产开发企业将开发的部分房地产转为企业自用或用于出租等商业用途时，如果产权未发生转移，不征收土地增值税，在税款清算时不列收入，不扣除相应的成本和费用。

(3) 土地增值税清算时，已全额开具商品房销售发票的，按照发票所载金额确认收入，未开具发票或未全额开具发票的，以交易双方签订的销售合同所载的售房金额及其他收益确认收入。销售合同所载商品房面积与有关部门实际测量面积不一致，在清算前已发生补、退房款的，应在计算土地增值税时予以调整。

(四) 土地增值税的扣除项目

(1) 房地产开发企业办理土地增值税清算时计算与清算项目有关的扣除项目金额，除另有规定外，须提供合法有效凭证；不能提供合法有效凭证的，不予扣除。

(2) 房地产开发企业办理土地增值税清算所附送的前期工程费、建筑安装工程费、基础设施费、开发间接费用的凭证或资料不符合清算要求或不实的，地方税务机关可参照当地建设工程造价管理部门公布的建安造价定额资料，结合房屋结构、用途、区位等因素，核定上述四项开发成本的单位面积金额标准，并据以计算扣除，具体核定方法由省税务机关确定。

(3) 房地产开发企业开发建造的与清算项目配套的居委会和派出所用房、会所、停车场(库)、物业管理场所、变电站、热力站、水厂、文体场馆、学校、幼儿园、托儿所、医院、邮电通信等公共设施，按以下原则处理：①建成后产权属于全体业主所有的，其成本、费用可以扣除；②建成后无偿移交给政府、公用事业单位用于非营利性社会公共事业的，其成本、费用可以

扣除;③建成后有偿转让的,应计算收入,并准予扣除成本、费用。

(4) 房地产开发企业销售已装修的房屋,其装修费用可以计入房地产开发成本。房地产开发企业的预提费用,除另有规定外,不得扣除。

(5) 属于多个房地产项目共同的成本费用,应按清算项目可售建筑面积占多个项目可售总建筑面积的比例或其他合理的方法,计算确定清算项目的扣除金额。

(6) 房地产开发企业在工程竣工验收后,根据合同约定,扣留建筑安装施工企业一定比例的工程款,作为开发项目的质量保证金,在计算土地增值税时,建筑安装施工企业就质量保证金对房地产开发企业开具发票的,按发票所载金额予以扣除;未开具发票的,扣留的质保金不得计算扣除。

(7) 房地产开发企业逾期开发缴纳的土地闲置费不得扣除。

(8) 房地产开发企业为取得土地使用权所支付的契税,应视同"按国家统一规定缴纳的有关费用",计入"取得土地使用权所支付的金额"中扣除。

(9) 拆迁安置费的扣除,按以下规定处理:

第一,房地产企业用建造的该项目房地产安置回迁户的,安置用房视同销售处理,按非直接销售确认收入,同时将此确认为房地产开发项目的拆迁补偿费。房地产开发企业支付给回迁户的补差价款,计入拆迁补偿费;回迁户支付给房地产开发企业的补差价款,应抵减本项目拆迁补偿费。

第二,开发企业采取异地安置,异地安置的房屋属于自行开发建造的,房屋价值计入本项目的拆迁补偿费;异地安置的房屋属于购入的,以实际支付的购房支出计入拆迁补偿费。

第三,货币安置拆迁的,房地产开发企业凭合法有效凭据计入拆迁补偿费。

(五) 土地增值税清算应报送的资料

符合土地增值税清算条件的纳税人,须在满足清算条件之日起 90 日内到主管税务机关办理清算手续,并应报送以下资料:

(1) 房地产开发企业清算土地增值税书面申请、土地增值税纳税申报表。

(2) 项目竣工决算报表、取得土地使用权所支付的地价款凭证、国有土地使用权出让合同、银行贷款利息结算通知单、项目工程合同结算单、商品房购销合同统计表等与转让房地产的收入、成本和费用有关的证明资料。

(3) 主管税务机关要求报送的其他与土地增值税清算有关的证明资料等。

纳税人委托税务中介机构审核鉴证的清算项目,还应报送中介机构出具的《土地增值税清算税款鉴证报告》。

(六) 土地增值税的核定征收

房地产开发企业有下列情形之一的,税务机关可以参照与其开发规模和收入水平相近的当地企业的土地增值税税负情况,按不低于预征率的征收率核定征收土地增值税:

(1) 依照法律、行政法规的规定应当设置但未设置账簿的。

(2) 擅自销毁账簿或者拒不提供纳税资料的。

(3) 虽设置账簿,但账目混乱或者成本资料、收入凭证、费用凭证残缺不全,难以确定转让收入或扣除项目金额的。

(4) 符合土地增值税清算条件,未按照规定的期限办理清算手续,经税务机关责令限期清算，逾期仍不清算的。

（5）申报的计税依据明显偏低，又无正当理由的。

（七）清算后再转让房地产的处理

在土地增值税清算时未转让的房地产，清算后销售或有偿转让的，纳税人应按规定进行土地增值税的纳税申报，扣除项目金额按清算时的单位建筑面积成本费用乘以销售或转让面积计算：

单位建筑面积成本费用＝清算时的扣除项目总金额÷清算的总建筑面积

（八）土地增值税清算后应补缴的土地增值税加收滞纳金

纳税人按规定预缴土地增值税后，清算补缴的土地增值税，在主管税务机关规定的期限内补缴的，不加收滞纳金。

六、税收优惠与征收管理

（一）税收优惠

1. 建造普通标准住宅的税收优惠

纳税人建造普通标准住宅出售，增值额未超过扣除项目金额 20%的，免征土地增值税。增值额超过扣除项目金额 20%的，应就其全部增值额按规定计税。

6-8 "营改增"后房地产企业开发建造阶段的税收筹划思路

普通标准住宅应同时满足：住宅小区建筑容积率在 1.0 以上；单套建筑面积在 120 平方米以下；实际成交价格低于同级别土地上住房平均交易价格 1.2 倍以下。

对于纳税人既建造普通标准住宅，又建造其他房地产开发的，应分别核算增值额。不分别核算增值额或不能准确核算增值额的，其建造的普通标准住宅不能适用这一免税规定。

2. 国家征用收回的房地产的税收优惠

因国家建设需要依法征用、收回的房地产，免征土地增值税。

这里所说的"因国家建设需要依法征用、收回的房地产"，是指因城市实施规划、国家建设的需要而被政府批准征用的房产或收回的土地使用权。

3. 因城市实施规划、国家建设需要而搬迁由纳税人自行转让原房地产的税收优惠

因城市实施规划、国家建设的需要而搬迁，由纳税人自行转让原房地产的，免征土地增值税。

因"城市实施规划"而搬迁，是指因旧城改造或因企业污染、扰民（指产生过量废气、废水、废渣和噪音，使城市居民生活受到一定危害），而由政府或政府有关主管部门根据已审批通过的城市规划确定进行搬迁的情况。因"国家建设的需要"而搬迁，是指因实施国务院、省级人民政府、国务院有关部委批准的建设项目而进行搬迁的情况。

（二）征收管理

1. 纳税期限

土地增值税的纳税人应在转让房地产合同签订后的 7 日内，到房地产所在地主管税务机关办理纳税申报，并向税务机关提交房屋及建筑物产权、土地使用权证书，土地转让、房产

买卖合同，房地产评估报告及其他与转让房地产有关的资料。纳税人因经常发生房地产转让而难以在每次转让后申报的，经税务机关审核同意后，可以定期进行纳税申报，具体期限由税务机关根据情况确定。

2. 纳税地点

土地增值税的纳税人应向房地产所在地主管税务机关办理纳税申报，并在税务机关核定的期限内缴纳土地增值税。

这里所说的"房地产所在地"，是指房地产的坐落地。纳税人转让的房地产坐落在两个或两个以上地区的，应按房地产所在地分别申报纳税。

6-9 土地增值税纳税申报表

第三节 城镇土地使用税法

一、概述

城镇土地使用税是以国有土地为征税对象，对拥有土地使用权的单位和个人征收的一种税。现行城镇土地使用税法的基本规范，是 2006 年 12 月 31 日国务院修改并颁布的《中华人民共和国城镇土地使用税暂行条例》(以下简称《城镇土地使用税暂行条例》)。

开征城镇土地使用税有利于通过经济手段加强对土地的管理，变土地的无偿使用为有偿使用，促进企业合理配置土地和节约使用土地，提高土地使用效率；有利于调节不同地区因土地资源的差异而形成的级差收入，不仅有利于理顺国家和土地使用者的分配关系，而且为企业公平竞争创造了条件；有利于筹集地方财政资金，城镇土地使用税是地方税，它的税收收入归地方政府支配，是地方财政收入的一项稳定来源。

二、纳税义务人与征税范围

(一) 纳税义务人

城镇土地使用税的纳税人是在城市、县城、建制镇、工矿区范围内使用土地的单位和个人。

所称单位，包括国有企业、集体企业、私营企业、股份制企业、外商投资企业、外国企业以及其他企业和事业单位、社会团体、国家机关、军队以及其他单位；所称个人，包括个体工商户以及其他个人。

城镇土地使用税的纳税人通常包括以下几类：

(1) 拥有土地使用权的单位和个人。

(2) 拥有土地使用权的单位和个人不在土地所在地的，其土地的实际使用人和代管人为纳税人。

(3) 土地使用权未确定或权属纠纷未解决的，其实际使用人为纳税人。

(4) 土地使用权共有的，共有各方都是纳税人，由共有各方分别纳税。

(二) 征税范围

城镇土地使用税的征税范围，包括在城市、县城、建制镇和工矿区内的国家所有和集体所有的土地，不包括农村集体所有的土地。

上述城市、县城、建制镇和工矿区分别按以下标准确认：

(1) 城市是指经国务院批准设立的市。

(2) 县城是指县人民政府所在地。

(3) 建制镇是指经省、自治区、直辖市人民政府批准设立的建制镇。

(4) 工矿区是指工商业比较发达，人口比较集中，符合国务院规定的建制镇标准，但尚未设立建制镇的大中型工矿企业所在地，工矿区须经省、自治区、直辖市人民政府批准。

上述城镇土地使用税的征税范围中，城市的土地包括市区和郊区的土地，县城的土地是指县人民政府所在地的城镇的土地，建制镇的土地是指镇人民政府所在地的土地。

建立在城市、县城、建制镇和工矿区以外的工矿企业不需缴纳城镇土地使用税。

另外，自 2009 年 1 月 1 日起，公园、名胜古迹内的索道公司经营用地，应按规定缴纳城镇土地使用税。

三、税率、计税依据和应纳税额的计算

(一) 税率

城镇土地使用税采用定额税率，即采用有幅度的差别税额，按大、中、小城市和县城、建制镇、工矿区分别规定每平方米城镇土地使用税年应纳税额。具体标准如下：

(1) 大城市 1.5～30 元。

(2) 中等城市 1.2～24 元。

(3) 小城市 0.9～18 元。

(4) 县城、建制镇、工矿区 0.6～12 元。

大、中、小城市以公安部门登记在册的非农业正式户口人数为依据，按照国务院颁布的《城市规划条例》中规定的标准划分。人口在 50 万以上者为大城市；人口在 20 万至 50 万之间者为中等城市；人口在 20 万以下者为小城市。

各省、自治区、直辖市人民政府可根据市政建设情况和经济繁荣程度在规定税额幅度内，确定所辖地区的适用税额幅度。经济落后地区，土地使用税的适用税额标准可适当降低，但降低额不得超过上述规定最低税额的 30%。经济发达地区的适用税额标准可以适当提高，但须报财政部批准。

土地使用税规定幅度税额主要考虑到我国各地区存在着悬殊的土地级差收益，同一地区内不同地段的市政建设情况和经济繁荣程度也有较大的差别。把土地使用税税额定为幅度税额，拉开档次，而且每个幅度税额的差距规定为 20 倍。这样，各地政府在划分本辖区不同地段的等级，确定适用税额时，有选择余地，便于具体操作。幅度税额还可以调节不同地区、不同地段之间的土地级差收益，尽可能地平衡税负。

(二) 计税依据

城镇土地使用税以纳税人实际占用的土地面积为计税依据，土地面积计量标准为每平方米。即税务机关根据纳税人实际占用的土地面积，按照规定的税额计算应纳税额，向纳税人征收土地使用税。

纳税人实际占用的土地面积按下列办法确定：

（1）由省、自治区、直辖市人民政府确定的单位组织测定土地面积的，以测定的面积为准。

（2）尚未组织测量，但纳税人持有政府部门核发的土地使用证书的，以证书确认的土地面积为准。

（3）尚未核发土地使用证书的，应由纳税人申报土地面积，据以纳税，待核发土地使用证以后再作调整。

（三）应纳税额的计算方法

城镇土地使用税的应纳税额可以通过纳税人实际占用的土地面积乘以该土地所在地段的适用税额求得。其计算公式为：

应纳税额（年）＝应税土地的实际占用面积（平方米）×适用税额

【例 6-5】 设在某城市的一家企业使用土地面积为 20 000 平方米，经税务机关核定，该土地为应税土地，每平方米年税额为 4 元。请计算其全年应纳的土地使用税税额。

年应纳土地使用税税额＝20 000×4＝80 000（元）

四、税收优惠

（一）法定免缴土地使用税的优惠

（1）国家机关、人民团体、军队自用的土地。这部分土地是指这些单位本身的办公用地和公务用地，如国家机关、人民团体的办公楼用地，军队的训练场用地等。

（2）由国家财政部门拨付事业经费的单位自用的土地。这部分土地是指这些单位本身的业务用地，如学校的教学楼、操场、食堂等占用的土地。

（3）宗教寺庙、公园、名胜古迹自用的土地。宗教寺庙自用的土地是指举行宗教仪式等的用地和寺庙内的宗教人员生活用地。公园、名胜古迹自用的土地是指供公共参观游览的用地及其管理单位的办公用地。

以上单位的生产、经营用地和其他用地，不属于免税范围，应按规定缴纳土地使用税，如公园、名胜古迹中附设的营业单位如影剧院、饮食部、茶社、照相馆等使用的土地。

（4）市政街道、广场、绿化地带等公共用地。

（5）直接用于农、林、牧、渔业的生产用地。这部分土地是指直接从事于种植养殖、饲养的专业用地，不包括农副产品加工场地和生活办公用地。

（6）经批准开山填海整治的土地和改造的废弃土地，从使用的月份起免缴土地使用税 5～10 年。

（7）对非营利性医疗机构、疾病控制机构和妇幼保健机构等卫生机构自用的土地，免征城镇土地使用税。

（8）企业办的学校、医院、托儿所、幼儿园，其用地能与企业其他用地明确区分的，免征城镇土地使用税。

（9）免税单位无偿使用纳税单位的土地（如公安、海关等单位使用铁路、民航等单位的土地），免征城镇土地使用税。纳税单位无偿使用免税单位的土地，纳税单位应照章缴纳城镇土地使用税。纳税单位与免税单位共同使用、共有使用权土地上的多层建筑，对纳税单位可按其占用的建筑面积占建筑总面积的比例计征城镇土地使用税。

(10) 对行使国家行政管理职能的中国人民银行总行(含国家外汇管理局)所属分支机构自用的土地,免征城镇土地使用税。

(11) 为了体现国家的产业政策,支持重点产业的发展,对一些特殊用地划分了征免税界限和给予政策性减免税照顾。具体规定如下:

第一,对企业厂区以外的公共绿化用地和向社会开放的公园用地,暂免征收城镇土地使用税。

第二,对机场飞行区(包括跑道、滑行道、停机坪、安全带、夜航灯光区)用地,场内外通讯导航设施用地和飞行区四周排水防洪设施用地,免征城镇土地使用税。机场道路,区分为场内、场外道路,场内道路用地免征城镇土地使用税。

机场工作区(包括办公、生产和维修用地及候机楼停车场)用地、生活区用地、绿化用地均征收土地使用税。

第三,自 2007 年 1 月 1 日起,在城镇土地使用税征收范围内经营采摘、观光农业的单位和个人,其直接用于采摘、观光的种植、养殖、饲养的土地,免征城镇土地使用税。

(二) 省、自治区、直辖市地方税务局确定减免土地使用税的优惠

(1) 个人所有的居住房屋及院落用地。

(2) 房产管理部门在房租调整改革前经租的居民住房用地。

(3) 免税单位职工家属的宿舍用地。

(4) 集体和个人办的各类学校、医院、托儿所、幼儿园用地。

(5) 向居民供热并向居民收取采暖费的供热企业暂免征收城镇土地使用税。"供热企业"包括专业供热企业、兼营供热企业、单位自供热及为小区居民供热的物业公司等,不包括从事热力生产但不直接向居民供热的企业。

对于免征城镇土地使用税的"生产占地",是指上述企业为居民供热所使用的土地。对既向居民供热,又向非居民供热的企业,可按向居民供热收取的收入占其总供热收入的比例划分征免税界限;对于兼营供热的企业,可按向居民供热收取的收入占其生产经营总收入的比例划分征免税界限。

(6) 对在一个纳税年度内月平均实际安置残疾人就业人数占单位在职职工总数的比例高于 25%(含 25%)且实际安置残疾人人数高于 10 人(含 10 人)的单位,可减征或免征该年度城镇土地使用税。具体减免税比例及管理办法由省、自治区、直辖市财税主管部门确定。

五、征收管理

(一) 纳税期限

城镇土地使用税实行按年计算、分期缴纳的征收方法,具体纳税期限由省、自治区、直辖市人民政府确定。

(二) 纳税义务发生时间

(1) 纳税人购置新建商品房,自房屋交付使用之次月起,缴纳城镇土地使用税。

(2) 纳税人购置存量房,自办理房屋权属转移、变更登记手续,房地产权属登记机关签发房屋权属证书之次月起,缴纳城镇土地使用税。

(3) 纳税人出租、出借房产,自交付出租、出借房产之次月起,缴纳城镇土地使用税。

(4) 以出让或转让方式有偿取得土地使用权的,应由受让方从合同约定交付土地时间的次月起缴纳城镇土地使用税;合同未约定交付时间的,由受让方从合同签订的次月起缴纳城镇土地使用税。

(5) 纳税人新征用的耕地,自批准征用之日起满 1 年时开始缴纳土地使用税。

(6) 纳税人新征用的非耕地,自批准征用次月起缴纳土地使用税。

(7) 自 2009 年 1 月 1 日起,纳税人因土地的权利发生变化而依法终止城镇土地使用税纳税义务的,其应纳税款的计算应截至土地权利发生变化的当月末。

(三) 纳税地点和征收机构

(1) 城镇土地使用税在土地所在地缴纳。

(2) 纳税人使用的土地不属于同一省、自治区、直辖市管辖的,由纳税人分别向土地所在地的税务机关缴纳土地使用税;在同一省、自治区、直辖市管辖范围内,纳税人跨地区使用的土地,其纳税地点由各省、自治区、直辖市地方税务局确定。

(3) 土地使用税由土地所在地的地方税务机关征收,其收入纳入地方财政预算管理。土地使用税征收工作涉及面广,政策性较强,在税务机关负责征收的同时,还必须注意加强同国土管理、测绘等有关部门的联系,及时取得土地的权属资料,沟通情况,共同协作把征收管理工作做好。

第四节 环境保护税法

环境保护税是为了保护和改善环境,减少污染物排放,推进生态文明建设而征收的一种税。环境保护税的法律规范是于 2016 年 12 月 25 日第十二届全国人民代表大会常务委员会第二十五次会议通过的《中华人民共和国环境保护税法》(简称《环境保护税法》)。

6-10 解读环保税,看看专家怎么说

一、纳税义务人

环境保护税的纳税人为在中华人民共和国领域和中华人民共和国管辖的其他海城。直接向环境排放应税污染物的企业事业单位和其他生产经营者。按照规定征收环境保护税,不再征收排污费。

二、征税范围

环境保护税的征税范围是《环境保护税法》所附《环境保护税税目税额表》《应税污染物和当量值表》规定的大气污染物、水污染物、固体废物和噪声等应税污染物。

有下列情形之一的,不属于直接向环境排放污染物,不缴纳相应污染物的环境保护税:

(1) 企业事业单位和其他生产经营者向依法设立的污水集中处理、生活垃圾集中处理场所排放应税污染物的。

(2) 企业事业单位和其他生产经营者在符合国家和地方环境保护标准的设施、场所储存或者处置固体废物的。

依法设立的城乡污水集中处理、生活垃圾集中处理场所超过国家和地方规定的排放标准向环境排放应税污染物的，应当缴纳环境保护税。

企业事业单位和其他生产经营者储存或者处置固体废物不符合国家和地方环境保护标准的，应当缴纳环境保护税。

三、税率

环境保护税实行定额税率。税目、税额依照《环境保护税税目税额表》(见表 6-5)执行。

表 6-5　　环境保护税税目税额表

<table>
<tr><th colspan="2">税目</th><th>计税单位</th><th>税额</th><th>备注</th></tr>
<tr><td colspan="2">大气污染物</td><td>每污染当量</td><td>1.2～12 元</td><td></td></tr>
<tr><td colspan="2">水污染物</td><td>每污染当量</td><td>1.4～14 元</td><td></td></tr>
<tr><td rowspan="4">固体废物</td><td>煤矸石</td><td>每吨</td><td>5 元</td><td></td></tr>
<tr><td>尾矿</td><td>每吨</td><td>15 元</td><td></td></tr>
<tr><td>危险废物</td><td>每吨</td><td>1 000 元</td><td></td></tr>
<tr><td>冶炼渣、粉煤灰、炉渣、其他固体废物(含半固态、液态废物)</td><td>每吨</td><td>25 元</td><td></td></tr>
<tr><td rowspan="6">噪声</td><td rowspan="6">工业噪声</td><td>超标 1～3 分贝</td><td>每月 350 元</td><td rowspan="6">1. 一个单位边界上有多处噪声超标，根据最高一处超标声级计算应纳税额；当沿边界长度超过 100 米有两个以上噪声超标，按照两个单位计算应纳税额。
2. 一个单位有不同地点作业场所的，应当分别计算应纳税额，合并计征。
3. 昼、夜均超标的环境噪声，昼、夜分别计算应纳税额，累计计征。
4. 声源一个月内超标不足 15 天的，减半计算应纳税额。
5. 夜间频繁突发和夜间偶然突发厂界超标噪声，按等效声级和峰值噪声两种指标中超标分贝值高的一项计算应纳税额</td></tr>
<tr><td>超标 4～6 分贝</td><td>每月 700 元</td></tr>
<tr><td>超标 7～9 分贝</td><td>每月 1 400 元</td></tr>
<tr><td>超标 10～12 分贝</td><td>每月 2 800 元</td></tr>
<tr><td>超标 13～15 分贝</td><td>每月 5 600 元</td></tr>
<tr><td>超标 16 分贝以上</td><td>每月 11 200 元</td></tr>
</table>

应税大气污染物和水污染物的具体适用税额的确定和调整，由省、自治区、直辖市人民政府统筹考虑本地区环境承载能力、污染物排放现状和经济社会生态发展目标要求，在《环境保护税税目税额表》规定的税额幅度内提出，报同级人民代表大会常务委员会决定，并报全国人民代表大会常务委员会和国务院备案。

四、计税依据

应税污染物的计税依据，按照下列方法确定：

(1) 应税大气污染物按照污染物排放量折合的污染当量数确定。

(2) 应税水污染物按照污染物排放量折合的污染当量数确定。

（3）应税固体废物按照固体废物的排放量确定。

（4）应税噪声按照超过国家规定标准的分贝数确定。

五、应纳税额的计算

环境保护税应纳税额按照下列方法计算：

（1）应税大气污染物的应纳税额＝污染当量数×具体适用税额。

（2）应税水污染物的应纳税额＝污染当量数×具体适用税额。

（3）应税固体废物的应纳税额＝固体废物排放量×具体适用税额。

（4）应税噪声的应纳税额＝超过国家规定标准的分贝数对应的具体适用税额。

应税大气污染物、水污染物、固体废物的排放量和噪声的分贝数，按照下列方法和顺序计算：

（1）纳税人安装使用符合国家规定和监测规范的污染物自动监测设备的，按照污染物自动监测数据计算。

（2）纳税人未安装使用污染物自动监测设备的，按照监测机构出具的符合国家有关规定和监测规范的监测数据计算。

（3）因排放污染物种类多等原因不具备监测条件的，按照国务院环境保护主管部门规定的排污系数、物料和衡算方法计算。

（4）不能按上述第1项至第3项规定的方法计算的，按照省、自治区、直辖市人民政府环境保护主管部门规定的抽样测算的方法核定计算。

【例6-6】 甲企业生产150吨炉渣，30吨在符合国家和地方环境保护标准的设施中贮存，100吨综合利用且符合国家和地方环境保护标准，其余倒置弃于空地。已知炉渣适用的环境保护税税额为25元/吨。计算甲企业的环境保护税。

$$\text{应纳税额} = (150 - 100 - 30) \times 25 = 500(\text{元})$$

六、环境保护税税收优惠

下列情形，暂予免征环境保护税：

（1）农业生产（不包括规模化养殖）排放应税污染物的。

（2）机动车、铁路机车、非道路移动机械、船舶和航空器等流动污染源排放应税污染物的。

（3）依法设立的城乡污水集中处理、生活垃圾集中处理场所排放相应应税污染物，不超过国家和地方规定的排放标准的。

（4）纳税人综合利用的固体废物，符合国家和地方环境保护标准的。

（5）国务院批准免税的其他情形。

纳税人排放应税大气污染物或者水污染物的浓度值低于国家和地方规定的污染物排放标准30％的，减按75％征收环境保护税。纳税人排放应税大气污染物或者水污染物的浓度值低于国家和地方规定的污染物排放标准50％的，减按50％征收环境保护税。

七、环境保护税征收管理

（1）环境保护税由税务机关依照《中华人民共和国税收征收管理法》和《环境保护税法》

的有关规定征收管理。

环境保护主管部门应当将排污单位的排污许可、污染物排放数据、环境违法和受行政处罚情况等环境保护相关信息，定期交送税务机关。税务机关应当将纳税人的纳税申报、税款入库、减免税额、欠缴税款以及风险疑点等环境保护税涉税信息，定期交送环境保护主管部门。

6-11 一张图告诉你环保税征管规定

（2）纳税义务发生时间为纳税人排放应税污染物的当日。纳税人应当向应税污染物排放地的税务机关申报缴纳环境保护税。

（3）环境保护税按月计算，按季申报缴纳。不能按固定期限计算缴纳的，可以按次申报缴纳。

纳税人按季申报缴纳的，应当自季度终了之日起 15 日内，向税务机关办理纳税申报并缴纳税款。纳税人按次申报缴纳的，应当自纳税义务发生之日起 15 日内，向税务机关办理纳税申报并缴纳税款。

6-12 扫一扫看课件

6-13 扫一扫练一练

6-14 练一练参考答案

本章小结

本章主要讲解了资源税、土地增值税、城镇土地使用税 3 个税种的税制要素，通过讲授要求学生了解各个税种的开征目的、税收优惠、征收管理等内容，掌握各个税种的纳税人、征税对象、应纳税额的计算。

本章重要概念

资源税　土地增值税　城镇土地使用税　评估价值　土地使用权转让

推荐阅读资料

[1] 王振东，张红升，危磊.税法[M].北京：人民邮电出版社，2013.
[2] 李晓红.税法[M].北京：清华大学出版社，2009.
[3] 蔡少优.土地增值税清算实务操作指南[M].北京：中国税务出版社，2012.
[4] 刘玉章.土地增值税清算大成[M].北京：机械工业出版社，2014.

第七章 财产行为税类

- 内容简介
- 学习目的和要求
- 引例
- 第一节 房产税法
- 第二节 车船税法
- 第三节 印花税法
- 第四节 契税法
- 本章小结
- 本章重要概念
- 推荐阅读资料

内容简介

本章主要讲解了房产税、车船税、印花税、契税 4 个税种各自的概念、征税范围、税率、计税依据、应纳税额的计算、税收优惠、税收征管等相关内容。本章的重点是印花税和契税两个税种的相关知识。

学习目的和要求

通过本章的学习，学生应掌握房产税、车船税、印花税、契税 4 个税种各自的概念、征税范围、税率、计税依据、应纳税额的计算、税收优惠、税收征管等相关内容。

思政育人 办理假离婚逃避契税

80 后的李静是普通上班族，和丈夫每月收入近万元，去年年底，她和丈夫看中一套学区房，总价 100 多万元。原计划是将首套房卖掉，然后再买这套房，但是丈夫坚决不同意。夫妻双方名下两套房，压力非常大，每月工资应付月供和日常开销都比较困难。销售人员告知李静二套房的契税税率高于首套房的契税税率，办理假离婚，不但首付减少，而且还能减少相应契税。

说者无意听者有心，李静和丈夫商讨许久，做出一个决定，先办理离婚，首套房分给丈夫，她要女儿。新买的房子，则登记在她名下。

这样下来，首付不但减少 20 多万元，而且房屋契税减少 2 个点，又省了 2 万多元。

经调查显示，通过办理假离婚逃避契税的家庭不在少数，一房产网站针对“假离婚”购房进行了调查，调查显示，41%的人认为“可以理解，毕竟能省不少钱”；有 32.8%的人认为，自己面对这种情况，可能会考虑假离婚，买房后再复婚就是了；26.2%的人表示绝对不会，这不仅是对婚姻的亵渎，而且还会违反税收法律。

你认为通过办理假离婚逃避契税的作法是否可取？如果是你的话你会通过这种方式逃避税款吗？请谈一谈你的观点。

第一节 房产税法

房产税法是指国家制定的调整房产税征收与缴纳之间权利及义务关系的法律规范。现行房产税法的基本规范，是 1986 年 9 月 15 日国务院颁布的《中华人民共和国房产税暂行条例》(以下简称《房地产暂行条例》)。

7-1 楼市迎来"紧箍咒",房产税真的要来了

房产税是以房屋为征税对象,按照房屋的计税余值或租金收入,向产权所有人征收的一种财产税。房产税在我国是一个古老的税种,最早始于周代。新中国成立后,中央人民政府政务院颁布的《全国税收实施要则》中,把房产税列为全国开征的一个独立税种。1973 年进行税制改革,在简化税制的原则下,把试行工商税的企业缴纳的城市房地产税并入了工商税,但保留城市房地产税这一税种,只对居民个人和房产管理部门以及外侨的房屋继续征收。

1984 年进行工商税制全面改革,重新恢复对房产征税。1986 年 9 月 15 日,国务院正式发布了《中华人民共和国房产税暂行条例》,从当年 10 月 1 日开始施行。各省、自治区、直辖市人民政府根据暂行条例规定,先后制定了施行细则。至此,房产税又在全国范围内全面征收。

征收房产税的作用:

(1) 筹集地方财政收入。房产税属于地方税,征收房产税可以为地方财政筹集一部分市政建设资金,解决地方财力不足。而且,房产税以房屋为征税对象,税源比较稳定,随着地方经济的发展,城市基础设施改善和工商各业的兴旺,房产税收将成为地方财政收入的一个主要来源。

(2) 有利于加强房产管理。一方面,对房屋拥有者征收房产税,可以调节纳税人的收入水平,有利于加强对房屋的管理,提高房屋的使用效益,控制固定资产的投资规模。另一方面,房产税规定对个人拥有的非营业用房屋,不征房产税,可以鼓励个人建房、购房和改善住房条件,配合和推动城市住房制度改革。

一、纳税义务人与征税范围

(一) 纳税义务人

7-2 视频:房产税-纳税人、征税对象、税率

房产税是以房屋为征税对象,按照房屋的计税余值或租金收入,向产权所有人征收的一种财产税。房产税以在征税范围内的房屋产权所有人为纳税人。其中:

(1) 产权属国家所有的,由经营管理单位纳税;产权属集体和个人所有的,由集体单位和个人纳税。

所称单位,包括国有企业、集体企业、私营企业、股份制企业、外商投资企业、外国企业以及其他企业和事业单位、社会团体、国家机关、军队以及其他单位;所称个人,包括个体工商户以及其他个人。

(2) 产权出典的,由承典人纳税。所谓产权出典,是指产权所有人将房屋、生产资料等的产权,在一定期限内典当给他人使用,而取得资金的一种融资业务。这种业务大多发生于出典人急需用款,但又想保留产权回赎权的情况。承典人向出典人交付一定的典价之后,在质典期内即获抵押物品的支配权,并可转典。产权的典价一般要低于卖价。出典人在规定期间内须归还典价的本金和利息,方可赎回出典房屋等的产权。由于在房屋出典期间,产权所有人已无权支配房屋,因此,税法规定由对房屋具有支配权的承典人为纳税人。

(3) 产权所有人、承典人不在房屋所在地的,或者产权未确定及租典纠纷未解决的,由房产代管人或者使用人纳税。

自2012年1月1日起，人保投资控股有限公司应按照《房产税暂行条例》的相关规定申报缴纳房产税。房产税由产权所有人缴纳。人保投资控股有限公司在全国各地拥有房产的，应当按照《税务登记管理办法》(国家税务总局令第7号)的规定，向其在全国各地的房产所在地主管税务机关申报办理税务登记。

(4) 产权未确定及租典纠纷未解决的，亦由房产代管人或者使用人纳税。所谓租典纠纷，是指产权所有人在房产出典和租赁关系上，与承典人、租赁人发生各种争议，特别是权利和义务的争议悬而未决的。此外还有一些产权归属不清的问题，也都属于租典纠纷。对租典纠纷尚未解决的房产，规定由代管人或使用人为纳税人，主要目的在于加强征收管理，保证房产税及时入库。

(5) 无租使用其他房产的问题。纳税单位和个人无租使用房产管理部门、免税单位及纳税单位的房产，应由使用人代为缴纳房产税。

(6) 自2009年1月1日起，外商投资企业、外国企业和组织以及外籍个人，依照《房产税暂行条例》缴纳房产税。

(二) 征税范围

房产税以房产为征税对象。所谓房产，是指有屋面和围护结构(有墙或两边有柱)，能够遮风避雨，可供人们在其中生产、学习、工作、娱乐、居住或贮藏物资的场所。房地产开发企业建造的商品房，在出售前，不征收房产税，但对出售前房地产开发企业已使用或出租、出借的商品房应按规定征收房产税。

房产税的征税范围为城市、县城、建制镇和工矿区。其具体规定如下：

(1) 城市是指国务院批准设立的市。

(2) 县城是指县人民政府所在地的地区。

(3) 建制镇是指经省、自治区、直辖市人民政府批准设立的建制镇。

(4) 主矿区是指工商业比较发达、人口比较集中、符合国务院规定的建制镇标准但尚未设立建制镇的大中型工矿企业所在地。开征房产税的工矿区须经省、自治区、直辖市人民政府批准。

房产税的征税范围不包括农村，这主要是为了减轻农民的负担。因为农村的房屋，除农副业生产用房外，大部分是农民居住用房。对农村房屋不纳入房产税征税范围，有利于农业发展，繁荣农村经济，有利于社会稳定。

二、税率、计税依据和应纳税额的计算

(一) 税率

我国现行房产税采用的是比例税率。由于房产税的计税依据分为从价计征和从租计征两种形式，所以房产税的税率也有两种：一种是按房产原值一次减除10%～30%后的余值计征的，税率为1.2%；另一种是按房产出租的租金收入计征的，税率为12%。从2008年3月1日起，对个人按市场价格出租的居民住房，不区分用途，按4%的税率征收房产税。

(二) 计税依据

房产税的计税依据是房产的计税价值或房产的租金收入。按照房产计税价值征税的，称为从价计征；按照房产租金收入计征的，称为从租计征。

1. 从价计征

《房产税暂行条例》规定，房产税依照房产原值一次减除10%～30%后的余值计算缴纳。各地扣除比例由当地省、自治区、直辖市人民政府确定。

(1) 房产原值是指纳税人按照会计制度规定，在账簿“固定资产”科目中记载的房屋原价。因此，凡按会计制度规定在账簿中记载有房屋原价的，应以房屋原价按规定减除一定比例后作为房产余值计征房产税；没有记载房屋原价的，按照上述原则，并参照同类房屋确定房产原值，按规定计征房产税。

值得注意的是：自2009年1月1日起，对依照房产原值计税的房产，不论是否记载在会计账簿固定资产科目中，均应按照房屋原价计算缴纳房产税。房屋原价应根据国家有关会计制度规定进行核算。对纳税人未按国家会计制度规定核算并记载的，应按规定予以调整或重新评估。

(2) 房产原值应包括与房屋不可分割的各种附属设备或一般不单独计算价值的配套设施。主要有：暖气、卫生、通风、照明、煤气等设备；各种管线，如蒸汽、压缩空气、石油、给水排水等管道及电力、电讯、电缆导线；电梯、升降机、过道、晒台等。属于房屋附属设备的水管、下水道、暖气管、煤气管等应从最近的探视井或三通管起，计算原值；电灯网、照明线从进线盒连接管起，计算原值。

(3) 纳税人对原有房屋进行改建、扩建的，要相应增加房屋的原值。

房产余值是房产的原值减除规定比例后的剩余价值。

此外，还应注意以下两个问题：

第一，对投资联营的房产，在计征房产税时应予以区别对待。对于以房产投资联营，投资者参与投资利润分红，共担风险的，按房产余值作为计税依据计征房产税；对以房产投资，收取固定收入，不承担联营风险的，实际是以联营名义取得房产租金，应根据《房产税暂行条例》的有关规定由出租方按租金收入计缴房产税。

第二，对融资租赁房屋的情况，由于租赁费包括购进房屋的价款、手续费、借款利息等，与一般房屋出租的“租金”内涵不同，且租赁期满后，当承租方偿还最后一笔租赁费时，房屋产权要转移到承租方。这实际是一种变相的分期付款购买固定资产的形式，所以在计征房产税时应以房产余值计算征收，至于租赁期内房产税的纳税人，由当地税务机关根据实际情况确定。

(4) 房屋附属设备和配套设施的计税规定。从2006年1月1日起，房屋附属设备和配套设施计征房产税按以下规定执行：

第一，凡以房屋为载体，不可随意移动的附属设备和配套设施，如给排水、采暖、消防、中央空调、电气及智能化楼宇设备等，无论在会计核算中是否单独记账与核算，都应计入房产原值，计征房产税。

第二，对于更换房屋附属设备和配套设施的，在将其价值计入房产原值时，可扣减原来相应设备和设施的价值；对附属设备和配套设施中易损坏、需要经常更换的零配件，更新后不再计入房产原值。

(5) 居民住宅区内业主共有的经营性房产缴纳房产税。从2007年1月1日起，对居民住宅区内业主共有的经营性房产，由实际经营(包括自营和出租)的代管人或使用人缴纳房产税。其中自营的，依照房产原值减除10%～30%后的余值计征，没有房产原值或不能将业主共有房产与其他房产的原值准确划分开的，由房产所在地地方税务机关参照同类房产核定房产原值；出租的，依照租金收入计征。

(6) 对按照房产原值计税的房产，无论会计上如何核算，房产原值均应包含地价，包括为取得土地使用权支付的价款、开发土地发生的成本费用等。宗地容积率低于0.5的，按房产建筑面积的2倍计算土地面积并据此确定计入房产原值的地价。

(7) 凡在房产税征收范围内的具备房屋功能的地下建筑，包括与地上房屋相连的地下建筑以及完全建在地面以下的建筑、地下人防设施等，均应当依照有关规定征收房产税。上述具备房屋功能的地下建筑物是指有屋面和维护结构，能够遮风避雨，可以供人们在其中生产、经营、工作、学习、娱乐、居住或储藏物资的场所。自用的地下建筑，按以下方式计税：

第一，工业用途房产，以房屋原价的50%～60%作为应税房产原值。

应纳房产税＝应税房产原值×(1－扣除比例)×1.2%

第二，商业和其他用途房产，以房屋原价的70%～80%作为应税房产原值。

应纳房产税＝应税房产原值×(1－扣除比例)×1.2%

房屋原价折算为应税房产原值的具体比例，由各省、自治区、直辖市和计划单列市财政和地方税务部门在上述幅度内自行确定。

第三，对于与地上房屋相连的地下建筑物，如房屋的地下室、地下停车场、商场的地下部分等应将地下部分与地上房屋视为一个整体，按照地上房屋建筑物的有关规定计算征收房产税。

2. 从租计征

《房产税暂行条例》规定，房产出租的，以房产租金收入为房产税的计税依据。

所谓房产的租金收入，是房屋产权所有人出租房产使用权所得的报酬，包括货币收入和实物收入。

如果是以劳务或者其他形式为报酬抵付房租收入的，应根据当地同类房产的租金水平，确定一个标准租金额从租计征。

纳税人对个人出租房屋的租金收入申报不实或申报数与同一地段同类房屋的租金收入相比明显不合理的，税务部门可以按照《税收征收管理法》的有关规定，采取科学合理的方法核定其应纳税款。具体办法由各省、自治区、直辖市地方税务机关结合当地实际情况制定。

对出租房产，租赁双方签订的租赁合同约定有免收租金期限的，免收租金期间由产权所有人按照房产原值缴纳房产税。

(三) 应纳税额的计算

房产税的计税依据有两种，与之相适应的应纳税额计算也分为两种：一是从价计征的计算；二是从租计征的计算。

1. 从价计征的计算

从价计征是按房产的原值减除一定比例后的余值计征，其计算公式为：

应纳税额＝应税房产原值×(1－扣除比例)×1.2%

如前所述，房产原值是"固定资产"科目中记载的房屋原价；减除一定比例是省、自治区、直辖市人民政府规定的10%～30%的减除比例；计征的适用税率为1.2%。

【例 7-1】 某企业的经营用房原值为 5 000 万元，按照当地规定允许减除 30%后余值计税，适用税率为 1.2%。请计算其应纳房产税税额。

应纳税额=5 000×(1-30%)×1.2%=42(万元)

2. 从租计征的计算

从租计征是按房产的租金收入计征，其计算公式为：

应纳税额=租金收入×12%(或 4%)

【例 7-2】 某公司出租房屋 3 间，年租金收入为 30 000 元，适用税率为 12%。请计算其应纳房产税税额。

应纳税额=30 000×12%=3 600(元)

三、税收优惠

房产税的税收优惠是根据国家政策需要和纳税人的负担能力制定的。由于房产税属地方税，因此给予地方一定的减免权限，有利于地方因地制宜地处理问题。

目前，房产税的税收优惠政策主要有：

(1) 国家机关、人民团体、军队自用的房产免征房产税。但上述免税单位的出租房产以及非自身业务使用的生产、营业用房，不属于免税范围。

这里的“人民团体”，是指经国务院授权的政府部门批准设立或登记备案并由国家拨付行政事业费的各种社会团体。

这里的“自用的房产”，是指这些单位本身的办公用房和公务用房。

(2) 由国家财政部门拨付事业经费的单位，如学校、医疗卫生单位、托儿所、幼儿园、敬老院、文化、体育、艺术这些实行全额或差额预算管理的事业单位所有的，本身业务范围内使用的房产免征房产税。

为了鼓励事业单位经济自立，由国家财政部门拨付事业经费的单位，其经费来源实行自收自支后，从事业单位实行自收自支的年度起，免征房产税 3 年。事业单位自用的房产，是指这些单位本身的业务用房。

上述单位所属的附属工厂、商店、招待所等不属于单位公务、业务的用房，应照章纳税。

(3) 宗教寺庙、公园、名胜古迹自用的房产免征房产税。

宗教寺庙自用的房产，是指举行宗教仪式等的房屋和宗教人员使用的生活用房。

公园、名胜古迹自用的房产，是指供公共参观游览的房屋及其管理单位的办公用房。

宗教寺庙、公园、名胜古迹中附设的营业单位，如影剧院、饮食部、茶社、照相馆等所使用的房产及出租的房产，不属于免税范围，应照章纳税。

(4) 个人所有非营业用的房产免征房产税。

个人所有的非营业用房，主要是指居民住房，不分面积多少，一律免征房产税。

对个人拥有的营业用房或者出租的房产，不属于免税房产，应照章纳税。

(5) 经财政部批准免税的其他房产。

这类免税房产，情况特殊，范围较小，是根据实际情况确定的。其主要有：

第一，对非营利性医疗机构、疾病控制机构和妇幼保健机构等卫生机构自用的房产，免征房产税。

第二，从 2001 年 1 月 1 日起，对按政府规定价格出租的公有住房和廉租住房，包括企业和自收自支事业单位向职工出租的单位自有住房，房管部门向居民出租的公有住房，落实私房政策中带户发还产权并以政府规定租金标准向居民出租的私有住房等，暂免征收房产税。

第三，经营公租房的租金收入，免征房产税。公共租赁住房经营管理单位应单独核算公共租赁住房租金收入，未单独核算的，不得享受免征房产税优惠政策。

四、征收管理

(一) 纳税义务发生时间

(1) 纳税人将原有房产用于生产经营，从生产经营之月起缴纳房产税。

(2) 纳税人自行新建房屋用于生产经营，从建成之次月起缴纳房产税。

(3) 纳税人委托施工企业建设的房屋，从办理验收手续之次月起缴纳房产税。

(4) 纳税人购置新建商品房，自房屋交付使用之次月起缴纳房产税。

(5) 纳税人购置存量房，自办理房屋权属转移、变更登记手续，房地产权属登记机关签发房屋权属证书之次月起，缴纳房产税。

(6) 纳税人出租、出借房产，自交付出租、出借房产之次月起，缴纳房产税。

(7) 房地产开发企业自用、出租、出借本企业建造的商品房，自房屋使用或交付之次月起，缴纳房产税。

(8) 自 2009 年 1 月 1 日起，纳税人因房产的实物或权利状态发生变化而依法终止房产税纳税义务的，其应纳税款的计算应截止到房产的实物或权利状态发生变化的当月末。

(二) 纳税期限

房产税实行按年计算、分期缴纳的征收方法，具体纳税期限由省、自治区、直辖市人民政府确定。

(三) 纳税地点

房产税在房产所在地缴纳。房产不在同一地方的纳税人，应按房产的坐落地点分别向房产所在地的税务机关纳税。

(四) 纳税申报

房产税的纳税人应按照条例的有关规定，及时办理纳税申报，并如实填写《房产税纳税申报表》。

7-3　城镇土地使用税、房产税纳税申报表

第二节　车船税法

车船税法是指国家制定的用以调整车船税征收与缴纳权利及义务关系的法律规范。现行车船税法的基本规范，是 2011 年 2 月 25 日，由中华人民共和国第十一届全国人民代表大会常务委员会第十九次会议通过的《中华人民共和国车船税法》(以下简称《车船税法》)，自 2012 年 1 月 1 日起施行。

7-4　视频：三分钟了解什么是车船税

车船税是以车船为征税对象，向拥有车船的单位和个人征收的一种税。

我国对车船课税历史悠久。早在公元前 129 年,我国就开征了算商车。1945 年 6 月,国民政府公布了《使用牌照税法》,在全国统一开征车船使用牌照税。新中国成立后,政务院于 1951 年 9 月颁布了《车船使用牌照税暂行条例》,在全国部分地区开征。1973 年简化税制、合并税种时,把对国营企业和集体企业征收的车船使用牌照税并入工商税。从那时起,车船使用牌照税只对不缴纳工商税的单位、个人及外侨征收,征税范围大大缩小。1984 年 10 月国务院决定恢复对车船征税,因原税名"车船使用牌照税"不太确定,实际工作中往往误认为是对牌照征税,因此,改名为"车船使用税"。1986 年 9 月 15 日,国务院发布了《中华人民共和国车船使用税暂行条例》,决定从 1986 年 10 月 1 日起在全国施行。各省、自治区、直辖市人民政府根据《车船使用税暂行条例》规定,先后制定了施行细则。2006 年 12 月 29 日国务院颁布了《中华人民共和国车船税暂行条例》,并于 2007 年 1 月 1 日实施。《中华人民共和国车船税法实施条例》于 2011 年 11 月 23 日经国务院常务会议审议通过,将自 2012 年 1 月 1 日起施行。

征收车船税的作用:①为地方政府筹集财政资金。开征车船税,能够将分散在车船人手中的部分资金集中起来,增加地方财源,增加地方政府的财政收入。②有利于车船的管理与合理配置。购置、使用车船越多,应缴纳的车船税越多,促使纳税人加强对自己拥有的车船管理和核算,改善资源配置,合理使用车船。③有利于调节财富差异。车船税是对拥有的财产或财富(如轿车、游艇等)进行调节,缓解财富分配不公。随着我国经济增长,部分先富起来的个人拥有私人轿车,游艇及其他车船的情况将会日益增加,我国征收车船税的财富再分配作用亦会更加重要。

一、纳税义务人与征税范围

(一) 纳税义务人

所谓车船税,是指在中华人民共和国境内的车辆、船舶的所有人或者管理人按照《车船税暂行条例》应缴纳的一种税。

车船税的纳税义务人,是指在中华人民共和国境内,车辆、船舶(以下简称车船)的所有人或者管理人,应当依照《中华人民共和国车船税暂行条例》的规定缴纳车船税。

(二) 征税范围

车船税的征税范围是指在中华人民共和国境内属于车船税法所附《车船税税目税额表》规定的车辆、船舶。车辆、船舶是指:

(1) 依法应当在车船管理部门登记的机动车辆和船舶。

(2) 依法不需要在车船管理部门登记、在单位内部场所行驶或者作业的机动车辆和船舶。

所称车船管理部门,是指公安、交通运输、农业、渔业、军队、武装警察部队等依法具有车船登记管理职能的部门;单位,是指依照中国法律、行政法规规定,在中国境内成立的行政机关、企业、事业单位、社会团体以及其他组织。

二、税目与税率

车船税实行定额税率。定额税率也称固定税额,是税率的一种特殊形式。定额税率计算简便,适宜于从量计征的税种。车船税的适用税额,依照条例所附的《车船税税目税额表》

执行。

国务院财政部门、税务主管部门可以根据实际情况，在《车船税税目税额表》规定的税目范围和税额幅度内，划分子税目，并明确车辆的子税目税额幅度和船舶的具体适用税额。车辆的具体适用税额由省、自治区、直辖市人民政府在规定的子税目税额幅度内确定。

车船税采用定额税率，即对征税的车船规定单位固定税额。车船税确定税额总的原则是：非机动车船的税负轻于机动车船；人力车的税负轻于畜力车；小吨位船舶的税负轻于大船舶。由于车辆与船舶的行驶情况不同，车船税的税额也有所不同（见表 7-1）。

表 7-1　　车船税税目、税额表

税目	目录	计税单位	年基准税额（元）	备注
乘用车按发动机气缸容量（排气量分档）	1.0 升（含）以下的	每辆	60～360	核定载客人数 9 人（含）以下
	1.0 升以上至 1.6 升（含）		360～660	
	1.6 升以上至 2.0 升（含）		660～960	
	2.0 升以上至 2.5 升（含）		960～1 620	
	2.5 升以上至 3.0 升（含）		1 620～2 460	
	3.0 升以上至 4.0 升（含）		2 460～3 600	
	4.0 升以上的		3 600～5 400	
商用车	客车	每辆	480～1 440	核定载客人数 9 人（包括电车）以上
	货车	整备质量每吨	16～120	1. 包括半挂牵引车、挂车、客货两用汽车、三轮汽车和低速载货汽车。2. 挂车按照货车税额的 50%计算
其他车辆	专用作业车	整备质量每吨	16～120	不包括拖拉机
	轮式专用机械车	整备质量每吨	16～120	
摩托车		每辆	36～180	
船舶	机动船舶	净吨位每吨	3～6	拖船、非机动驳船分别按机动船舶税额的 50%计算；游艇的税额另行规定
	游艇	艇身长度每米	600～2 000	

（一）机动船舶

（1）净吨位小于或者等于 200 吨的，每吨 3 元。

（2）净吨位 201～2 000 吨的，每吨 4 元。

（3）净吨位 2 001～10 000 吨的，每吨 5 元。

（4）净吨位 10 001 吨及以上的，每吨 6 元。

拖船按照发动机功率每 1 千瓦折合净吨位 0.67 吨计算征收车船税。

（二）游艇

（1）艇身长度不超过 10 米的游艇，每米 600 元。

(2) 艇身长度超过10米但不超过18米的游艇,每米900元。

(3) 艇身长度超过18米但不超过30米的游艇,每米1 300元。

(4) 艇身长度超过30米的游艇,每米1 800元。

(5) 辅助动力帆艇,每米600元。

游艇艇身长度是指游艇的总长。

车船税法及其实施条例涉及的整备质量、净吨位、艇身长度等计税单位,有尾数的一律按照尾数的计税单位据实计算车船税应纳税额。计算得出的应纳税额小数点后超过两位的可四舍五入保留两位小数。

乘用车以车辆登记管理部门核发的机动车登记证书或者行驶证书所载的排气量毫升数确定税额区间。

车船税法和实施条例所涉及的排气量、整备质量、核定载客人数、净吨位、马力、艇身长度,以车船管理部门核发的车船登记证书或者行驶证相应项目所载数据为准。

依法不需要办理登记、依法应当登记而未办理登记或者不能提供车船登记证书、行驶证的,以车船出厂合格证明或者进口凭证相应项目标注的技术参数、所载数据为准;不能提供车船出厂合格证明或者进口凭证的,由主管税务机关参照国家相关标准核定,没有国家相关标准的参照同类车船核定。

三、应纳税额的计算与代收代缴

(一) 自缴税额的计算

纳税人按照纳税地点所在的省、自治区、直辖市人民政府确定的具体适用税额缴纳车船税。车船税由地方税务机关负责征收。

(1) 购置的新车船,购置当年的应纳税额自纳税义务发生的当月起按月计算。计算公式为:

$$应纳税额=(年应纳税额\div 12)\times 应纳税月份数$$

(2) 在一个纳税年度内,已完税的车船被盗抢、报废、灭失的,纳税人可以凭有关管理机关出具的证明和完税证明,向纳税所在地的主管税务机关申请退还自被盗抢、报废、灭失月份起至该纳税年度终了期间的税款。

(3) 已办理退税的被盗抢车船,失而复得的,纳税人应当从公安机关出具相关证明的当月起计算缴纳车船税。

(4) 在一个纳税年度内,纳税人在非车辆登记地由保险机构代收代缴机动车车船税,且能够提供合法有效完税证明的,纳税人不再向车辆登记地的地方税务机关缴纳车辆车船税。

(5) 已缴纳车船税的车船在同一纳税年度内办理转让过户的,不另纳税,也不退税。

【例7-3】 某运输公司拥有载货汽车15辆(货车载重净吨位全部为10吨);乘人大客车20辆;小客车10辆。计算该公司应纳车船税。(注:载货汽车每吨年税额80元,乘人大客车每辆年税额500元,小客车每辆年税额400元)。

(1) 载货汽车应纳税额$=15\times 10\times 80=12\ 000$(元)

(2) 乘人汽车应纳税额$=20\times 500+10\times 400=14\ 000$(元)

(3) 全年应纳车船税额＝12 000＋14 000＝26 000(元)

(二) 保险机构代收代缴车船税和滞纳金的计算

为了做好机动车车船税代收代缴工作，中国保险监督管理委员会下发了《关于修改机动车交通事故责任强制保险保单的通知》，在机动车交通事故责任强制保险(以下简称“交强险”)保单中增加了与车船税有关的数据项目。为了便于保险机构根据新修改的“交强险”保单，完善“交强险”业务及财务系统，现就有关涉税问题进一步明确如下。

1. 特殊情况下车船税应纳税款的计算

(1) 购买短期“交强险”的车辆。

对于境外机动车临时入境、机动车临时上道路行驶、机动车距规定的报废期限不足1年而购买短期“交强险”的车辆，保单中“当年应缴”项目的计算公式为：

当年应缴＝计税单位×年单位税额×应纳税月份数÷12

其中，应纳税月份数为“交强险”有效期起始日期的当月至截止日期当月的月份数。

(2) 已向税务机关缴税的车辆或税务机关已批准减免税的车辆。

对于已向税务机关缴税或税务机关已经批准免税的车辆，保单中“当年应缴”项目应为0；对于税务机关已批准减税的机动车，保单中“当年应缴”项目应根据减税前的应纳税额扣除依据减税证明中注明的减税幅度计算的减税额确定，计算公式为：

减税车辆应纳税额＝减税前应纳税额×(1－减税幅度)

2. 欠缴车船税的车辆补缴税款的计算

从2008年7月1日起，保险机构在代收代缴车船税时，应根据纳税人提供的前次保险单，查验纳税人以前年度的完税情况。对于以前年度有欠缴车船税的，保险机构应代收代缴以前年度应纳税款。

(1) 对于2007年1月1日前购置的车辆或者曾经缴纳过车船税的车辆，保单中“往年补缴”项目的计算公式为：

往年补缴＝计税单位×年单位税额×(本次缴税年度－前次缴税年度－1)

其中，对于2007年1月1日前购置的车辆，纳税人从未缴纳车船税的，前次缴税年度设定为2006年。

(2) 对于2007年1月1日以后购置的车辆，纳税人从购置时起一直未缴纳车船税的，保单中“往年补缴”项目的计算公式为：

往年补缴＝购置当年欠缴的税款＋购置年度以后欠缴税款

其中，购置当年欠缴的税款＝计税单位×年单位税额×应纳税月份数÷12

应纳税月份数为车辆登记日期的当月起至该年度终了的月份数。若车辆尚未到车船管理部门登记，则应纳税月份数为购置日期的当月起至该年度终了的月份数。

购置年度以后欠缴税款＝计税单位×年单位税额×(本次缴税年度－车辆登记年度－1)

3. 滞纳金计算

对于纳税人在应购买“交强险”截止日期以后购“交强险”的，或以前年度没有缴纳车船税的，保险机构在代收代缴税款的同时，还应代收代缴欠缴税款的滞纳金。

保单中“滞纳金”项目为各年度欠税与应加收滞纳金之和。

每一年度欠税应加收的滞纳金＝欠税金额×滞纳天数×0.5‰

滞纳天数的计算自应购买“交强险”截止日期的次日起到纳税人购买“交强险”当日止。纳税人连续两年以上欠缴车船税的，应分别计算每一年度欠税应加收的滞纳金。

四、税收优惠

（一）法定减免

（1）捕捞、养殖渔船，是指在渔业船舶管理部门登记为捕捞船或者养殖船的船舶。

（2）军队、武装警察部队专用的车船，是指按照规定在军队、武装警察部队车船管理部门登记，并领取军队、武警牌照的车船。

（3）警用车船，是指公安机关、国家安全机关、监狱、劳动教养管理机关和人民法院、人民检察院领取警用牌照的车辆和执行警务的专用船舶。

（4）依照法律规定应当予以免税的外国驻华使领馆、国际组织驻华代表机构及其有关人员的车船。

（5）对节约能源、使用新能源的车船可以减征或者免征车船税；对受严重自然灾害影响纳税困难以及有其他特殊原因确需减税、免税的，可以减征或者免征车船税。节约能源、使用新能源的车辆包括纯电动汽车、燃料电池汽车和混合动力汽车。纯电动汽车、燃料电池汽车和插电式混合动力汽车免征车船税，其他混合动力汽车按照同类车辆适用税额减半征税。

（6）省、自治区、直辖市人民政府根据当地实际情况，可以对公共交通车船，农村居民拥有并主要在农村地区使用的摩托车、三轮汽车和低速载货汽车定期减征或者免征车船税。

（二）特定减免

（1）经批准临时入境的外国车船和香港特别行政区、澳门特别行政区、台湾地区的车船，不征收车船税。

（2）按照规定缴纳船舶吨税的机动船舶，自车船税法实施之日起5年内免征车船税。

（3）机场、港口内部行驶或作业的车船，自车船税法实施之日起5年内免征车船税。

五、征收管理

（一）纳税期限

车船税纳税义务发生时间为取得车船所有权或者管理权的当月。以购买车船的发票或其他证明文件所载日期的当月为准。

车船税的纳税义务发生时间，为车船管理部门核发的车船登记证书或者行驶证书所记载日期的当月。纳税人未按照规定到车船管理部门办理应税车船登记手续的，以车船购置发票所载开具时间的当月作为车船税的纳税义务发生时间。对未办理车船登记手续且无法提供车船购置发票的，由主管地方税务机关核定纳税义务发生时间。

（二）纳税地点

车船税的纳税地点为车船的登记地或者车船税扣缴义务人所在地。依法不需要办理登记的车船，车船税的纳税地点为车船的所有人或者管理人所在地。

扣缴义务人代收代缴车船税的，纳税地点为扣缴义务人所在地。

纳税人自行申报缴纳车船税的，纳税地点为车船登记地的主管税务机关所在地。

依法不需要办理登记的车船，纳税地点为车船所有人或者管理人主管税务机关所在地。

(三) 纳税申报

车船税按年申报，分月计算，一次性缴纳。纳税年度为公历 1 月 1 日至 12 月 31 日。车船税按年申报缴纳。具体申报纳税期限由省、自治区、直辖市人民政府规定。

(1) 税务机关可以在车船管理部门、车船检验机构的办公场所集中办理车船税征收事宜。

(2) 公安机关交通管理部门在办理车辆相关登记和定期检验手续时，对未提交自上次检验后各年度依法纳税或者免税证明的，不予登记，不予发放检验合格标志。

(3) 海事部门、船舶检验机构在办理船舶登记和定期检验手续时，对未提交依法纳税或者免税证明，且拒绝扣缴义务人代收代缴车船税的纳税人，不予登记，不予发放检验合格标志。

(4) 对于依法不需要购买机动车交通事故责任强制保险的车辆，纳税人应当向主管税务机关申报缴纳车船税。

(5) 纳税人在首次购买机动车交通事故责任强制保险时缴纳车船税或者自行申报缴纳车船税的，应当提供购车发票及反映排气量、整备质量、核定载客人数等与纳税相关的信息及其相应凭证。

(6) 负责船舶登记、检验的船舶管理部门或者船舶检验机构为船舶车船税的扣缴义务人，应当在登记、检验时依法代收车船税，并出具代收税款凭证。

(四) 其他管理规定

(1) 各级车船管理部门应当在提供车船管理信息等方面，协助地方税务机关加强对车船税的征收管理。纳税人应当向主管地方税务机关和扣缴义务人提供车船的相关信息。拒绝提供的，按照《税收征收管理法》有关规定处理。

(2) 车船税的征收管理，依照《税收征收管理法》及本条例的规定执行。在一个纳税年度内，已完税的车船被盗抢、报废、灭失的，纳税人可以凭有关管理机关出具的证明和完税证明，向纳税所在地的主管地方税务机关申请退还自被盗抢、报废、灭失月份起至该纳税年度终了期间的税款。

已办理退税的被盗抢车船，失而复得的，纳税人应当从公安机关出具相关证明的当月起计算缴纳车船税.

(3) 在一个纳税年度内，纳税人在非车辆登记地由保险机构代收代缴机动车车船税，且能够提供合法有效完税证明的，纳税人不再向车辆登记地的地方税务机关缴纳机动车车船税。

(4) 在一个纳税年度内，已经缴纳车船税的车船变更所有权或管理权的，地方税务机关对原车船所有人或管理人不予办理退税手续，对现车船所有人或管理人也不再征收当年度的税款；未缴纳车船税的车船变更所有权或管理权的，由现车船所有人或管理人缴纳该纳税年度的车船税。

(5) 车船税的纳税人应按照条例的有关规定及时办理纳税申报并如实填写《车船税纳税申报表》。

第三节 印花税法

印花税是对经济活动和经济交往中书立、领受、使用的应税经济凭证征收的一种税。

因纳税人主要是通过在应税凭证上粘贴印花税票来完成纳税义务,故名印花税。

1950 年 1 月政务院发布《全国税政实施要则》,规定印花税为全国统一开征的 14 个税种之一。1958 年简化税制时,将印花税并入工商统一税,印花税不再单独征收。1988 年 8 月 6 日,国务院公布了《中华人民共和国印花税暂行条例》,于同年 10 月 1 日起恢复征收印花税。同年 9 月 29 日,财政部印发《中华人民共和国印花税暂行条例实施细则》,12 月 12 日,原国家税务局印发《关于印花税若干具体问题的规定》,之后,财政部、国家税务总局又陆续发布了一些有关印花税的规定、办法,这些构成了我国印花税法律制度。随着我国股票交易制度的建立,国务院决定自 1992 年 1 月 1 日起将股票交易纳入印花税的征收范围。目前,《中华人民共和国印花税法》正在制定过程中,本节按照《中华人民共和国印花税法》(征求意见稿)相关内容进行了部分修订。

一、纳税义务人

订立、领受在中华人民共和国境内具有法律效力的应税凭证,或者在中华人民共和国境内进行证券交易的单位和个人,为印花税的纳税人,应当依法缴纳印花税。

应税凭证是指《印花税税目税率表》规定的书面形式的合同、产权转移书据、营业账簿和权利、许可证照。证券交易是指在依法设立的证券交易所上市交易或者在国务院批准的其他证券交易场所转让公司股票和以股票为基础发行的存托凭证。

单位是指企业、行政单位、事业单位、军事单位、社会团体及其他单位;个人是指个体工商户和其他个人。

如果一份合同或应税凭证由两方或两方以上当事人共同签订,签订合同或应税凭证的各方都是纳税人,应各就其所持合同或应税凭证的计税金额履行纳税义务。

根据书立、领受、使用应税凭证的不同,纳税人可分为立合同人、立账簿人、立据人、领受人和使用人等。

(1) 立合同人是指合同的当事人,即对凭证有直接权利义务关系的单位和个人,但不包括合同的担保人、证人、鉴定人。所谓合同,是指根据《合同法》的规定订立的各类合同,包括买卖、借款、融资租赁、租赁、承揽、建设工程、运输、技术、保管、仓储、财产保险共 11 类合同。当事人的代理人有代理纳税义务。

(2) 立账簿人是指开立并使用营业账簿的单位和个人。例如,某企业因生产需要,设立了若干营业账簿,该企业即为印花税的纳税人。

(3) 立据人是指书立产权转移书据的单位和个人。

(4) 领受人是指领取并持有权利、许可证照的单位和个人。例如,领取房屋产权证的单位和个人，即为印花税的纳税人。

（5）使用人是指在国外书立，领受，但在国内使用应税凭证的单位和个人。

二、征税范围

7-5 印花税你知多少（常见实务问题）

我国经济活动中发生的经济凭证种类繁多、数量巨大，现行印花税采取正列举形式，只对法律规定中列举的凭证征收，没有列举的凭证不征税。列举的凭证分为五类，即合同，产权转移书据，权利、许可证照，营业账簿类和证券交易。具体征税范围如下。

（一）合同

合同是指平等主体的自然人、法人、其他组织之间设立、变更、终止民事权利义务关系的协议。印花税税目中的合同按照《合同法》的规定进行分类，在税目税率表中列举了如下11大类合同：

（1）买卖合同，包括供应、预购、采购、购销结合及协作、调剂、补偿、易货等合同；还包括各出版单位与发行单位（不包括订阅单位和个人）之间订立的图书、报刊、音像征订凭证。

对于工业、商业、物资、外贸等部门经销和调拨商品、物资供应的调拨单（或其他名称的单、卡、书、表等），应当区分其性质和用途，即看其是作为部门内执行计划使用的，还是代替合同使用的，以确定是否贴花。凡属于明确双方供需关系，据以供货和结算，具有合同性质的凭证，应按规定缴纳印花税。

对纳税人以电子形式签订的各类应税凭证按规定征收印花税。

对发电厂与电网之间、电网与电网之间（国家电网公司系统、南方电网公司系统内部各级电网互供电量除外）签订的购售电合同，按购销合同征收印花税。电网与用户之间签订的供用电合同不征印花税。

（2）借款合同，包括银行及其他金融组织和借款人（不包括银行同业拆借）所签订的借款合同。

（3）融资租赁合同。

（4）租赁合同，包括租赁房屋、船舶、飞机、机动车辆、机械、器具、设备等合同；还包括企业、个人出租门店、柜台等所签订的合同，但不包括企业与主管部门签订的租赁承包合同。

（5）承揽合同，包括加工、定做、修缮、修理、印刷、广告、测绘、测试等合同。

（6）建设工程合同，包括勘察、设计、建筑、安装工程合同的总包合同、分包合同和转包合同。

（7）运输合同，包括民用航空运输、铁路运输、海上运输，内河运输、公路运输和联运合同。

（8）技术合同，包括技术开发、转让、咨询、服务等合同。

技术转让合同包括专利申请转让、非专利技术转让所书立的合同，但不包括专利权转让、专利实施许可所书立的合同。后者适用于“产权转移书据”合同。

技术咨询合同是合同当事人就有关项目的分析、论证、评价、预测和调查订立的技术合同，而一般的法律、会计、审计等方面的咨询不属于技术咨询，其所立合同不贴印花。

技术服务合同的征税范围包括技术服务合同、技术培训合同和技术中介合同。

（9）保管合同，包括保管合同或作为合同使用的仓单、栈单（或称入库单）。对某些使用不规范的凭证不便计税的，可就其结算单据作为计税贴花的凭证。

(10) 仓储合同。

(11) 财产保险合同，包括财产、责任、保证、信用等保险合同。

(二) 产权转移书据

产权转移即财产权利关系的变更行为，表现为产权主体发生变更。产权转移书据是在产权的买卖、交换、继承、赠与、分割等产权主体变更过程中，由产权出让人与受让人之间所订立的民事法律文书。

我国印花税税目中的产权转移书据包括土地使用权出让和转让书据；房屋等建筑物、构筑物所有权、股权（不包括上市和挂牌公司股票）、商标专用权、著作权、专利权、专有技术使用权转让书据。

(三) 营业账簿

印花税税目中的营业账簿归属于财务会计账簿，是按照财务会计制度的要求设置的，反映生产经营活动的账册。按照营业账簿反映的内容不同，在税目中分为记载资金的账簿（简称资金账簿）和其他营业账簿两类，对记载资金的营业账簿征收印花税，对其他营业账簿不征收印花税。

(1) 资金账簿是反映生产经营单位"实收资本"和"资本公积"金额增减变化的账簿。

(2) 其他营业账簿是反映除资金资产以外的其他生产经营活动内容的账簿，即除资金账簿以外的，归属于财务会计体系的其他生产经营用账册。

(四) 权利、许可证照

权利、许可证照是政府授予单位、个人某种法定权利和准予从事特定经济活动的各种证照的统称。我国印花税税目中的权利、许可证照包括政府部门发放的不动产权证书、营业执照、商标注册证、专利证书等。

(五) 证券交易

证券交易是指在依法设立的证券交易所上市交易或者在国务院批准的其他证券交易场所转让公司股票和以股票为基础发行的存托凭证。

三、税率

印花税的税率有比例税率和定额税率两种形式。

(一) 比例税率

对载有金额的凭证，如各类合同以及具有合同性质的凭证（包括电子形式）、产权转移书据、资金账簿等，采用比例税率。按照凭证所标明的确定的金额按比例计算应纳税额，既能保证财政收入，又能体现合理负担的原则。在印花税 15 个税目中，各类合同以及具有合同性质的凭证、产权转移书据、营业账簿、证券交易，适用比例税率。

(1) 借款合同、融资租赁合同，适用税率为 0.05‰。

(2) 营业账簿，适用税率为 0.25‰。

(3) 买卖合同、承揽合同、建设工程合同、运输合同、技术合同等，适用税率为 0.3‰。

(4) 土地使用权出让和转让书据，房屋等建筑物、构筑物所有权、股权（不包括上市和挂牌公司股票）、商标专用权、著作权、专利权、专有技术使用权转让书据，适用税率为 0.5‰。

(5) 租赁合同、保管合同、仓储合同、财产保险合同、证券交易,适用税率为1‰。

(二) 定额税率

为了简化征管手续,便于操作,对无法计算金额的凭证,采用定额税率,以件为单位缴纳一定数额的税款。不动产权证书、营业执照、商标注册证、专利证书,均为按件贴花,单位税额为每件5元。

印花税税目税率如表7-2所示。

表7-2 印花税税目税率表

税目		税率	备注
合同	买卖合同	支付价款的0.3‰	指动产买卖合同
	借款合同	借款金额的0.05‰	指银行业金融机构和借款人(不包括银行同业拆借)订立的借款合同
	融资租赁合同	租金的0.05‰	
	租赁合同	租金的0.1‰	
	承揽合同	支付报酬的0.3‰	
	建设工程合同	支付价款的0.3‰	
	运输合同	运输费用的0.3‰	指货运合同和多式联运合同(不包括管道运输合同)
	技术合同	支付价款、报酬或者使用费的0.3‰	
	保管合同	保管费的1‰	
	仓储合同	仓储费的1‰	
	财产保险合同	保险费的1‰	不包括再保险合同
产权转移数据	土地使用权出让和转让数据;房屋等建筑物、构筑物所有权、股权(不包括上市和挂牌公司股票)、商标专用权、著作权、专利权、专有技术使用权转让数据	支付价款的0.5‰	
权利、许可证照	不动产权证书、营业执照、商标注册证、专利证书	每件5元	
营业账簿		实收资本(股本)、资本公积合计金额的0.25‰	
证券交易		成交金额的1‰	对证券交易的出让方征收,不对证券交易的受让方征收

四、计税依据

印花税的计税依据,按照下列方法确定:

(1) 应税合同的计税依据,为合同列明的价款或者报酬,不包括增值税税款;合同中价款或者报酬与增值税税款未分开列明的,按照合计金额确定。具体包括买卖合同和建设工程合同中的支付价款、承揽合同中的支付报酬、租赁合同和融资租赁合同中的租金、运输合同中的运输费用、保管合同中的保管费、仓储合同中的仓储费、借款合同中的借款金额、财产保险合同中的保险费以及技术合同中的支付价款、报酬或者使用费等。

(2) 应税产权转移书据的计税依据，为产权转移书据列明的价款，不包括增值税税款；产权转移书据中价款与增值税税款未分开列明的，按照合计金额确定。

应税合同、产权转移书据未列明价款或者报酬的，按照下列方法确定计税依据：①按照订立合同、产权转移书据时市场价格确定；依法应当执行政府定价的，按照其规定确定；②不能按照上述规定的方法确定的，按照实际结算的价款或者报酬确定。

(3) 应税营业账簿的计税依据，为营业账簿记载的实收资本(股本)、资本公积合计金额。

(4) 应税权利、许可证照的计税依据，按件确定。

(5) 证券交易的计税依据，为成交金额。以非集中交易方式转让证券时无转让价格的，按照办理过户登记手续前一个交易日收盘价计算确定计税依据；办理过户登记手续前一个交易日无收盘价的，按照证券面值计算确定计税依据。

同一应税凭证载有两个或者两个以上经济事项并分别列明价款或者报酬的，按照各自适用税目税率计算应纳税额；未分别列明价款或者报酬的，按税率高的计算应纳税额。

同一应税凭证由两方或者两方以上当事人订立的，应当按照各自涉及的价款或者报酬分别计算应纳税额。

纳税人有以下情形的，税务机关可以核定纳税人印花税计税依据：

(1) 未按规定建立印花税应税凭证登记簿，或未如实登记和完整保存应税凭证的。

(2) 拒不提供应税凭证或不如实提供应税凭证致使计税依据明显偏低的。

(3) 采用按期汇总缴纳办法的，未按税务机关规定的期限报送汇总缴纳印花税情况报告，经税务机关责令限期报告，逾期仍不报告的或者税务机关在检查中发现纳税人有未按规定汇总缴纳印花税情况的。

五、印花税应纳税额的计算

7-6 印花税你知多少(如何税收筹划)

印花税应纳税额按照下列方法计算：

(1) 应税合同的应纳税额的计算公式为：

应纳税额 = 价款或者报酬 × 适用税率

(2) 应税产权转移书据的应纳税额的计算公式为：

应纳税额 = 价款 × 适用税率

(3) 应税营业账簿的应纳税额为实收资本(股本)、资本公积合计金额乘以适用税率，其计算公式为：

应纳税额 = 实收资本(股本)、资本公积合计金额 × 适用税率

(4) 证券交易的应纳税额为成交金额或者依照法律规定计算确定的计税依据乘以适用税率，其计算公式为：

应纳税额 = 成交金额或者依法确定的计税依据 × 适用税率

(5) 应税权利、许可证照的应纳税额的计算公式为：

应纳税额＝应税凭证件数×定额税率

【例 7-4】 某电厂与某运输公司签订了两份运输保管合同：第一份合同载明的金额合计 50 万元（运费和保管费并未分别记载）；第二份合同中注明运费 30 万元、保管费 10 万元。分别计算该电厂第一份、第二份合同应缴纳的印花税税额。

【解析】

（1）第一份合同应缴纳印花税税额＝500 000×1‰＝500（元）

（2）第二份合同应缴纳印花税税额＝300 000×0.3‰＋100 000×1‰＝190（元）

六、税收优惠

1．法定凭证免税

下列凭证，免征印花税：

（1）应税凭证的副本或者抄本，免征印花税。

（2）农民、农民专业合作社、农村集体经济组织、村民委员会购买农业生产资料或者销售自产农产品订立的买卖合同和农业保险合同，免征印花税。

（3）无息或者贴息借款合同、国际金融组织向我国提供优惠贷款订立的借款合同、金融机构与小型微型企业订立的借款合同，免征印花税。

（4）财产所有权人将财产赠与政府、学校、社会福利机构订立的产权转移书据，免征印花税。

（5）军队、武警部队订立、领受的应税凭证，免征印花税。

（6）转让、租赁住房订立的应税凭证，免征个人（不包括个体工商户）应当缴纳的印花税。

（7）国务院规定免征或者减征印花税的其他情形。

2．免税额

应纳税额不足 1 角的，免征印花税。

3．特定情形免税

有下列情形之一的，免征印花税：

（1）对商店、门市部的零星加工修理业务开具的修理单，不贴印花。

（2）对铁路、公路、航运、水路承运快件行李、包裹开具的托运单据，暂免贴花。

（3）对企业车间、门市部、仓库设置的不属于会计核算范围的账簿，不贴印花。

4．单据免税

对运输、仓储、保管、财产保险、银行借款等，办理一项业务，既书立合同，又开立单据的，只就合同贴花。所开立的各类单据，不再贴花。

5．企业兼并并入资金免税

对企业兼并的并入资金，凡已按资金总额贴花的，接收单位对并入的资金，不再补贴印花。

6．租赁承包经营合同免税

企业与主管部门等签订的租赁承包经营合同，不属于租赁合同，不征收印花税。

7．特殊情形免税

纳税人已履行并贴花的合同，发现实际结算金额与合同所载金额不一致的。一般不再补贴印花。

8. 书、报、刊合同免税

书、报、刊发行单位之间，发行单位与订阅单位或个人之间书立的凭证，免征印花税。

9. 外国运输企业免税

由外国运输企业运输进口货物的，外国运输企业所持有的一份结算凭证，免征印花税。

10. 特殊货运凭证免税

下列特殊货运凭证，免征印花税：

(1) 抢险救灾物资运输结算凭证。

(2) 为新建铁路运输施工所属物料，使用工程临管线专用运费结算凭证。

11. 物资调拨单免税

对工业、商业、物资、外贸等部门调拨商品物资，作为内部执行计划使用的调拨单，不作为结算凭证，不属于合同性质的凭证，不征收印花税。

12. 同业拆借合同免税

银行、非银行金融机构之间相互融通短期资金，按照规定的同业拆借期限和利率签订的同业拆借合同，不征收印花税。

13. 借款展期合同免税

对办理借款展期业务使用借款展期合同或其他凭证，按规定仅载明延期还款事项的，可暂不贴花。

14. 合同、书据免税

出版合同，不属于印花税列举征税的凭证，免征印花税。

15. 国库业务账簿免税

中国人民银行各级机构经理国库业务及委托各专业银行各级机构代理国库业务设置的账簿，免征印花税。

16. 委托代理合同免税

代理单位与委托单位之间签订的委托代理合同，不征收印花税。

17. 日拆性贷款合同免税

对中国人民银行向各商业银行提供的日拆性贷款(20 日以内的贷款)所签订的合同或借据，暂免征印花税。

18. 铁道企业特定凭证免税

铁道部所属单位的下列凭证，不征收印花税：

(1) 铁道部层层下达的基建计划，不贴花。

(2) 企业内部签订的有关铁路生产经营设施基建、更新改造、大修、维修的协议或责任书，不贴花。

(3) 在铁路内部无偿调拨固定资产的调拨单据，不贴花。

(4) 由铁道部全额拨付事业费的单位，其营业账簿，不贴花。

19. 电话和联网购货免税

对在供需经济活动中使用电话、计算机联网订货，没有开具书面凭证的，暂不贴花。

20. 股权转让免税

对国务院和省级人民政府批准进行政企脱钩、对企业进行改组和改变管理体制变更企业隶属关系以及国有企业改制、盘活国有资产，而发生的国有股权无偿转让划转行为，暂不征收证券交易印花税；对上市公司国有股权无偿转让，需要免征证券交易印花税的，须由企业提出申请，报证券交易所所在地税务局审批，并报国家税务总局备案。

七、征收管理

（一）纳税义务发生时间

印花税纳税义务发生时间为纳税人订立、领受应税凭证或者完成证券交易的当日。如果合同是在国外签订，并且不便在国外贴花的，应在将合同带入境时办理贴花纳税手续。

证券交易印花税扣缴义务发生时间为证券交易完成的当日。证券登记结算机构为证券交易印花税的扣缴义务人。

（二）纳税地点

单位纳税人应当向其机构所在地的主管税务机关申报缴纳印花税；个人纳税人应当向应税凭证订立、领受地或者居住地的税务机关申报缴纳印花税。

纳税人出让或者转让不动产产权的，应当向不动产所在地的税务机关申报缴纳印花税。

证券交易印花税的扣缴义务人应当向其机构所在地的主管税务机关申报缴纳扣缴的税款。

（三）纳税期限

印花税按季、按年或者按次计征。实行按季、按年计征的，纳税人应当于季度、年度终了之日起15日内申报并缴纳税款。实行按次计征的，纳税人应当于纳税义务发生之日起15日内申报并缴纳税款。

证券交易印花税按周解缴。证券交易印花税的扣缴义务人应当于每周终了之日起5日内申报解缴税款及孳息。

已缴纳印花税的凭证所载价款或者报酬增加的，纳税人应当补缴印花税；已缴纳印花税的凭证所载价款或者报酬减少的，纳税人可以向主管税务机关申请退还印花税税款。

（四）缴纳方法

根据税额大小，应税项目纳税次数多少以及税源控管的需要，印花税分别采用自行贴花、汇贴汇缴和委托代征三种缴纳方法。

1. 自行贴花

实行"三自"纳税，即纳税人在书立、领受应税凭证时，自行计算应纳印花税额，向当地纳税机关或印花税票代售点购买印花税票，自行在应税凭证上一次贴足印花并自行注销。这是缴纳印花税的基本方法。印花税票一经售出，国家即取得了印花税收入，但不等于纳税人履行了纳税义务，只有在纳税人按规定将印花税票（足额）粘贴在应税凭证的适当位置后，经盖销或划销后才算完成了纳税手续。已完成纳税手续的凭证应按规定的期限妥善保管，以备核查。同时必须明确：已贴用的印花税票不得重用；已贴花的凭证，修改后所载金额有增加的，其增加部分应当补贴印花。

2. 汇贴汇缴

一份凭证应纳税额超过500元的，纳税人应当向当地税务机关申请填写缴款书或完税证，将其中一联粘贴在凭证上或者税务机关在凭证上加注完税标记代替贴花。同一类应纳税凭证，需频繁贴花的，纳税人应向当地税务机关申请按期汇总缴纳印花税。税务机关对核准汇总缴纳的单位，应发给汇缴许可证，汇总缴纳的限期限额由当地税务机关确定，但最长期限不得超过1个月。凡汇总缴纳印花税的凭证，应加注税务机关指定的汇缴戳记，编号并装订成册后，将已贴印花或者缴款书的一联粘附册后，盖章注销，保存备查。

3. 委托代征

为加强征收管理，简化手续，印花税可以委托有关部门代征，实行源泉控管。对通过国家有关部门发放、鉴证、公证或仲裁的应税凭证，税务部门可以委托这些部门代征印花税，发给代征单位代征委托书，明确双方的权利和义务。

7-7 印花税纳税申报表

第四节 契　税　法

契税法是指国家制定的用以调整契税征收与缴纳之间权利及义务关系的法律规范。现行契税法的基本规范，是1997年7月7日国务院发布并于同年10月1日开始施行的《中华人民共和国契税暂行条例》。

7-8 视频：契税法来了购房契税将上涨？误读

契税是以中华人民共和国境内转移土地、房屋权属为征税对象，向产权承受人征收的一种财产税。契税在我国有着悠久的历史。它起源于东晋的“估税”，至今已有1600多年的历史。新中国成立后，政务院于1950年3月31日第26次政务会议通过并公布了《契税暂行条例》，废除了旧的契税法制，建立了新的契税制度。1954年，财政部对《契税暂行条例》进行修改。“文化大革命”期间，有的地方甚至明令停止办理契税征收业务，财政部于1981年和1990年分别发出了《关于改进和加强契税征收管理工作的通知》和《关于加强契税工作的通知》，对契税政策进行了一些补充和调整。契税征收工作全面恢复。1997年7月7日国务院重新颁布了《中华人民共和国契税暂行条例》，并于1997年10月1日起施行。

征收契税的作用：①广辟财源，增加地方财政收入。契税按财产转移价值征税，税源较为充足，它可以弥补其他财产课税的不足，扩大其征税范围，为地方政府增加一部分财政收入。②保护合法产权，避免产权纠纷。不动产所有权和使用权的转移，涉及转让者和承受者双方的利益。而且，由于产权转移形式多种多样，如果产权的合法性得不到确认，事后必然会出现产权纠纷。契税规定对承受人征税，一方面是对承受人财富的调节，另一方面有利于通过法律形式确定产权关系，维护公民的合法利益，避免产权纠纷。

一、征税对象

契税是以在中华人民共和国境内转移土地、房屋权属为征税对象，向产权承受人征收的一种财产税。

契税的征税对象是境内转移的土地、房屋权属。具体包括以下五项内容。

(一) 国有土地使用权出让

国有土地使用权出让是指土地使用者向国家交付土地使用权出让费用，国家将国有土地使用权在一定年限内让与土地使用者的行为。

(二) 土地使用权的转让

土地使用权的转让是指土地使用者以出售、赠与、交换或者其他方式将土地使用权转移给其他单位和个人的行为。土地使用权的转让不包括农村集体土地承包经营权的转移。

(三) 房屋买卖

房屋买卖是指以货币为媒介,出卖者向购买者过渡房产所有权的交易行为。以下几种特殊情况,视同买卖房屋。

1. 以房产抵债或实物交换房屋

经当地政府和有关部门批准,以房抵债和实物交换房屋,均视同房屋买卖,应由产权承受人,按房屋现值缴纳契税。

例如,甲某因无力偿还乙某债务,而以自有的房产折价抵偿债务。经双方同意,有关部门批准,乙某取得甲某的房屋产权,在办理产权过户手续时,按房产折价款缴纳契税。如以实物(金银首饰等等价物品)交换房屋,应视同以货币购买房屋。

对已缴纳契税的购房单位和个人,在未办理房屋权属变更登记前退房的,退还已纳契税;在未办理房屋权属变更登记后退房的,不予退还已纳契税。

2. 以房产作投资或作股权转让

这种交易业务属房屋产权转移,应根据国家房地产管理的有关规定,办理房屋产权交易和产权变更登记手续,视同房屋买卖,由产权承受方按契税税率计算缴纳契税。

例如,甲某以自有房产,投资于乙某企业。其房屋产权变为乙某企业所有,故产权所有人发生变化,因此,乙某企业在办理产权登记手续后,按甲某入股房产现值(国有企事业房产须经国有资产管理部门评估核价)缴纳契税。如丙某以股份方式购买乙某企业房屋产权,丙某在办理产权登记后,按取得房产买价缴纳契税。

以自有房产作股投入本人独资经营的企业,免纳契税。因为以自有的房地产投入本人独资经营的企业,产权所有人和使用权使用人未发生变化,不需办理房产变更手续,也不办理契税手续。

3. 买房拆料或翻建新房,应照章征收契税

例如,甲某购买乙某房产,不论其目的是取得该房产的建筑材料或是翻建新房,实际构成房屋买卖。甲某应首先办理房屋产权变更手续,并按买价缴纳契税。

(四) 房屋赠与

房屋的赠与是指房屋产权所有人将房屋无偿转让给他人所有。其中,将自己的房屋转交给他人的法人和自然人,称作房屋赠与人;接受他人房屋的法人和自然人,称为受赠人。房屋赠与的前提必须是,产权无纠纷,赠与人和受赠人双方自愿。

由于房屋是不动产,价值较大,故法律要求赠与房屋应有书面合同(契约),并到房地产管理机关或农村基层政权机关办理登记过户手续,才能生效。如果房屋赠与行为涉及涉外关系,还需公证处证明和外事部门认证,才能有效。房屋的受赠人要按规定缴纳契税。

(五) 房屋交换

房屋交换是指房屋所有者之间互相交换房屋的行为。

随着经济形势的发展,有些特殊方式转移土地、房屋权属的,也将视同土地使用权转让、房屋买卖或者房屋赠与。一是以土地、房屋权属作价投资、入股;二是以土地、房屋权属抵

债；三是以获奖方式承受土地、房屋权属；四是以预购方式或者预付集资建房款方式承受土地、房屋权属。

（六）承受国有土地使用权支付的土地出让金

对承受国有土地使用权所应支付的土地出让金，要计征契税。不得因减免土地出让金而减免契税。

二、纳税义务人、税率和应纳税额的计算

（一）纳税义务人

契税的纳税义务人是境内转移土地、房屋权属，承受的单位和个人。境内是指中华人民共和国实际税收行政管辖范围内。土地、房屋权属是指土地使用权和房屋所有权。单位是指企业单位、事业单位、国家机关、军事单位和社会团体以及其他组织。个人是指个体经营者及其他个人，包括中国公民和外籍人员。

（二）税率

契税实行3%～5%的幅度税率。实行幅度税率是考虑到我国经济发展的不平衡，各地经济差别较大的实际情况。因此，各省、自治区、直辖市人民政府可以在3%～5%的幅度税率规定范围内，按照本地区的实际情况决定。

7-9 重磅！契税法通过，房价要涨？契税要涨？解读来了

（三）应纳税额的计算

1. 计税依据

契税的计税依据为不动产的价格。由于土地、房屋权属转移方式不同，定价方法不同，因而具体计税依据视不同情况而决定。

（1）国有土地使用权出让、土地使用权出售、房屋买卖，以成交价格为计税依据。成交价格是指土地、房屋权属转移合同确定的价格，包括承受者应交付的货币、实物、无形资产或者其他经济利益。

（2）土地使用权赠与、房屋赠与，由征收机关参照土地使用权出售、房屋买卖的市场价格核定。

（3）土地使用权交换、房屋交换，为所交换的土地使用权、房屋的价格差额。也就是说，交换价格相等时，免征契税；交换价格不等时，由多交付的货币、实物、无形资产或者其他经济利益的一方缴纳契税。

（4）以划拨方式取得土地使用权，经批准转让房地产时，由房地产转让者补缴契税。计税依据为补交的土地使用权出让费用或者土地收益。

为了避免偷、逃税款，税法规定，成交价格明显低于市场价格并且无正当理由的，或者所交换土地使用权、房屋的价格的差额明显不合理并且无正当理由的，征收机关可以参照市场价格核定计税依据。

（5）房屋附属设施征收契税的依据。①采取分期付款方式购买房屋附属设施土地使用权、房屋所有权的，应按合同规定的总价款计征契税。②承受的房屋附属设施权属如为单独计价的，按照当地确定的适用税率征收契税；如与房屋统一计价的，适用与房屋相同的契税税率。

（6）个人无偿赠与不动产行为（法定继承人除外），应对受赠人全额征收契税。在缴纳契税时，纳税人须提交经税务机关审核并签字盖章的《个人无偿赠与不动产登记表》，税务机

关(或其他征收机关)应在纳税人的契税完税凭证上加盖“个人无偿赠与”印章,在《个人无偿赠与不动产登记表》中签字并将该表格留存。

2. 应纳税额的计算方法

契税采用比例税率。当计税依据确定以后,应纳税额的计算比较简单。应纳税额的计算公式为:

应纳税额=计税依据×税率

【例 7-5】 居民甲有两套住房,将一套出售给居民乙,成交价格为 200 000 元;将另一套两室住房与居民丙交换成两处一室住房,并支付给丙换房差价款 60 000 元。试计算甲、乙、丙相关行为应缴纳的契税(假定税率为 4%)。

(1) 甲应缴纳契税=60 000×4%=2 400(元)

(2) 乙应缴纳契税=200 000×4%=8 000(元)

(3) 丙不缴纳契税。

三、税收优惠

(一) 契税优惠的一般规定

(1) 国家机关、事业单位、社会团体、军事单位承受土地、房屋用于办公、教学、医疗、科研和军事设施的,免征契税。

(2) 城镇职工按规定第一次购买公有住房,免征契税。

此外,财政部、国家税务总局规定:自 2000 年 11 月 29 日起,对各类公有制单位为解决职工住房而采取集资建房方式建成的普通住房,或由单位购买的普通商品住房,经当地县以上人民政府房改部门批准、按照国家房改政策出售给本单位职工的,如属职工首次购买住房,均可免征契税。

对个人购买普通住房,且该住房属于家庭(成员范围包括购房人、配偶以及未成年子女,下同)唯一住房的,减半征收契税。对个人购买 90 平方米及以下普通住房,且该住房属于家庭唯一住房的,减按 1%税率征收契税。

(3) 因不可抗力灭失住房而重新购买住房的,酌情减免。不可抗力是指自然灾害、战争等不能预见、不可避免并不能克服的客观情况。

(4) 土地、房屋被县级以上人民政府征用、占用后,重新承受土地、房屋权属的,由省级人民政府确定是否减免。

(5) 承受荒山、荒沟、荒丘、荒滩土地使用权,并用于农、林、牧、渔业生产的,免征契税。

(6) 经外交部确认,依照我国有关法律规定以及我国缔结或参加的双边和多边条约或协定,应当予以免税的外国驻华使馆、领事馆、联合国驻华机构及其外交代表、领事官员和其他外交人员承受土地、房屋权属。

(二) 契税优惠的特殊规定

(1) 企业公司制改造。非公司制企业,按照《中华人民共和国公司法》的规定,整体改建为有限责任公司(含国有独资公司)或股份有限公司,或者有限责任公司整体改建为股份有限公司的,对改建后的公司承受原企业土地、房屋权属,免征契税。

非公司制国有独资企业或国有独资有限责任公司，以其部分资产与他人组建新公司，且该国有独资企业(公司)在新设公司中所占股份超过50%的，对新设公司承受该国有独资企业(公司)的土地、房屋权属，免征契税。

(2) 企业股权重组。在股权转让中，单位、个人承受企业股权，企业土地、房屋权属不发生转移，不征收契税。

国有、集体企业实施"企业股份合作制改造"，由职工买断企业产权，或向其职工转让部分产权，或者通过其职工投资增资扩股，将原企业改造为股份合作制企业的，对改造后的股份合作制企业承受原企业的土地、房屋权属，免征契税。

为进一步支持国有企业改制重组，国有控股公司投资组建新公司有关契税政策规定如下：①对国有控股公司以部分资产投资组建新公司，且该国有控股公司占新公司股份85%以上的，对新公司承受该国有控股公司土地、房屋权属免征契税。上述所称国有控股公司，是指国家出资额占有限责任公司资本总额50%以上或国有股份占股份有限公司股本总额50%以上的国有控股公司。②以出让方式承受原国有控股公司土地使用权的，不属于本规定的范围。

(3) 企业合并。两个或两个以上的企业，依据法律规定、合同约定，合并改建为一个企业，对其合并后的企业承受原合并各方的土地、房屋权属，免征契税。

(4) 企业分立。企业依照法律规定、合同约定分设为两个或两个以上投资主体相同的企业，对派生方、新设方承受原企业土地、房屋权属，不征收契税。

(5) 企业出售。国有、集体企业出售，被出售企业法人予以注销，并且买受人按照《中华人民共和国劳动法》(以下简称《劳动法》)等国家有关法律法规政策妥善安置原企业全部职工，其中与原企业30%以上职工签订服务年限不少于3年的劳动用工合同的，对其承受所购企业的土地、房屋权属，减半征收契税；与原企业全部职工签订服务年限不少于3年的劳动用工合同的，免征契税。

(6) 企业注销、破产。企业依照有关法律、法规的规定实施注销、破产后，债权人(包括注销、破产企业职工)承受注销、破产企业土地、房屋权属以抵偿债务的，免征契税；对非债权人承受注销、破产企业土地、房屋权属，凡按照《劳动法》等国家有关法律法规政策妥善安置原企业全部职工，其中与原企业30%以上职工签订服务年限不少于3年的劳动用工合同的，对其承受所购企业的土地、房屋权属，减半征收契税；与原企业全部职工签订服务年限不少于3年的劳动用工合同的，免征契税。

(7) 房屋的附属设施。对于承受与房屋相关的附属设施(包括停车位、汽车库、自行车库、顶层阁楼以及储藏室，下同)所有权或土地使用权的行为，按照契税法律、法规的规定征收契税；对于不涉及土地使用权和房屋所有权转移变动的，不征收契税。

(8) 继承土地、房屋权属。对于《中华人民共和国继承法》(以下简称《继承法》)规定的法定继承人(包括配偶、子女、父母、兄弟姐妹、祖父母、外祖父母)继承土地、房屋权属，不征契税。

按照《继承法》规定，非法定继承人根据遗嘱承受死者生前的土地、房屋权属，属于赠与行为，应征收契税。

(9) 事业单位按照国家有关规定改制为企业的过程中，投资主体没有发生变化的，对改制后的企业承受原事业单位土地、房屋权属，免征契税。投资主体发生变化的，改制后的企业按照《劳动法》等有关法律法规妥善安置原事业单位全部职工，其中与原事业单位全部职工签订服务年限不少于3年劳动用工合同的，对其承受原事业单位的土地、房屋权属，免征契税；与原事业单位30%以上职工签订服务年限不少于3年劳动用工合同的，对其承受原事业单位的土地、房屋权属，减半征收契税。

(10) 事业单位改制过程中，改制后的企业以出让或国家作价出资(入股)方式取得原国有划拨土地使用权的，不属于本通知规定的契税减免税范围，应按规定缴纳契税。

(11) 婚姻关系存续期间，房屋、土地权属原归夫妻一方所有，变更为夫妻双方共有的，免征契税。

(12) 关于企业以售后回租方式进行融资等有关契税政策：①对金融租赁公司开展售后回租业务，承受承租人房屋、土地权属的，照章征税。对售后回租合同期满，承租人回购原房屋、土地权属的，免征契税。②以招拍挂方式出让国有土地使用权的，纳税人为最终与土地管理部门签订出让合同的土地使用权承受人。③市、县级人民政府根据有关规定征收居民房屋，居民因个人房屋被征收而选择货币补偿用以重新购置房屋，并且购房成交价格不超过货币补偿的，对新购房屋免征契税。购房成交价格超过货币补偿的，对差价部分按规定征收契税。居民因个人房屋被征收而选择房屋产权调换，并且不缴纳房屋产权调换差价的，对新换房屋免征契税；缴纳房屋产权调换差价的，对差价部分按规定征收契税。④企业承受土地使用权用于房地产开发，并在土地上代政府建设保障性住房的，计税价格为取得全部土地使用权的成交价格。⑤单位、个人以房屋、土地以外的资产增资，相应扩大其在被投资公司的股权持有比例，无论被投资公司是否变更工商登记，其房屋、土地权属不发生转移，不征收契税。⑥个体工商户的经营者将其个人名下的房屋、土地权属转移至个体工商户名下，或个体工商户将其个人名下的房屋、土地权属转回原经营者个人名下，免征契税。

7-10 婚后在房产证上加名，需要缴纳契税吗

合伙企业的合伙人将其名下的房屋、土地权属转移至合伙企业名下，或合伙企业将其个人名下的房屋、土地权属转回原合伙人名下，免征契税。

(13) 其他规定。①经国务院批准实施债权转股权的企业，对债权转股权后新设立的公司承受原企业的土地、房屋权属，免征契税；②政府主管部门对国有资产进行行政性调整和划转过程中发生的土地、房屋权属转移，不征收契税；③企业改制重组过程中，同一投资主体内部所属企业之间土地、房屋权属的无偿划转，包括母公司与其全资子公司之间，同一公司所属全资子公司之间，同一自然人与其设立的个人独资企业、一人有限公司之间土地、房屋权属的无偿划转，不征收契税；④公司制企业在重组过程中，以名下土地、房屋权属对其全资子公司进行增资，属同一投资主体内部资产划转，对全资子公司承受母公司土地、房屋权属的行为，不征收契税。

四、征收管理

1. 纳税义务发生时间

契税的纳税义务发生时间是纳税人签订土地、房屋权属转移合同的当天，或者纳税人取得其他具有土地、房屋权属转移合同性质凭证的当天。

2. 纳税期限

纳税人应当自纳税义务发生之日起10日内，向土地、房屋所在地的契税征收机关办理

纳税申报，并在契税征收机关核定的期限内缴纳税款。

3. 纳税地点

契税在土地、房屋所在地的征收机关缴纳。

4. 征收管理

纳税人办理纳税事宜后，征收机关应向纳税人开具契税完税凭证。纳税人持契税完税凭证和其他规定的文件材料，依法向土地管理部门、房产管理部门办理有关土地、房屋的权属变更登记手续。土地管理部门和房产管理部门应向契税征收机关提供有关资料，并协助契税征收机关依法征收契税。

自 1997 年《契税暂行条例》实施以来，各级征收机关在国土部门、房管部门的协作配合下，积极探索契税征收方式，不断加强征收管理，促进了契税收入的持续快速增长。契税已经成为地方税收的重要税种。多年来的征管实践证明，征收机关直接征收契税，是掌握税源情况、制定税收政策的基础，是强化税收管理、严格执行政策的抓手，也是保障契税收入持续快速增长的必要措施。征收机关直接征收契税比委托其他单位代征契税效率高。为此，国家税务总局决定，各级征收机关要在 2004 年 12 月 31 日前停止代征委托，直接征收契税。有关规定如下：

(1) 要建立健全直接征收的管理制度。各地征收机关，按照方便纳税人的原则，结合本地实际设置申报窗口，根据国家税务总局有关规定，制定、完善征管工作规程，建立、健全征收岗位责任制度。

(2) 要及时终止委托代征。现委托其他单位代征契税的征收机关，应根据本地实际确定停止代征的日期并通知代征单位，及时办理票款结报手续。2005 年 1 月 1 日之后，各级征收机关一律不得委托其他单位代征契税。

(3) 要规范减免管理程序。征收机关应按照国家税务总局制定的《关于耕地占用税契税减免管理办法》(国税发〔2004〕99 号)，统筹考虑征收管理和减免管理问题，规范契税减免申报程序，做好契税减免管理工作。

(4) 要争取政府和相关部门的理解与支持。各级征收机关应积极向本地人民政府汇报情况，说明直接征收契税的财政意义，争取对直接征收契税的理解与支持。根据契税法规和相关政策协调与国土部门、房管部门的工作关系，确保"先税后征"，有效控制税源。

7-11 契税纳税申报表

7-12 扫一扫看课件

7-13 扫一扫练一练

7-14 练一练参考答案

本章小结

本章主要讲解了房产税、车船税、印花税、契税 4 个税种各自的概念、征税范围、税率、计税依据、应该税额的计算、税收优惠、税收征管等相关内容。本章的重点是印花税和契税两个税种的相关知识。

本章重要概念

房产税　车船税　印花税　契税

推荐阅读资料

[1] 中国注册会计师协会.税法[M].北京：经济科学出版社,2014.
[2] 马海涛.中国税制[M].北京:中国人民大学出版社,2014.

第八章　企业所得税法

内容简介

本章对企业所得税的概念和税制要素的基本内容进行介绍,并重点介绍企业所得税应纳税所得额的确定和应纳税额的计算。

学习目的和要求

通过本章学习,学生应了解企业所得税的概念、特点和意义,掌握企业所得税税制要素的基本内容,重点掌握企业所得税应纳税所得额的确定和应纳税额的计算,了解资产的税务处理和特别纳税调整方面的规定,掌握企业所得税的征收管理方面的规定。

思政育人　疫情防控期间关于捐赠的税收政策

疫情期间,国家为鼓励企业和个人对疫情严重地区进行捐赠,财政部和国家税务总局联合下发《关于支持新型冠状病毒感染的肺炎疫情防控有关捐赠税收政策的公告》(财政部 税务总局公告2020年第9号),该公告规定:

1. 企业和个人通过公益性社会组织或者县级以上人民政府及其部门等国家机关,捐赠用于应对新型冠状病毒感染的肺炎疫情的现金和物品,允许在计算应纳税所得额时全额扣除。

2. 企业和个人直接向承担疫情防治任务的医院捐赠用于应对新型冠状病毒感染的肺炎疫情的物品,允许在计算应纳税所得额时全额扣除。

捐赠人凭承担疫情防治任务的医院开具的捐赠接收函办理税前扣除事宜。

3. 单位和个体工商户将自产、委托加工或购买的货物,通过公益性社会组织和县级以上人民政府及其部门等国家机关,或者直接向承担疫情防治任务的医院,无偿捐赠用于应对新型冠状病毒感染的肺炎疫情的,免征增值税、消费税、城市维护建设税、教育费附加、地方教育附加。

疫情防控,财政是一支重要的力量!战疫情,尽显税收存在真谛。请大家结合疫情期间的税收优惠政策及自己所学的知识,思考税收究竟有哪些职能?税收优惠在税收职能的发挥中起到了什么作用?你作为一名社会公民是否应当履行社会责任,依法纳税呢?

第一节 基本原理

一、企业所得税的概念

企业所得税是指对中华人民共和国境内的企业(居民企业及非居民企业)和其他取得收入的组织的生产经营所得和其他所得为课税对象而征收的一种所得税。现行的企业所得税法的基本规范是2007年3月16日第十届全国人民代表大会第五次会议通过的《中华人民共和国企业所得税法》(以下简称《企业所得税法》)和2007年11月28日国务院第197次常务会议通过的《中华人民共和国企业所得税法实施条例》(以下简称《企业所得税法实施条例》自2008年1月1日起施行)。

二、企业所得税的特点

1. 实行综合课征制,征税范围广

企业所得税实行综合课征制,即不论生产经营所得(通常指企业从事产品生产、交通运输、商品流通、劳务服务和其他营利事业等取得的所得),还是其他所得(通常指提供资金或财产取得的所得,包括利息、股息租金等所得),都按照统一的比例税率征收企业所得税。同时,在我国境内企业和其他取得收入的组织都是企业所得税的纳税人,都要按照税法的规定纳税,具有征收上的普遍性。

2. 计税依据为年应纳税所得额,税基约束力强

企业所得税的计税依据是应纳税所得额,是按照税法规定的收入总额扣除允许扣除的项目后的金额。应纳税所得额的计算在税法的强制性与统一性的基础上涉及会计核算的各个方面,使企业所得税的计税依据既反应所得的综合性和全面性又体现税法的强制性和约束性。

3. 纳税人与负担人一致,体现量能负担的原则

企业所得税的纳税人不分所有制、地区、行业,实行统一的比例税率,缴纳的所得税不易转嫁,由纳税人实际负担。税基为企业的应纳税所得额,直接与企业的承受能力相关,盈利能力强的企业多缴税,盈利少的少纳税,体现了税法的量能负担原则。

4. 实行按年计征,分期预缴,年终汇算清缴的征收管理方法

企业所得税采取按年计征,分期预缴,年终汇算清缴的征收管理方法,采取分期预缴的方法,有利于税款及时入库,保障财政收入。

三、企业所得税的作用

1. 促进企业改善经营管理活动,提升企业的盈利能力

企业所得税只对利润征税,采用比例税率,因此,投资能力和盈利能力较强的企业能产生较多的利润。但在适用比例税率的情况下,盈利能力越强,则税负承担能力越强,相对降低了企业的税负水平,也相对增加了企业的税后利润。并且,在征税过程中,对企业的收入、成本、费用等进行检查,对企业的经营管理活动和财务管理活动展开监督,促使企业改善经营管理活动,提高盈利能力。

2. 调节产业结构，促进经济发展

所得税的调节作用在于公平税负、量能负担，虽然各国的法人所得税往往采用比例税率，在一定程度上削弱了所得税的调控功能，但在税制设计中，各国往往通过各项税收优惠政策的实施，发挥其对纳税人投资、产业结构调整、环境治理等方面的调控作用。

3. 为国家建设筹集财政资金

税收的首要职能就是筹集财政收入。随着我国国民收入向企业和居民分配的倾斜，以及经济的发展和企业盈利水平的提高，企业所得税占全部税收收入的比重越来越高，成为我国税制的主体税种之一。

第二节 纳税义务人

企业所得税的纳税义务人，是指在中华人民共和国境内的企业和其他取得收入的组织。根据企业纳税义务范围的不同，将企业所得税的纳税人分为居民企业和非居民企业，不同的企业在向中国政府缴纳所得税时，纳税义务不同。将企业所得税的纳税人分为居民企业和非居民企业是为了更好的保障我国税收管辖权，我国根据国际标准选择了地域管辖权和居民管辖权的双重管辖权标准，最大限度地维护我国的税收利益。

8-1 视频：纳税人、征税对象和税率

一、居民企业

居民企业是指依法在中国境内成立，或者依照外国（地区）法律成立但实际管理机构在中国境内的企业。

这里的企业包括国有企业、集体企业、私营企业、联营企业、股份制企业、外商投资企业、外国企业以及有生产、经营所得和其他所得的其他组织。其中，有生产、经营所得和其他所得的其他组织，是指经国家有关部门批准，依法注册、登记的事业单位、社会团体等组织。实际管理机构是指对企业的生产经营、人员、账务、财产等实施实质性全面管理和控制的机构。

延伸阅读8-1

实际管理机构

实际管理机构的认定，一般以召开股东大会的场所、董事会行使指挥监督权力的场所、公布分红的场所、企业账簿保管的场所等因素综合判断。

二、非居民企业

非居民企业是指依照外国（地区）法律成立且实际管理机构不在中国境内，但在中国境内设立机构、场所，或者在中国境内未设立机构、场所，但有来源于中国境内所得的企业。

境内设立的机构、场所是指在中国境内从事生产经营的机构、场所，包括：

（1）管理机构、营业机构、办事机构。

（2）工厂、农场、开采自然资源的场所。

（3）提供劳务的场所。

(4) 从事建筑、安装、装配、修理、勘探等工程作业的场所。

(5) 其他从事生产经营活动的机构、场所。

(6) 营业代理人。

营业代理人是指非居民企业委托营业代理人在中国境内从事生产经营活动的,包括委托单位或者个人经常代其签订合同,或者储存、交付货物等。营业代理人视为非居民企业在中国境内设立的机构、场所。

三、扣缴义务人

非居民企业在中国未设立机构、场所的,或者虽设立机构、场所但取得的所得与其所设机构、场所没有实际联系的,应当就其来源于中国境内的所得应缴纳的所得税,实行税源扣缴,以支付人为扣缴义务人。对非居民企业在中国境内取得工程作业和劳务所得应缴纳的所得税,税务机关可以指定工程款或者劳务费的支付人为扣缴义务人。

第三节　征税对象

企业所得税的征税对象是指企业的生产经营所得、其他所得和清算所得,包括销售货物所得、提供劳务所得、转让财产所得、股息红利所得、租金所得、特许权使用费所得、接受捐赠所得和其他所得。

一、居民企业的征税对象

居民企业应就来源于中国境内、境外的所得作为征税对象。所得包括销售货物所得、提供劳务所得、转让财产所得、股息红利等权益性投资所得、利息所得、租金所得、特许权使用费所得、接受捐赠所得和其他所得。

二、非居民企业的征税对象

非居民企业在中国境内设立机构、场所的,应当就其所设机构、场所取得的来源于中国境内的所得,以及发生在中国境外但与其所设机构、场所有实际联系的所得,缴纳企业所得税;非居民企业在中国境内未设立机构、场所的,或者虽设立机构、场所但取得的所得与其所设机构、场所没有实际联系的,应当就其来源于中国境内的所得缴纳企业所得税。

以上所称实际联系,是指非居民企业在中国境内设立的机构、场所拥有的据以取得所得的股权、债权,以及拥有、管理、控制据以取得所得的财产。

三、所得来源的确定

(1) 销售货物所得,按照交易活动发生地确定。

(2) 提供劳务所得,按照劳务发生地确定。

(3) 转让财产所得:①不动产转让所得按照不动产所在地确定;②动产转让所得按照转让动产的企业或者机构、场所所在地确定;③权益性投资资产转让所得按照被投资企业所在地确定。

(4) 股息、红利等权益性投资所得,按照分配所得的企业所在地确定。

(5) 利息所得、租金所得、特许权使用费所得,按照负担、支付所得的企业或者机构、场所所在地确定,或者按照负担、支付所得的个人的住所地确定。

(6) 其他所得,由国务院财政、税务主管部门确定。

相关案例 8-1

所得来源地的确定

X公司为中国的非居民企业,该公司在中国青岛设立分支机构,2018年取得如下收入:

(1) 在中国南宁销售一批货物,获得收入200万元。

(2) 在美国以500万元的价格转让不动产,该不动产位于中国济南。

(3) 在日本M公司获得股息50万元。

(4) 许可在中国境内的H公司使用其商标,获得使用费200万元。

(5) 设在中国济南的分支机构获得了来自英国某企业的利息50万元,该英国企业曾向X公司的青岛机构借款200万元。

判断分析:上述所得中那些所得来源于中国境内?

第四节 税　率

我国企业所得税实行比例税率。比例税率简便易行,透明度高,不会因企业所得税的缴纳改变企业间收入分配比例,有利于促进效率的提高,体现量能负担。现行规定如下。

一、基本税率为25%

基本税率适用于居民企业和在中国境内设有机构、场所且所得与机构、场所有关联的非居民企业。

二、低税率为10%

低税率适用于在中国境内未设立机构、场所,或者虽设立机构、场所但取得的所得与其所设机构、场所没有实际联系的非居民企业。但实际征税时适用10%的税率,体现为企业所得税的税收优惠。

三、优惠税率

国家为了扶持和发展特定行业,规定了两档优惠税率:

(1) 符合条件的小型微利企业,减按20%的税率征收企业所得税。

(2) 国家重点扶持的高新技术企业,减按15%的税率征收企业所得税。

延伸阅读 8-2

世界各国企业所得税税率比较

现行企业所得税基本税率设定为25%,从世界各国比较而言还是偏低的。据有关资料介绍,世界上近

160个实行企业所得税的国家(地区)平均税率为28.6%,我国周边18个国家(地区)的平均税率为26.7%。现行税率的确定,既考虑了我国财政承受能力,又考虑了企业负担水平。

第五节　应纳税额的计算

企业所得税的计税依据是应纳税所得额,按照企业所得税法的规定,应纳税所得额为企业每一个纳税年度的收入总额,减除税法确定的不征税收入、免税收入、各项扣除以及允许弥补的以前年度亏损后的余额。基本公式为:

应纳税所得额=收入总额-不征税收入-免税收入-各项扣除-允许弥补的以前年度亏损

应纳税所得额的计算在税法的强制性与统一性的基础上涉及会计核算的各个方面,计算遵循以下原则:

(1) 权责发生制原则。属于当期的收入和费用,不论款项是否收付,均作为当期的收入和费用;不属于当期的收入和费用,即使款项已经在当期收付,均不作为当期的收入和费用。

(2) 净所得纳税原则。计税依据以企业的净收益为依据,体现了税法的量能负担,同时也不影响企业的再生产。

(3) 税法优先原则。计算应纳税所得额时,当企业财务、会计处理方法与税收法律出现不一致时,以税法的规定进行处理。

应纳税所得额的正确计算直接关系到国家财政收入和企业的税收负担,并且同成本、费用核算关系密切。因此,企业所得税法对应纳税所得额计算作了明确规定。主要内容包括收入总额、扣除范围和标准、资产的税务处理、亏损弥补等。

延伸阅读8-3

企业所得税应纳税所得额和会计利润的关系

应纳税所得额与会计利润是两个不同的概念。两者既有联系,又有区别。应纳税所得额是一个税法概念。它是企业计算企业所得税的计税依据。而会计利润则是一个会计概念,是企业当期利润表上反应的企业一定时期的财务成果。它关系到企业的经营情况,是计算企业应纳税所得额的基础,但是不等于企业所得税的应纳税所得额。凡是企业财务制度规定的列支标准和税法规定有抵触的,要按照税法进行调整,经调整后的会计利润,才能作为企业的应纳税所得额。

一、收入总额

企业的收入总额包括以货币形式和非货币形式从各种来源取得的收入,具体有:销售货物收入,提供劳务收入,转让财产收入,股息、红利等权益性投资收益,利息收入,租金收入,特许权使用费收入,接受捐赠收入,其他收入。

(一) 一般收入的确认

(1) 销售货物收入是指企业销售商品、产品、原材料、包装物、低值易耗品以及其他存货取得的收入。

(2) 提供劳务收入是指企业从事建筑安装、修理修配、交通运输、仓储租赁、金融保险、邮电通信、咨询经纪、文化体育、科学研究、技术服务、教育培训、餐饮住宿、中介代理、卫生保健、社区服务、旅游、娱乐、加工以及其他劳务服务活动取得的收入。

(3) 转让财产收入是指企业转让固定资产、生物资产、无形资产、股权、债权等财产取得的收入。

(4) 股息、红利等权益性投资收益是指企业因权益性投资从被投资方取得的收入。股息、红利等权益性投资收益,除国务院财政、税务主管部门另有规定外,按照被投资方作出利润分配决定的日期确认收入的实现。

(5) 利息收入是指企业将资金提供他人使用但不构成权益性投资,或者因他人占用本企业资金取得的收入,包括存款利息、贷款利息、债券利息、欠款利息等收入;利息收入,按照合同约定的债务人应付利息的日期确认收入的实现。

(6) 租金收入是指企业提供固定资产、包装物或者其他有形资产的使用权取得的收入。租金收入,按照合同约定的承租人应付租金的日期确认收入的实现。其中,如果交易合同或协议中规定租赁期限跨年度,且租金提前一次性支付的,根据《企业所得税法实施条例》第九条规定的收入与费用配比原则,出租人可对上述已确认的收入,在租赁期内,分期均匀计入相关年度收入。

(7) 特许权使用费收入是指企业提供专利权、非专利技术、商标权、著作权以及其他特许权的使用权取得的收入。特许权使用费收入,按照合同约定的特许权使用人应付特许权使用费的日期确认收入的实现。

(8) 接受捐赠收入是指企业接受的来自其他企业、组织或者个人无偿给予的货币性资产、非货币性资产。接受捐赠收入,按照实际收到捐赠资产的日期确认收入的实现。

(9) 其他收入是指企业取得的除以上收入外的其他收入,包括企业资产溢余收入、逾期未退包装物押金收入、确实无法偿付的应付款项、已作坏账损失处理后又收回的应收款项、债务重组收入、补贴收入、违约金收入、汇兑收益等。

(二) 特殊收入的确认

(1) 以分期收款方式销售货物的,按照合同约定的收款日期确认收入的实现。

(2) 企业受托加工制造大型机械设备、船舶、飞机,以及从事建筑、安装、装配工程业务或者提供其他劳务等,持续时间超过 12 个月的,按照纳税年度内完工进度或者完成的工作量确认收入的实现。

(3) 采取产品分成方式取得收入的,按照企业分得产品的日期确认收入的实现、其收入额按照产品的公允价值确定。

(4) 企业发生非货币性资产交换,以及将货物、财产、劳务用于捐赠、偿债、赞助、集资、广告、样品、职工福利或者利润分配等用途的,应当视同销售货物、转让财产或者提供劳务,但国务院财政、税务主管部门另有规定的除外。

(三) 处置资产收入的确认

(1) 企业发生下列情形的处置资产,除将资产转移至境外以外,由于资产所有权属在形式和实质上均不发生改变,可作为内部处置资产,不视同销售确认收入,相关资产的计税基础延续计算:①将资产用于生产、制造、加工另一产品;②改变资产形状、结构或性能;③改变资产用途(如,自建商品房转为自用或经营);④将资产在总机构及其分支机构之间转移;⑤上述两种或两种以上情形的混合;⑥其他不改变资产所有权属的用途。企业将资产用于样品、职工奖励或福利，应按规定视同销售确定收入。

（2）企业将资产移送他人的下列情形，因资产所有权属已发生改变而不属于内部处置资产，应按规定视同销售确定收入：①用于市场推广或销售；②用于交际应酬；③用于职工奖励或福利；④用于股息分配；⑤用于对外捐赠；⑥其他改变资产所有权属的用途。

（3）企业发生的第（2）项规定情形时，属于企业自制的资产，应按企业同类资产同期对外销售价格确定销售收入；属于外购的资产，可按购入时价格确定销售收入。

8-2 年末送礼的涉税处理——礼品用于集体福利

8-3 年末送礼的涉税处理——礼品赠送客户

（四）相关收入实现的确认

除企业所得税法及实施条例前述收入的规定外，企业销售收入的确认，必须遵循权责发生制原则和实质重于形式原则。

（1）企业销售商品同时满足下列条件的，应确认收入的实现：①商品销售合同已经签订，企业已将商品所有权相关的主要风险和报酬转移给购货方；②企业对已售出的商品既没有保留通常与所有权相联系的继续管理权，也没有实施有效控制；③收入的金额能够可靠地计量；④已发生或将发生的销售方的成本能够可靠地核算。

（2）符合上款收入确认条件，采取下列商品销售方式的，应按以下规定确认收入实现时间：①销售商品采用托收承付方式的，在办妥托收手续时确认收入；②销售商品采取预收款方式的，在发出商品时确认收入；③销售商品需要安装和检验的，在购买方接受商品以及安装和检验完毕时确认收入。如果安装程序比较简单。可在发出商品时确认收入；④销售商品采用支付手续费方式委托代销的，在收到代销清单时确认收入。

（3）采用售后回购方式销售商品的，销售的商品按售价确认收入，回购的商品作为购进商品处理。有证据表明不符合销售收入确认条件的，如以销售商品方式进行融资，收到的款项应确认为负债，回购价格大于原售价的，差额应在回购期间确认为利息费用。

（4）销售商品以旧换新的，销售商品应当按照销售商品收入确认条件确认收入，回收的商品作为购进商品处理。

（5）企业为促进商品销售而在商品价格上给予的价格扣除属于商业折扣，商品销售涉及商业折扣的，应当按照扣除商业折扣后的金额确定销售商品收入金额。

（6）企业在各个纳税期末，提供劳务交易的结果能够可靠估计的，应采用完工进度（完工百分比）法确认提供劳务收入。

（7）企业以买一赠一等方式组合销售本企业商品的，不属于捐赠，应将总的销售金额按各项商品的公允价值的比例来分摊确认各项的销售收入。

（8）企业取得财产（包括各类资产、股权、债权等）转让收入、债务重组收入、接受捐赠收入、无法偿付的应付款收入等，不论是以货币形式还是非货币形式体现，除另有规定外，均应一次性计入确认收入的年度计算缴纳企业所得税。

二、不征税收入

企业收入总额中的下列收入为税法规定的企业所得税的不征税收入。

（1）财政拨款，是指各级人民政府对纳入预算管理的事业单位、社会团体等组织拨付的财政资金，但国务院和国务院财政、税务主管部门另有规定的除外。

(2) 依法收取并纳入财政管理的行政事业性收费、政府性基金。行政事业性收费是指依照法律法规等有关规定，按照国务院规定程序批准，在实施社会公共管理，以及在向公民、法人或者其他组织提供特定公共服务过程中，向特定对象收取并纳入财政管理的费用。政府性基金，是指企业依照法律、行政法规等有关规定，代政府收取的具有专项用途的财政资金。

(3) 国务院规定的其他不征税收入，是指企业取得的，由国务院财政、税务主管部门规定专项用途并经国务院批准的财政性资金。

上述不征税收入用于支出所形成的费用，不得在计算应纳税所得额时扣除；用于支出所形成的资产，其计提的折旧、摊销不得在计算应纳税所得额时扣除。

三、免税收入

企业的下列收入为企业所得税的免税收入：

(1) 国债利息收入。为鼓励企业积极购买国债，支援国家建设，税法规定，企业因购买国债取得的利息收入，免征企业所得税，但企业转让国债的收益应计算缴纳企业所得税。

(2) 符合条件的居民企业之间的股息、红利等权益性收益，是指居民企业直接投资于其他居民企业取得的投资收益。

(3) 在中国境内设立机构、场所的非居民企业从居民企业取得与该机构、场所有实际联系的股息、红利等权益性投资收益。该收益不包括连续持有居民企业公开发行并上市流通的股票不足 12 个月取得的投资收益。

(4) 符合条件的非营利组织的收入。符合条件的非营利组织是指：①依法履行非营利组织登记手续；②从事公益性或者非营利性活动；③取得的收入除用于与该组织有关的、合理的支出外，全部用于登记核定或者章程规定的公益性或者非营利性事业；④财产及其孳生息不用于分配；⑤按照登记核定或者章程规定，该组织注销后的剩余财产用于公益性或者非营利性目的，或者由登记管理机关转赠给与该组织性质、宗旨相同的组织，并向社会公告；⑥投入人对投入该组织的财产不保留或者享有任何财产权利；⑦工作人员工资福利开支控制在规定的比例内，不变相分配该组织的财产；⑧国务院财政、税务主管部门规定的其他条件。

《企业所得税法》第二十六条第 4 项所称符合条件的非营利组织的收入，不包括非营利组织从事营利性活动取得的收入，但国务院财政、税务主管部门另有规定的除外。

(5) 非营利组织的下列收入：①接受其他单位或者个人捐赠收入；②除《企业所得税法》第七条规定的财政拨款以外的其他政府补助收入，但不包括因政府购买服务取得的收入；③按照省级以上民政、财政部门规定收取的会费；④不征税收入和免税收入孳生的银行存款利息收入；⑤财政部、国家税务总局规定的其他收入。

延伸阅读 8-4

不征税收入和免税收入的区别

不征税收入：对非经营活动或非营利活动带来的经济利益流入应从应税总收入中排除，不属于税收优惠的范围,从所得税原理应永久不列为征税范围。

免税收入:国家为了实现某些经济和社会目标,在特定时期对特定项目取得的经济利益给予的税收优惠。

四、扣除项目

(一) 扣除项目的原则

企业申报的扣除项目和金额要真实、合法。《企业所得税法》规定,企业实际发生的与取得收入有关的、合理的支出,可以扣除。企业发生的支出应当区分收益性支出和资本性支出,其中发生的收益性支出,在发生当期直接扣除;资本性支出,不得在发生当期直接扣除,应当分期扣除或者是计入有关资产的成本。除税收法规另有规定外,税前扣除一般应遵循以下原则:

(1) 权责发生制原则,是指企业费用应在发生的所属期扣除,而不是在实际支付时确认扣除。

(2) 配比原则,是指企业发生的费用应当与收入配比扣除。除特殊规定外,企业发生的费用不得提前或滞后申报扣除。

(3) 相关性原则,是指企业可扣除的费用从性质和根源上必须与取得应税收入直接相关。

(4) 确定性原则,是指企业可扣除的费用不论何时支付,其金额必须是确定的。

(5) 合理性原则,是指符合生产经营活动常规,应当计入当期损益或者有关资产成本的必要和正常的支出。

(二) 扣除项目的范围

《企业所得税法》规定,企业实际发生的与取得收入有关的、合理的支出,包括成本、费用、税金、损失和其他支出,准予在计算应纳税所得额时扣除。在实际中,计算应纳税所得额时还应注意三方面的内容:①企业发生的支出应当区分收益性支出和资本性支出。收益性支出在发生当期直接扣除;资本性支出应当分期扣除或者计入有关资产成本,不得在发生当期直接扣除;②企业的不征税收入用于支出所形成的费用或者财产,不得扣除或者计算对应的折旧、摊销扣除;③除企业所得税法和本条例另有规定外,企业实际发生的成本、费用、税金、损失和其他支出,不得重复扣除。

(1) 成本,是指企业在生产产品及提供劳务等过程中发生的直接材料、直接人工及按照合理的方法分配的制造费用。

(2) 费用,是指企业在生产产品及提供劳务等过程中发生的销售费用、管理费用和财务费用。已经计入成本的有关费用除外。

(3) 税金,是指企业发生的除企业所得税和不允许抵扣的增值税以外的企业缴纳的各项税金及其附加。准许扣除的税金有两种方式:一是在发生当期扣除;二是在发生当期计入相关资产的成本,在以后各期分摊扣除。

(4) 损失,是指企业在生产经营活动中发生的固定资产和存货的盘亏、毁损、报废损失,转让财产损失,呆账损失,坏账损失,自然灾害等不可抗力因素造成的损失以及其他损失。

企业发生的损失,减除责任人赔偿和保险赔款后的余额,依照国务院财政、税务主管部门的规定扣除。

企业已经作为损失处理的资产，在以后纳税年度又全部收回或者部分收回时，应当计入当期收入。

(5) 扣除的其他支出，是指除成本、费用、税金、损失外，企业在生产经营活动中发生的与生产经营活动有关的、合理的支出。

(三) 扣除项目的标准

1. 工资、薪金支出

企业发生的合理的工资、薪金支出准予据实扣除。

工资、薪金支出是企业每一纳税年度支付给本企业任职或与其有雇佣关系的员工的所有现金或非现金形式的劳动报酬，包括基本工资，奖金、津贴、补贴、年终加薪、加班工资，以及与任职或者受雇有关的其他支出。

8-4 工资、薪金这样规划可降税负

延伸阅读 8-5

“合理”工资薪金的判断标准

2009 年 1 月 4 日，我国国家税务总局下发了国税函〔2009〕3 号《关于企业工资薪金及职工福利费扣除问题的通知》，通知明确了企业工资薪金和职工福利费扣除的有关问题。对合理的工资薪金中的“合理”二字给出了解释，也即满足以下条件，才能称得上是合理的工资薪金：首先，企业必须要有较为规范的工资薪金制度；其次，企业所制订的工资薪金标准要与该行业及当地的工资薪金水平相一致；第三，企业必须保证其工资薪金的发放数额在一定时期内的相对稳定，对员工的调薪要依照统一标准有序进行；第四，企业对于其实际发放的工资薪金，要保证已经严格依法缴纳个人所得税；第五，企业关于工资薪金的所有安排，不是以减少或逃避税款为目的。

2. 职工福利费、工会经费、职工教育经费

企业发生的职工福利费、工会经费、职工教育经费按标准扣除，未超过标准的按实际数扣除，超过标准的只能按标准扣除。

(1) 企业发生的职工福利费支出，不超过工资薪金总额 14% 的部分准予扣除。

企业的职工福利费，包括以下内容：

第一，尚未实行分离办社会职能的企业，其内设福利部门所发生的设备、设施和人员费用。包括职工食堂、职工浴室、理发室、医务所、托儿所、疗养院等集体福利部门的设备、设施及维修保养费用和福利部门工作人员的工资薪金、社会保险费、住房公积金、劳务费等。

第二，为职工卫生保健、生活、住房、交通等所发生的各项补贴和非货币性福利，包括企业向职工发放的因公外地就医费用、未实行医疗统筹企业职工医疗费用、职工供养直系亲属医疗补贴、供暖费补贴、职工防暑降温费、职工困难补贴、救济费、职工食堂经费补贴、职工交通补贴等。

第三，按照其他规定发生的其他职工福利费，包括丧葬补助费、抚恤费、职工异地安家费、独生子女费、探亲假路费等。

值得注意的是：企业发生的职工福利费，应该单独设置账册，进行准确核算。没有单独设置账册准确核算的，税务机关应责令企业在规定期限内改正。逾期仍未改正的，税务机关可以对企业发生的职工福利费进行合理核定。

(2) 企业拨缴的工会经费，不超过工资薪金总额2%的部分准予扣除。

自2010年7月1日起，企业拨缴的职工工会经费，不超过工资薪金总额2%的部分，凭工会组织开具的《工会经费收入专用收据》在企业所得税税前扣除。

(3) 除国务院财政、税务主管部门另有规定外，企业发生的职工教育经费支出，不超过工资薪金总额8%的部分准予扣除，超过部分准予结转以后纳税年度扣除。

上述计算职工福利费、工会经费、职工教育经费的工资薪金总额，是指企业按照上述第1条规定实际发放的工资薪金总和，不包括企业的职工福利费、职工教育经费、工会经费以及养老保险费、医疗保险费、失业保险费、工伤保险费、生育保险费等社会保险费和住房公积金。

【例8-1】 宝胜公司2020年为本单位雇员支付工资380万元，奖金100万元；当期计提的职工福利费80万元，当期计提的工会经费10万元，当期计提的职工教育经费10万元，假定宝胜公司的工资薪金符合相关标准，计算企业当年职工福利费、工会经费和职工教育经费可在税前列支多少？

(1) 当年合理的工资薪金＝380＋100＝480(万元)

(2) 当年可以在所得税前列支的职工福利费限额为：480×14%＝67.2(万元)

当年计提的职工福利费80万元大于税法允许税前列支的职工福利费67.2万元，所以企业可在税前列支当年职工福利费为67.2万元。

(3) 当年可以在所得税前列支的工会经费限额为：480×2%＝9.6(万元)

当年计提的工会经费10万元大于税法允许税前列支的工会经费9.6万元，所以企业可在税前列支当年工会经费9.6万元。

(4) 当年可以在所得税前列支的职工教育经费限额为：480×8%＝38.4(万元)

当年计提的职工教育经费10万元小于税法允许税前列支的职工教育经费38.4万元，所以企业可在税前列支当年职工教育经费为10万元。

3. 保险费

企业依照国务院有关主管部门或者省级人民政府规定的范围和标准为职工缴纳的五险一金，即基本养老保险费、基本医疗保险费、失业保险费、工伤保险费、生育保险费等基本社会保险费和住房公积金，准予扣除。

企业为投资者或者职工支付的补充养老保险费、补充医疗保险费，在国务院财政、税务主管部门规定的范围和标准内，准予扣除。企业依照国家有关规定为特殊工种职工支付的人身安全保险费和符合国务院财政、税务主管部门规定可以扣除的商业保险费准予扣除。

企业参加财产保险，按照规定缴纳的保险费，准予扣除。企业为投资者或者职工支付的商业保险费，不得扣除。

4. 利息费用

企业在生产、经营活动中发生的利息费用，按下列规定扣除。

(1) 非金融企业向金融企业借款的利息支出、金融企业的各项存款利息支出和同业拆借利息支出、企业经批准发行债券的利息支出可据实扣除。

(2) 非金融企业向非金融企业借款的利息支出，不超过按照金融企业同期同类贷款利率计算的数额的部分可据实扣除，超过部分不许扣除。

其中，所谓金融机构，是指各类银行、保险公司及经中国人民银行批准从事金融业务的非银行金融机构。非金融机构，是指除上述金融机构以外的所有企业、事业单位以及社会团体等企业或组织。

(3) 关联企业利息费用扣除。企业从其关联方接受的债权性投资与权益性投资的比例超过规定标准而发生的利息支出，不得在计算应纳税所得额时扣除。

一是在计算应纳税所得额时，企业实际支付给关联方的利息支出，不超过以下规定比例和税法及其实施条例有关规定计算的部分，准予扣除，超过的部分不得在发生当期和以后年度扣除。

企业实际支付给关联方的利息支出，除符合本通知第二条规定外，其接受关联方债权性投资与其权益性投资比例为：金融企业，为 5∶1；其他企业，为 2∶1。

二是企业如果能够按照税法及其实施条例的有关规定提供相关资料，并证明相关交易活动符合独立交易原则的；或者该企业的实际税负不高于境内关联方的，其实际支付给境内关联方的利息支出，在计算应纳税所得额时准予扣除。

三是企业同时从事金融业务和非金融业务，其实际支付给关联方的利息支出，应按照合理方法分开计算；没有按照合理方法分开计算的，一律按本通知第一条有关其他企业的比例计算准予税前扣除的利息支出。

四是企业自关联方取得的不符合规定的利息收入应按照有关规定缴纳企业所得税。

【例 8-2】 华泰公司为增值税一般纳税人，关联方乙企业的权益性投资 1 000 万元。2010 年甲公司向乙企业借款 2 500 万元、支付的利息费用 150 万元。已知向关联企业借款的年利息率为 6%，金融机构同期贷款利率为 5%。计算华泰公司 2010 年度企业所得税前应扣除的财务费用是多少？

标准之一：本金 1 000×2＝2 000(万元)

标准之二：利率金融机构同期贷款利率为 5%

甲公司 2009 年度企业所得税前应扣除的财务费用＝1 000×2×5%＝100(万元)

(4) 企业向自然人借款的利息支出在企业所得税税前的扣除。①在企业向股东或其他与企业有关联关系的自然人借款的利息支出，应根据《企业所得税法》第四十六条及财税[2008]121 号文规定的条件，计算企业所得税扣除额。②企业向除①规定以外的内部职工或其他人员借款的利息支出，其借款情况同时符合以下条件的，其利息支出在不超过按照金融企业同期同类贷款利率计算的数额的部分，根据税法第八条和税法实施条例第二十七条规定，准予扣除。

条件一：企业与个人之间的借贷是真实、合法、有效的，并且不具有非法集资目的或其他违反法律、法规的行为；

条件二：企业与个人之间签订了借款合同。

5. 借款费用

(1) 企业在生产经营活动中发生的合理的不需要资本化的借款费用，准予扣除。

(2) 企业为购置、建造固定资产、无形资产和经过 12 个月以上的建造才能达到预定可销售状态的存货发生借款的，在有关资产购置、建造期间发生的合理的借款费用，应予以资本化，作为资本性支出计入有关资产的成本；有关资产交付使用后发生的借款利息，可在发生当期扣除。

(3) 企业通过发行债券、取得贷款、吸收保户储金等方式融资而发生的合理的费用支出，符合资本化条件的，应计入相关资产成本；不符合资本化条件的，应作为财务费用，准予在企业所得税前据实扣除。

【例 8-3】 某企业为居民企业，2020 年向银行借款 800 万元用于建造办公楼，借款日期从 2020 年 1 月 1 日到 2020 年 12 月 31 日，支付全年借款利息 72 万元，办公楼于 2020 年 9 月 30 日达到预定可使用状态并交付使用，10 月 31 日完工结算。计算该企业当年可以税前扣除的利息费用是多少？

当年可以税前扣除的利息费用＝72÷12×3＝18(万元)

6. 汇兑损失

企业在货币交易中，以及纳税年度终了时将人民币以外的货币性资产、负债按照期末即期人民币汇率中间价折算为人民币时产生的汇兑损失，除已经计入有关资产成本以及与向所有者进行利润分配相关的部分外，准予扣除。

7. 广告费和业务宣传费

企业发生的符合条件的广告费和业务宣传费支出，除国务院财政、税务主管部门另有规定外，不超过当年销售(营业)收入 15%的部分，准予扣除；超过部分，准予结转以后纳税年度扣除。

企业在筹建期间，发生的广告费和业务宣传费，可按实际发生金额计入企业筹办费，可按上述规定在税前扣除。

企业申报扣除的广告费支出应与赞助支出严格区分。企业申报扣除的广告费支出，必须符合下列条件：

8-5 视频：广告费和业务宣传费的纳税调整

(1) 广告是通过工商部门批准的专门机构制作的。

(2) 已经实际支付费用，并且取得相应发票。

(3) 通过一定的媒体传播。

【例 8-4】 佳美服装公司 2020 年服装加工收入 2 000 万元，出租闲置仓库取得租金收入 500 万元，转让机器设备收入 50 万元，当年实际发生的广告费 450 万元、业务宣传费 100 万元，计算佳美公司 2020 年计算企业所得税应纳税所得额时可以税前扣除的广告费和业务宣传费是多少？

广告费和业务宣传费的扣除标准＝(2 000＋500)×15%＝375(万元)

广告费和业务宣传费的实际发生额＝450＋100＝550(万元)

可以税前扣除的广告费和业务宣传费是 375 万元，超标部分 175 万元，当年不得扣除，但是可以结转至以后年度继续扣除。

8. 业务招待费

企业发生的与生产经营活动有关的业务招待费支出，按照发生额的 60%扣除，但最高不得超过当年销售(营业)收入的 5‰。

8-6 广告费和业务宣传费的纳税筹划

延伸阅读 8-6

营业收入的判断标准

业务招待费、广告费和业务宣传费的计算税前扣除限额的基数都是销售(营业)收入，不是企业全部收入。销售(营业)收入包括销售货物收入、让渡资产使用权(收取资产租金或使用费)收入、提供劳务收入等主营业务收入、其他业务收入和会计上不确认收入而税法上视同销售的收入等,但是不含营业外收入。

其他业务收入是指企业主营业务收入以外的所有通过销售商品、提供劳务收入及让渡资产使用权等日常活动中所形成的经济利益的流入,计入销售(营业)收入,作为业务招待费、广告费和业务宣传费的计算税前扣除限额的基数。

营业外收入是指企业发生的与其日常活动无直接关系的各项利得,主要包括非流动资产处置利得、政府补助、盘盈利得、捐赠利得、非货币性资产交换利得、债务重组利得等,不属于企业的销售(营业)收入,不作为业务招待费、广告费和业务宣传费的计算税前扣除限额的基数。

【例 8-5】 利德公司 2020 年取得产品销售收入 1 500 万元,房屋出租收入 100 万元,提供加工劳务收入 50 万元,转让无形资产所有权收入 30 万元,当年发生的业务招待费 15 万元。计算利德公司 2020 年可以税前扣除的业务招待费是多少?

利德公司 2013 年营业收入=1 500+100+50=1 650(万元)

业务招待费的扣除限额=1 650×5‰=8.25(万元)<15×60%=9(万元),因此可以税前扣除 8.25 万元。

8-7 四招让“业务招待费”纳税筹划达到极致

9. 环境保护专项资金

企业依照法律、行政法规有关规定提取的用于环境保护、生态恢复等方面的专项资金,准予扣除。上述专项资金提取后改变用途的,不得扣除。

10. 财产保险费

企业参加财产保险,按照规定缴纳的保险费,准予扣除。

11. 租赁费

企业根据生产经营活动的需要租入固定资产支付的租赁费,按照以下方法扣除:

(1) 以经营租赁方式租入固定资产发生的租赁费支出,按照租赁期限均匀扣除。

(2) 以融资租赁方式租入固定资产发生的租赁费支出,按照规定构成融资租入固定资产价值的部分应当提取折旧费用,分期扣除。

【例 8-6】 洪文贸易公司 2020 年 4 月 1 日,以经营租赁方式租入一仓库使用,支付年租金 4.8 万元;7 月 1 日,以融资租赁方式租入固定资产使用,租赁期为 2 年,年租金 2.4 万元。计算洪文贸易公司 2020 年可以税前扣除的租赁费是多少?

洪文贸易公司 2020 年可以税前扣除的租赁费=4.8÷12×9=3.6(万元)

12. 劳动保护费

企业发生的合理的劳动保护支出,准予扣除。

13. 公益性捐赠支出

企业发生的公益性捐赠支出,不超过年度利润总额 12%的部分,准予扣除,超过年度利润总额 12%的部分,准予结转以后 3 年内在计算应纳税所得额时扣除。年度利润总额,是指企业依照国家统一会计制度的规定计算的年度会计利润。

公益性捐赠,是指企业通过公益性社会团体或者县级(含县级)以上人民政府及其部门,用于《中华人民共和国公益事业捐赠法》规定的公益事业的捐赠。

自 2019 年 1 月 1 日至 2022 年 12 月 31 日,企业通过公益性社会组织或者县级(含县级)以上人民政府及其组成部门和直属机构,用于目标脱贫地区的扶贫捐赠支出,准予在计算企业所得税应纳税所得额时据实扣除。在政策执行期限内，目标脱贫地区实现脱贫的，可继续适用上述政策。“目标脱贫地区”包括 832 个国家扶贫开发工作重点县、集中连片特困地区县(新疆阿克苏地区 6 县 1 市享受片区政策)和建档立卡贫困村。企业同时发生扶贫捐赠支出和其他公益性捐赠支出，在计算公益性捐赠支出年度扣除限额时，符合上述条件的扶贫捐赠支出不计算在内。

8-8　视频：公益性捐赠的纳税调整

【例 8-7】　某居民企业按照规定计算出利润总额 300 万元，当年直接到受灾现场给受灾灾民发放慰问金 10 万元，通过省级人民政府机关，对受灾地区捐赠 30 万元，其当年捐赠应调整多少万元应纳税所得额？

当年可在企业所得税前列支的公益性捐赠限额＝300×12%＝36(万元)

通过省级人民政府机关对受灾地区的捐赠 30 万元低于限额 36 万元，所以可以全额在税前扣除，不需纳税调整。

直接给受赠人的捐赠在企业所得税前不得扣除，所以应调增应纳税所得额 10 万元。

8-9　公司多赚 1 万元，多交企业所得税 50 万元

延伸阅读 8-7

公益事业捐赠支出和公益性社会团体

用于公益事业的捐赠支出，是指《中华人民共和国公益事业捐赠法》规定的向公益事业的捐赠支出，具体范围包括：

(1) 救助灾害、救济贫困、扶助残疾人等困难的社会群体和个人的活动。

(2) 教育、科学、文化、卫生、体育事业。

(3) 环境保护、社会公共设施建设。

(4) 促进社会发展和进步的其他社会公共和福利事业。

企事业单位、社会团体以及其他组织捐赠住房作为廉租住房的视同公益性捐赠按上述规定执行。

公益性社会团体，是指同时符合下列条件的基金会、慈善组织等社会团体：

(1) 依法登记，具有法人资格。

(2) 以发展公益事业为宗旨，且不以营利为目的。

(3) 全部资产及其增值为该法人所有。

(4) 收益和营运结余主要用于符合该法人设立目的的事业。

(5) 终止后的剩余财产不归属任何个人或者营利组织。

(6) 不经营与其设立目的无关的业务。

(7) 有健全的财务会计制度。

(8) 捐赠者不以任何形式参与社会团体财产的分配。

(9) 国务院财政、税务主管部门会同国务院民政部门等登记管理部门规定的其他条件。

14. 有关资产的费用

企业转让各类固定资产发生的费用，允许扣除。企业按规定计算的固定资产折旧费、无形资产和递延资产的摊销费，准予扣除。

15. 有关资产的费用

企业当期发生的固定资产和流动资产盘亏、毁损净损失，由其提供清查盘存资料经主管税务机关审核后，准予扣除。

五、不得扣除的项目

在计算应纳税所得额时，下列支出不得扣除：

(1) 向投资者支付的股息、红利等权益性投资收益款项。

(2) 企业所得税税款和增值税税款。

(3) 税收滞纳金，是指纳税人违反税收法规，被税务机关处以的滞纳金。

(4) 罚金、罚款和被没收财物的损失，是指纳税人违反国家有关法律、法规规定，被有关部门处以的罚款，以及被司法机关处以的罚金和被没收财物。

(5) 超过规定标准的捐赠支出。

(6) 赞助支出，是指企业发生的与生产经营活动无关的各种非广告性质支出。

(7) 未经核定的准备金支出，是指不符合国务院财政、税务主管部门规定的各项资产减值准备、风险准备等准备金支出。

(8) 企业之间支付的管理费、企业内营业机构之间支付的租金和特许权使用费，以及非银行企业内营业机构之间支付的利息，不得扣除。

(9) 与取得收入无关的其他支出。

六、亏损弥补

税法规定，企业某一纳税年度发生的亏损可以用下一年度的所得弥补，下一年度的所得不足以弥补的，可以逐年延续弥补，但最长不得超过 5 年。而且，企业在汇总计算缴纳企业所得税时，其境外营业机构的亏损不得抵减境内营业机构的盈利，但境外同一国家的亏损可以相互弥补。

亏损是指企业依照《企业所得税法》及其暂行条例的规定，将每一纳税年度的收入总额减除不征税收入、免税收入和各项扣除后小于零的数额。

弥补亏损有两层含义：

(1) 自亏损年度的下一个年度起连续 5 年不间断计算。

(2) 连续发生的年度亏损，先亏先补，按顺序计算亏损弥补期，不得将每个亏损年度的连续弥补期相加，更不得断开计算。

8-10 一图带你了解亏损弥补税收政策

【例 8-8】 表 8-1 为税务机关审定的某国有企业 2012—2018 年应纳税所得额的情况，执行 5 年弥补亏损的规定，则该国有企业 2012—2018 年需缴纳的企业所得税为多少？

表 8-1　　该企业 2012—2018 年应纳税所得额　　单位：万元

年　度	2012	2013	2014	2015	2016	2017	2018
应纳税所得额	－100	10	－20	40	10	30	40

2013—2017 年，所得弥补 2012 年亏损 100 万元，未弥补 10 万元，但是已经过了 5 年的弥补期限；2018 年弥补 2014 年亏算后还剩余 20 万元，需计算所得税，应纳税额＝20×

25%=5(万元)。

七、居民企业应纳税额的计算

居民企业应缴纳所得税额等于应纳税所得额乘以适用税率，基本计算公式为：

应纳税额=应纳税所得额×适用税率−减免税额−抵免税额

根据计算公式可以看出，应纳税额的多少，取决于应纳税所得额和适用税率两个因素。在实际过程中，应纳税所得额的计算一般有两种方法。

(一) 直接计算法

在直接计算法下，企业每一纳税年度的收入总额减除不征税收入、免税收入、各项扣除以及允许弥补的以前年度亏损后的余额为应纳税所得额。计算公式与前述相同，即为：

应纳税所得额=收入总额−不征税收入−免税收入−各项扣除金额−允许弥补的以前年度亏损

(二) 间接计算法

在间接计算法下，是在会计利润总额的基础上加或减按照税法规定调整的项目金额后，即为应纳税所得额。计算公式为：

应纳税所得额=会计利润总额±纳税调整项目金额

纳税调整项目金额包括两方面的内容：一是企业的财务会计处理和税收规定不一致的应予以调整的金额；二是企业按税法规定准予扣除的税收金额。

【例 8-9】 某企业为居民企业，2020 年发生经营业务如下：

(1) 取得产品销售收入 4 000 万元。

(2) 发生产品销售成本 2 600 万元。

(3) 发生销售费用 770 万元(其中广告费 650 万元)；管理费用 480 万元(其中业务招待费 25 万元)；财务费用 60 万元。

(4) 销售税金 160 万元(含增值税 120 万元)。

(5) 营业外收入 80 万元，营业外支出 50 万元(含通过公益性社会团体向贫困山区捐款 30 万元，支付税收滞纳金 6 万元)。

(6) 计入成本、费用中的实发工资总额 200 万元、拨缴职工工会经费 5 万元、发生职工福利费 31 万元、发生职工教育经费 7 万元。

要求：计算该企业 2020 年度实际应纳的企业所得税。

(1) 会计利润总额=4 000+80−2 600−770−480−60−40−50=80(万元)

(2) 广告费和业务宣传费调增所得额=650−4 000×15%=650−600=50(万元)

(3) 业务招待费调增所得额=25−25×60%=25−15=10(万元)

4 000×5‰=20(万元)>25×60%=15(万元)

(4) 捐赠支出应调增所得额=30−80×12%=20.4(万元)

(5) 工会经费应调增所得额=5−200×2%=1(万元)

(6) 职工福利费应调增所得额=31−200×14%=3(万元)

(7) 职工教育经费扣除限额=200×8%=16(万元)>7 万元，不需调整。

(8) 应纳税所得额＝80＋50＋10＋20.4＋6＋1＋3＝170.4(万元)

(9) 2020年应缴企业所得税＝170.4×25%＝42.6(万元)

八、境外所得抵扣税额的计算

境外已纳税额的扣除，是避免国际为同一所得重复征税的一项重要措施，我国税法规定，对境外已纳税款实行限额扣除。境外缴纳的所得税额，是指企业来源于中国境外的所得依照境外的税收法律及相应的规定应当缴纳并且已经实际缴纳的企业所得税性质的税款。

企业取得的下列所得已在境外缴纳的所得税税额，可以从其当期应纳税额中抵免，抵免限额为该项所得依照企业所得税法规定计算的应纳税额；超过抵免限额的部分，可以在以后5个年度内，用每年度抵免限额抵免当年应抵税额后的余额进行抵补：

(1) 居民企业来源于中国境外的应税所得。

(2) 非居民企业在中国境内设立机构、场所，取得发生在中国境外但与该机构、场所有实际联系的应税所得。

居民企业从其直接或者间接控制的外国企业分得的来源于中国境外的股息、红利等权益性投资收益，外国企业在境外实际缴纳的所得税税额中属于该项所得负担的部分，可以作为该居民企业的可抵免境外所得税税额，在企业所得税法规定的抵免限额内抵免。

抵免限额是指企业来源于中国境外的所得，依照企业所得税法和实施条例的规定计算的应纳税额。除国务院财政、税务主管部门另有规定外，该抵免限额应当分国(地区)不分项计算，计算公式为：

抵免限额＝中国境内、境外所得依照企业所得税法和条例规定计算的应纳税总额
×来源于某国(地区)的应纳税所得额÷中国境内、境外应纳税所得总额

该公式可以简化为：

抵免限额＝来源于某国(地区)的应纳税所得额×我国的税率

【例8-10】 某企业2020年度境内应纳税所得额为120万元，适用25%的企业所得税率。另外，该企业分别在A、B两国设有分支机构(我国与A、B两国已经缔结避免双重征税协定)，在A国分支机构的应纳税所得额为50万元，A国税率为20%；在B国的分支机构的应纳税所得额为30万元，B国税率为30%。假设该企业在A、B两国所得按我国税法计算的应纳税所得额和按A、B两国税法计算的应纳税所得额一致，两个分支机构在A、B两国分别缴纳了10万元和9万元的企业所得税。

要求：计算该企业汇总时在我国应缴纳的企业所得税税额。

(1) 该企业按我国税法计算的境内、境外所得的应纳税额：

应纳税额＝(120＋50＋30)×25%＝50(万元)

(2) A、B两国的扣除限额：

A国扣除限额＝50×[50÷(120＋50＋30)]＝12.5(万元)
B国扣除限额＝50×[30÷(120＋50＋30)]＝7.5(万元)

简化公式计算：

A 国扣除限额＝50×25%＝12.5(万元)

B 国扣除限额＝30×25%＝7.5(万元)

在 A 国缴纳的所得税为 10 万元，低于扣除限额 12.5 万元。可全额扣除。

在 B 国缴纳的所得税为 9 万元，高于扣除限额 7.5 万元，其超过扣除限额的部分 1.5 万元当年不能扣除。

(3) 汇总时在我国应缴纳的所得税＝50－10－7.5＝32.5(万元)

第六节　资产的税务处理

企业的各项资产，包括固定资产、生物资产、无形资产、长期待摊费用、投资资产、存货等，均以历史成本为计税基础。企业持有各项资产期间资产增值或者减值，除国务院财政、税务主管部门规定可以确认损益外，不得调整该资产的计税基础。

一、固定资产的税务处理

固定资产是指企业为生产产品、提供劳务、出租或者经营管理而持有的、使用时间超过12 个月的非货币性资产，包括房屋、建筑物、机器、机械、运输工具以及其他与生产经营活动有关的设备、器具、工具等。

(一) 固定资产计税基础

企业应按照下列原则确定固定资产的计税基础：

(1) 外购的固定资产，以购买价款和支付的相关税费以及直接归属于使该资产达到预定用途发生的其他支出为计税基础。

(2) 自行建造的固定资产，以竣工结算前发生的支出为计税基础。

(3) 融资租入的固定资产，以租赁合同约定的付款总额和承租人在签订租赁合同过程中发生的相关费用为计税基础，租赁合同未约定付款总额的，以该资产的公允价值和承租人在签订租赁合同过程中发生的相关费用为计税基础。

(4) 盘盈的固定资产，以同类固定资产的重置完全价值为计税基础。

(5) 通过捐赠、投资、非货币性资产交换、债务重组等方式取得的固定资产，以该资产的公允价值和支付的相关税费为计税基础。

(6) 改建的固定资产，除已足额提取折旧的固定资产和租入的固定资产以外的其他固定资产，以改建过程中发生的改建支出增加计税基础。

(二) 固定资产折旧范围

在计算应纳税所得额时，企业按照规定计算的固定资产折旧，准予扣除。下列固定资产不得计算折旧扣除：

(1) 房屋、建筑物以外未投入使用的固定资产。

(2) 以经营租赁方式租入的固定资产。

(3) 以融资租赁方式租出的固定资产。

(4) 已足额提取折旧仍继续使用的固定资产。

(5) 与经营活动无关的固定资产。

（6）单独估价作为固定资产入账的土地。

（7）其他不得计算折旧扣除的固定资产。

（三）固定资产折旧的计提方法

（1）企业应当自固定资产投入使用月份的次月起计算折旧；停止使用的固定资产，应当自停止使用月份的次月起停止计算折旧。

（2）企业应当根据固定资产的性质和使用情况，合理确定固定资产的预计净残值。固定资产的预计净残值一经确定，不得变更。

（3）固定资产按照直线法计算的折旧，准予扣除。

（四）固定资产折旧的计提年限

除国务院财政、税务主管部门另有规定外，固定资产计算折旧的最低年限如下：

（1）房屋、建筑物，为20年。

（2）飞机、火车、轮船、机器、机械和其他生产设备，为10年。

（3）与生产经营活动有关的器具、工具、家具等，为5年。

（4）飞机、火车、轮船以外的运输工具，为4年。

（5）电子设备，为3年。

从事开采石油、天然气等矿产资源的企业，在开始商业性生产前发生的费用和有关固定资产的折耗、折旧方法，由国务院财政、税务主管部门另行规定。

二、生物资产的税务处理

生物资产是指产出农产品、提供劳务或出租等目的而持有的生物资产，包括经济林、薪炭林、产畜、役畜。

（一）生物资产的计税基础

（1）外购的生产性生物资产，以购买价款和支付的相关税费为计税基础。

（2）通过捐赠、投资、非货币性资产交换、债务重组等方式取得的生产性生物资产，以该资产的公允价值和支付的相关税费为计税基础。

（二）生物资产的折旧方法

生产性生物资产按照直线法计算的折旧，准予扣除。企业应当自生产性生物资产投入使用月份的次月起计算折旧；停止使用的生产性生物资产，应当自停止使用月份的次月起停止计算折旧。

（三）生物资产的折旧年限

企业应当根据生产性生物资产的性质和使用情况，合理确定生产性生物资产的预计净残值。生产性生物资产的预计净残值一经确定，不得变更。

生产性生物资产计算折旧的最低年限如下：

（1）林木类生产性生物资产，为10年。

（2）畜类生产性生物资产，为3年。

三、无形资产的税务处理

无形资产是指企业为生产商品、提供劳务、出租给他人，或为管理目的而持有的、没有实物形态的资产,包括专利权、商标权、著作权、土地使用权、非专利技术、商誉等。

(一) 无形资产的计税基础

无形资产按照以下方法确定计税基础:

(1) 外购的无形资产,以购买价款和支付的相关税费以及直接归属于使该资产达到预定用途发生的其他支出为计税基础。

(2) 自行开发的无形资产,以开发过程中该资产符合资本化条件后至达到预定用途前发生的支出为计税基础。

(3) 通过捐赠、投资、非货币性资产交换、债务重组等方式取得的无形资产,以该资产的公允价值和支付的相关税费为计税基础。

(二) 无形资产摊销的范围

在计算应纳税所得额时,企业按照规定计算的无形资产摊销费用,准予扣除。

(三) 无形资产的摊销年限

无形资产的摊销,采取直线法计算。无形资产的摊销年限不得低于10年。作为投资或者受让的无形资产,有关法律规定或者合同约定了使用年限的,可以按照规定或者约定的使用年限分期摊销。外购商誉的支出,在企业整体转让或者清算时,准予扣除。

四、长期待摊费用的税务处理

长期待摊费用是指企业发生的应在1个年度以上或几个年度进行摊销的费用。在计算应纳税所得额时,企业发生的下列支出作为长期待摊费用,按照规定摊销的,准予扣除:

(1) 已足额提取折旧的固定资产的改建支出。

(2) 租入固定资产的改建支出。

(3) 固定资产的大修理支出。

(4) 其他应当作为长期待摊费用的支出。

企业的固定资产修理支出可在发生当期直接扣除。企业的固定资产改良支出,如果有关固定资产尚未提足折旧,可增加固定资产价值;如有关固定资产已提足折旧,可作为长期待摊费用,在规定的期间内平均摊销。

固定资产的改建支出是指改变房屋或者建筑物结构、延长使用年限等发生的支出。已足额提取折旧的固定资产的改建支出,按照固定资产预计尚可使用年限分期摊销;租入固定资产的改建支出,按照合同约定的剩余租赁期限分期摊销;改建的固定资产延长使用年限的,除已足额提取折旧的固定资产、租入固定资产的改建支出外,其他的固定资产发生改建支出,应当适当延长折旧年限。

大修理支出,按照固定资产尚可使用年限分期摊销。

企业所得税法所指固定资产的大修理支出,是指同时符合下列条件的支出:

(1) 修理支出达到取得固定资产时的计税基础50%以上。

(2) 修理后固定资产的使用年限延长2年以上。

其他应当作为长期待摊费用的支出,自支出发生月份的次月起,分期摊销,摊销年限不得低于3年。

五、存货的税务处理

存货是指企业持有以备出售的产品或者商品、处在生产过程中的在产品、在生产或者提供劳务过程中耗用的材料和物料等。

(一) 存货的计税基础

存货按照以下方法确定成本:

(1) 通过支付现金方式取得的存货、以购买价款和支付的相关税费为成本。

(2) 通过支付现金以外的方式取得的存货,以该存货的公允价值和支付的相关税费为成本。

(3) 生产性生物资产收获的农产品,以产出或者采收过程中发生的材料费、人工费和分摊的间接费用等必要支出为成本。

(二) 存货的成本计算方法

企业使用或者销售的存货的成本计算方法,可以在先进先出法、加权平均法、个别计价法中选用一种。计价方法一经选用,不得随意变更。

企业转让以上资产,在计算企业应纳税所得额时,资产的净值允许扣除。其中,资产的净值是指有关资产、财产的计税基础减除已经按照规定扣除的折旧、折耗、摊销、准备金等后的余额。

除国务院财政、税务主管部门另有规定外。企业在重组过程中,应当在交易发生时确认有关资产的转让所得或者损失,相关资产应当按照交易价格重新确定计税基础。

第七节 特别纳税调整

一、调整范围

特别纳税调整的范围,是指企业与其关联方之间的业务往来,不符合独立交易原则而减少企业或者其关联方应纳税收入或者所得额的,税务机关有权按照合理方法调整。企业与其关联方共同开发、受让无形资产,或者共同提供、接受劳务发生的成本,在计算应纳税所得额时应当按照独立交易原则进行分摊。

上述所称独立交易原则,是指没有关联关系的交易各方,按照公平成交价格和营业常规进行业务往来遵循的原则。

(一) 关联方

关联方是指与企业有下列关联关系之一的企业、其他组织或者个人,具体指:

(1) 在资金、经营、购销等方面存在直接或者间接的控制关系。

(2) 直接或者间接地同为第三者控制。

(3) 在利益上具有相关联的其他关系。

(二) 关联企业之间关联业务的税务处理

(1) 企业与其关联方共同开发、受让无形资产,或者共同提供、接受劳务发生的成本,在计算应纳税所得额时应当按照独立交易原则进行分摊。

(2) 企业与其关联方分摊成本时，应当按照成本与预计收益相配比的原则进行分摊，并在税务机关规定的期限内，按照税务机关的要求报送有关资料。

(3) 企业与其关联方分摊成本时违反以上(1)(2)规定的，其自行分摊的成本不得在计算应纳税所得额时扣除。

(4) 企业可以向税务机关提出与其关联方之间业务往来的定价原则和计算方法，税务机关与企业协商、确认后，达成预约定价安排。

预约定价安排，是指企业就其未来年度关联交易的定价原则和计算方法，向税务机关提出申请，与税务机关按照独立交易原则协商、确认后达成的协议。

(5) 企业向税务机关报送年度企业所得税纳税申报表时，应当就其与关联方之间的业务往来，附送年度关联业务往来报告表。

税务机关在进行关联业务调查时，企业及其关联方，以及与关联业务调查有关的其他企业，应当按照规定提供相关资料。相关资料是指：①与关联业务往来有关的价格、费用的制定标准、计算方法和说明等同期资料；②关联业务往来所涉及的财产、财产使用权、劳务等的再销售(转让)价格或者最终销售(转让)价格的相关资料；③与关联业务调查有关的其他企业应当提供的与被调查企业可比的产品价格、定价方式以及利润水平等资料；④其他与关联业务往来有关的资料。

(6) 由居民企业，或者由居民企业和中国居民控制的设立在实际税负明显低于25%的税率水平的国家(地区)的企业，并非由于合理的经营需要而对利润不作分配或者减少分配的，上述利润中应归属于该居民企业的部分，应当计入该居民企业的当期收入。所指控制包括：①居民企业或者中国居民直接或者间接单一持有外国企业10%以上有表决权股份，且由其共同持有该外国企业50%以上股份；②居民企业，或者居民企业和中国居民持股比例没有达到第(1)项规定的标准，但在股份、资金、经营、购销等方面对该外国企业构成实质控制；③上述所指的实际税负明显偏低是指实际税负明显低于《企业所得税法》规定的25%税率的50%。

(7) 企业从其关联方接受的债权性投资与权益性投资的比例超过规定标准而发生的利息支出，不得在计算应纳税所得额时扣除。企业间接从关联方获得的债权性投资包括：①关联方通过无关联第三方提供的债权性投资；②无关联第三方提供的、由关联方担保且负有连带责任的债权性投资；③其他间接从关联方获得的具有负债实质的债权性投资。

前述所称权益性投资，是指企业接受的不需要偿还本金和支付利息，投资人对企业净资产拥有所有权的投资。

(8) 母子公司间提供服务支付费用有关企业所得税处理：①母公司为其子公司(以下简称"子公司")提供各种服务而发生的费用，应按照独立企业之间公平交易原则确定服务的价格，作为企业正常的劳务费用进行税务处理。母子公司未按照独立企业之间的业务往来收取价款的，税务机关有权予以调整。②母公司向其子公司提供各项服务，双方应签订服务合同或协议，明确规定提供服务的内容、收费标准及金额等，凡按上述合同或协议规定所发生的服务费，母公司应作为营业收入申报纳税；子公司作为成本费用在税前扣除。③母公司向其多个子公司提供同类型服务，其收取的服务费可以采取分项签订合同或协议收取；也可以采取服务分摊协议的方式，即，由母公司与各子公司签订服务费用分摊合同或协议，以母公司为其子公司提供服务所发生的实际费用并附加一定比例利润作为向子公司收取的总服务费，在各服务受益子公司(包括盈利企业、亏损企业和享受减免税企业)之间按《企业所得税法》第四十一条第二款规定合理分摊。④母公司以管理费形式向子公司提取费用，子公司因此支付给母公司的管理费，不得在税前扣除。⑤子公司申报税前扣除向母公司支付的服务费用，应向主管税务机关提供与母公司签订的服务合同或者协议等与税前扣除该项费用相关的材料。不能提供相关材料的，支付的服务费用不得税前扣除。

二、调整方法

税法规定对关联企业所得不实的，调整方法如下：

(1) 可比非受控价格法，是指按照没有关联关系的交易各方进行相同或者类似业务往来的价格进行定价的方法。

(2) 再销售价格法，是指按照从关联方购进商品再销售给没有关联关系的交易方的价格，减除相同或者类似业务的销售毛利进行定价的方法。

(3) 成本加成法，是指按照成本加合理的费用和利润进行定价的方法。

(4) 交易净利润法，是指按照没有关联关系的交易各方进行相同或者类似业务往来取得的净利润水平确定利润的方法。

(5) 利润分割法，是指将企业与其关联方的合并利润或者亏损在各方之间采用合理标准进行分配的方法。

(6) 其他符合独立交易原则的方法。

三、核定征收

企业不提供与其关联方之间业务往来资料，或者提供虚假、不完整资料，未能真实反映其关联业务往来情况的。税务机关有权依法核定其应纳税所得额。核定方法有：

(1) 参照同类或者类似企业的利润率水平核定。

(2) 按照企业成本加合理的费用和利润的方法核定。

(3) 按照关联企业集团整体利润的合理比例核定。

(4) 按照其他合理方法核定。

企业对税务机关按照前款规定的方法核定的应纳税所得额有异议的，应当提供相关证据。经税务机关认定后，调整核定的应纳税所得额。

四、加收利息

企业实施其他不具有合理商业目的的安排而减少其应纳税收入或者所得额的，税务机关有权按照合理方法调整。不具有合理商业目的，是指以减少、免除或者推迟缴纳税款为主要目的。税务机关依照规定进行特别纳税调整后，除了应当补征税款外，并按照国务院规定加收利息。

应当对补征的税款、自税款所属纳税年度的次年 6 月 1 日起至补缴税款之日止的期间，按日加收利息。加收的利息不得在计算应纳税所得额时扣除。

利息，应当按照税款所属纳税年度中国人民银行公布的与补税期间同期的人民币贷款基准利率加 5 个百分点计算。

企业依照《企业所得税法》规定，在报送年度企业所得税纳税申报表时，附送了年度关联业务往来报告表的，可以只按规定的人民币贷款基准利率计算利息。

企业与其关联方之间的业务往来，不符合独立交易原则，或者企业实施其他不具有合理商业目的安排的，税务机关有权在该业务发生的纳税年度起 10 年内进行纳税调整。

第八节 税收优惠

税收优惠是指国家对某一部分特定企业和课税对象给予减轻或免除税收负担的一种措施。税法规定的企业所得税的税收优惠方式包括免税、减税、加计扣除、加速折旧、减计收入、税额抵免等。

一、免征与减征优惠

企业的下列所得，可以免征、减征企业所得税。企业如果从事国家限制和禁止发展的项目，不得享受企业所得税优惠。

(一) 从事农、林、牧、渔业项目的所得

企业从事农、林、牧、渔业项目的所得，包括免征和减征两部分。

1. 企业从事下列项目的所得，免征企业所得税

(1) 蔬菜、谷物、薯类、油料、豆类、棉花、麻类、糖料、水果、坚果的种植。

(2) 农作物新品种的选育。

(3) 中药材的种植。

(4) 林木的培育和种植。

(5) 牲畜、家禽的饲养。

(6) 林产品的采集。

(7) 灌溉、农产品初加工、兽医、农技推广、农机作业和维修等农、林、牧、渔服务业项目。

(8) 远洋捕捞。

2. 企业从事下列项目的所得，减半征收企业所得税

(1) 花卉、茶以及其他饮料作物和香料作物的种植。

(2) 海水养殖、内陆养殖。

(二) 从事国家重点扶持的公共基础设施项目投资经营的所得

《企业所得税法》所称国家重点扶持的公共基础设施项目，是指《公共基础设施项目企业所得税优惠目录》规定的港口码头、机场、铁路、公路、电力、水利等项目。

企业从事国家重点扶持的公共基础设施项目的投资经营的所得，自项目取得第一笔生产经营收入所属纳税年度起，第 1 年至第 3 年免征企业所得税，第 4 年至第 6 年减半征收企业所得税。

企业承包经营、承包建设和内部自建自用本条规定的项目，不得享受本条规定的企业所得税优惠。

(三) 从事符合条件的环境保护、节能节水项目的所得

环境保护、节能节水项目的所得，自项目取得第一笔生产经营收入所属纳税年度起，第 1

年至第3年免征企业所得税，第4年至第6年减半征收企业所得税。

符合条件的环境保护、节能节水项目，包括公共污水处理、公共垃圾处理、沼气综合开发利用、节能减排技术改造、海水淡化等。项目的具体条件和范围由国务院财政、税务主管部门同国务院有关部门制定，报国务院批准后公布施行。

但是以上规定享受减免税优惠的项目，在减免税期限内转让的，受让方自受让之日起，可以在剩余期限内享受规定的减免税优惠；减免税期限届满后转让的，受让方不得就该项目重复享受减免税优惠。

(四) 符合条件的技术转让所得

《企业所得税法》所称符合条件的技术转让所得免征、减征企业所得税，是指一个纳税年度内，居民企业转让技术所有权所得不超过500万元的部分，免征企业所得税；超过500万元的部分，减半征收企业所得税。这里需要注意的是，这里强调的是居民企业一个纳税年度内技术转让所得的总和，而不管享受减免税优惠的转让所得是通过几次技术转让行为所获取的，只要居民企业技术转让所得总和在一个纳税年度内不到500万元的，这部分所得全部免税；超过500万元的部分，减半征收企业所得税。

技术转让所得＝技术转让收入－技术转让成本－相关费用

【例8-11】 某居民企业取得符合条件的技术转让收入共1 810万元，转让成本740万元，相关税费210万元，计算该企业该年度就该技术转让所得应缴纳的企业所得税。

符合条件的技术转让所得不超过500万元的部分，免征企业所得税；超过500万元的部分，减半征收企业所得税。

因此该企业应缴纳的企业所得税＝(1 810－740－210－500)÷2×25%＝45(万元)。

二、高新技术企业优惠

国家需要重点扶持的高新技术企业减按15%的税率征收企业所得税。国家需要重点扶持的高新技术企业，是指拥有核心自主知识产权，并同时符合下列六方面条件的企业：

(1) 拥有核心自主知识产权、是指在中国境内(不含港、澳、台地区)注册的企业，近3年内通过自主研发、受让、受赠、并购等方式，或通过5年以上的独占许可方式，对其主要产品(服务)的核心技术拥有自主知识产权。

(2) 产品(服务)属于《国家重点支持的高新技术领域》规定的范围。

(3) 研究开发费用占销售收入的比例不低于规定比例。

(4) 高新技术产品(服务)收入占企业总收入的比例不低于规定比例，指高新技术产业(服务)收入占企业当年总收入的60%以上。

(5) 科技人员占企业职工总数的比例不低于规定比例，指具有大学专科以上学历的科技人员占企业当年职工总数的30%以上，其中研发人员占企业当年职工总数的10%以上。

(6) 高新技术企业认定管理办法规定的其他条件。《国家重点支持的高新技术领域》和高新技术企业认定管理办法由国务院科技、财政、税务主管部门同国务院有关部门制定，报国务院批准后公布实施。

三、小型微利企业优惠

（一）小型微利企业的认定标准

小型微利企业是指从事国家非限制和禁止行业，且同时符合年度应纳税所得额不超过 300 万元、从业人数不超过 300 人、资产总额不超过 5 000 万元等三个条件的企业。

8-11　视频：小微企业认定标准的变更

从业人数，包括与企业建立劳动关系的职工人数和企业接受的劳务派遣用工人数。所称从业人数和资产总额指标，应按企业全年的季度平均值确定。具体计算公式如下：

季度平均值＝（季初值＋季末值）÷2

全年季度平均值＝全年各季度平均值之和÷4

年度中间开业或者终止经营活动的，以其实际经营期作为一个纳税年度确定上述相关指标。

（二）小型微利企业的税收优惠政策

《财政部税务总局关于实施小微企业普惠性税收减免政策的通知》（财税〔2019〕13 号），对小型微利企业年应纳税所得额不超过 100 万元的部分，减按 25％计入应纳税所得额，按 20％的税率缴纳企业所得税；对年应纳税所得额超过 100 万元但不超过 300 万元的部分，减按 50％计入应纳税所得额，按 20％的税率缴纳企业所得税。

其中，财政部、税务总局公告 2021 年第 12 号对小型微利企业年应纳税所得额不超过 100 万元的部分，在《财政部　税务总局关于实施小微企业普惠性税收减免政策的通知》（财税〔2019〕13 号）优惠政策的基础上，再减半征收企业所得税。

四、加计扣除优惠

加计扣除优惠包括以下两项内容。

（一）研究开发费

研究开发费是指企业为开发新技术、新产品、新工艺发生的研究开发费用，未形成无形资产计入当期损益的，制造业在按照规定据实扣除的基础上，按照研究开发费用的 100％加计扣除；形成无形资产的，按照无形资产成本的 200％摊销。

8-12　制造业企业研发费用税前 100％加计扣除

下列行业不适用税前加计扣除政策：烟草制造业；住宿和餐饮业；批发和零售业；房地产业；租赁和商务服务业；娱乐业；其他行业。

8-13　当“高新”遇上“小微”，如何选择最优的企业所得税政策来申报

8-14　支持科技创新税费优惠政策集锦送给你

(二) 企业安置残疾人员所支付的工资

企业安置残疾人员所支付工资费用的加计扣除，是指企业安置残疾人员的，在按照支付给残疾职工工资据实扣除的基础上，按照支付给残疾职工工资的 100%加计扣除。残疾人员的范围适用《中华人民共和国残疾人保障法》的有关规定。企业安置国家鼓励安置的其他就业人员所支付的工资的加计扣除办法，由国务院另行规定。

五、创业投资企业优惠

创业投资企业从事国家需要重点扶持和鼓励的创业投资，可以按投资额的一定比例抵扣应纳税所得额。

创投企业优惠是指创业投资企业采取股权投资方式投资于未上市的中小高新技术企业 2 年以上的，可以按照其投资额的 70%在股权持有满 2 年的当年抵扣该创业投资企业的应纳税所得额；当年不足抵扣的，可以在以后纳税年度结转抵扣。

例如，甲企业 2008 年 1 月 1 日向乙企业(未上市的中小高新技术企业)投资 100 万元，股权持有到 2009 年 12 月 31 日。甲企业 2009 年度可抵扣的应纳税所得额为 70 万元。

六、加速折旧优惠

企业的固定资产由于技术进步等原因，确需加速折旧的，可以缩短折旧年限或者采取加速折旧的方法。可采用以上折旧方法的固定资产是指：

(1) 由于技术进步，产品更新换代较快的固定资产；

(2) 常年处于强震动、高腐蚀状态的固定资产。

采取缩短折旧年限方法的，最低折旧年限不得低于规定折旧年限的 60%采取加速折旧方法的，可以采取双倍余额递减法或者年数总和法。

对符合相关条件的生物药品制造业，专用设备制造业，铁路、船舶、航空航天和其他运输设备制造业，计算机、通信和其他电子设备制造业，仪器仪表制造业，信息传输、软件和信息技术服务业等行业企业，2014 年 1 月 1 日后新购进的固定资产(包括自行建造)；对符合相关条件的轻工、纺织、机械、汽车等四个领域重点行业的企业，2015 年 1 月 1 日后新购进的固定资产，允许按不低于企业所得税法规定折旧年限的 60%缩短折旧年限，或选择采取双倍余额递减法或者年数总和法进行加速折旧。上述重点行业企业是指上述行业业务为主营业务，其固定资产投入使用当年的主营业务收入占企业营业收入总额 50%(不含)以上的企业。

企业在 2014 年 1 月 1 日后购进并专门用于研发活动的仪器、设备，单位价值不超过 100 万元的，可以一次性在计算应纳税所得额时扣除；单位价值超过 100 万元的，允许按不低于企业所得税法规定折旧年限的 60%缩短折旧年限，或者选择采取双倍余额递减法或年数总和法进行加速折旧。

企业持有的固定资产，单位价值不超过 5 000 元的，可以一次性在计算应纳税所得额时扣除。企业在 2013 年 12 月 31 日持有的单位价值不超过 5 000 元的固定资产，其折余价值部分，2014 年 1 月 1 日以后一次性在计算应纳税所得额时扣除。

七、减计收入优惠

企业综合利用资源，生产符合国家产业政策规定的产品所取得的收入，可以在计算应纳税所得额时减计收入。

综合利用资源是指企业以《资源综合利用企业所得税优惠目录》规定的资源作为主要原材料，生产国家非限制和禁止并符合国家和行业相关标准的产品取得的收入，减按90%计入收入总额。

上述所称原材料占生产产品材料的比例不得低于《资源综合利用企业所得税优惠目录》规定的标准。

八、税额抵免优惠

税额抵免是指企业购置并实际使用《环境保护专用设备企业所得税优惠目录》《节能节水专用设备企业所得税优惠目录》和《安全生产专用设备企业所得税优惠目录》规定的环境保护、节能节水、安全生产等专用设备的，该专用设备的投资额的10%可以从企业当年的应纳税额中抵免；当年不足抵免的，可以在以后5个纳税年度结转抵免。

九、民族自治地方的优惠

民族自治地方的自治机关对本民族自治地方的企业应缴纳的企业所得税中属于地方分享的部分，可以决定减征或者免征。自治州、自治县决定减征或者免征的，须报省、自治区、直辖市人民政府批准。

十、非居民企业优惠

非居民企业减按10%的税率征收企业所得税。这里的非居民企业，是指在中国境内未设立机构、场所的，或者虽设立机构、场所但取得的所得与其所设机构、场所没有实际联系的企业。该类非居民企业取得下列所得免征企业所得税：

(1) 外国政府向中国政府提供贷款取得的利息所得。

(2) 国际金融组织向中国政府和居民企业提供优惠贷款取得的利息所得。

(3) 经国务院批准的其他所得。

第九节 征收管理

一、纳税地点

(1) 除税收法律、行政法规另有规定外，居民企业以企业登记注册地为纳税地点，但登记注册地在境外的，以实际管理机构所在地为纳税地点。企业注册登记地是指企业依照国家有关规定登记注册的住所地。

(2) 居民企业在中国境内设立不具有法人资格的营业机构的，应当汇总计算并缴纳企业所得税。企业汇总计算并缴纳企业所得税时。应当统一核算应纳税所得额、具体办法由国务院财政、税务主管部门另行制定。

(3) 非居民企业在中国境内设立机构、场所的，应当就其所设机构、场所取得的来源于中国境内的所得，以及发生在中国境外但与其所设机构、场所有实际联系的所得，以机构、场所所在地为纳税地点。非居民企业在中国境内设立两个或者两个以上机构、场所的，经税务机关审核批准，可以选择由其主要机构、场所汇总缴纳企业所得税。非居民企业经批准汇总缴纳企业所得税后，需要增设、合并、迁移、关闭机构、场所或者停止机构、场所业务的，应当事先由负责汇总申报缴纳企业所得税的主要机构、场所向其所在地税务机关报告；需要变更汇总缴纳企业所得税的主要机构、场所的，依照前款规定办理。

（4）非居民企业在中国境内未设立机构、场所的，或者虽设立机构、场所但取得的所得与其所设机构、场所没有实际联系的所得，以扣缴义务人所在地为纳税地点。

（5）除国务院另有规定外，企业之间不得合并缴纳企业所得税。

二、纳税期限

企业所得税按年计征，分月或者分季预缴，年终汇算清缴，多退少补。

企业所得税的纳税年度，自公历1月1日起至12月31日止。企业在一个纳税年度的中间开业，或者由于合并、关闭等原因终止经营活动，使该纳税年度的实际经营期不足12个月的，应当以其实际经营期为1个纳税年度。企业清算时，应当以清算期间作为1个纳税年度。

自年度终了之日起5个月内，向税务机关报送年度企业所得税纳税申报表，并汇算清缴，结清应缴应退税款。

企业在年度中间终止经营活动的，应当自实际经营终止之日起60日内，向税务机关办理当期企业所得税汇算清缴。

8-15《中华人民共和国企业所得税年度纳税申报表（A类，2017年版）》部分表单及填报说明（2020年修订）

三、纳税申报

按月或按季预缴的，应当自月份或者季度终了之日起15日内，向税务机关报送预缴企业所得税纳税申报表，预缴税款。

企业在报送企业所得税纳税申报表时，应当按照规定附送财务会计报告和其他有关资料。

企业应当在办理注销登记前，就其清算所得向税务机关申报并依法缴纳企业所得税。

依照企业所得税法缴纳的企业所得税，以人民币计算。所得以人民币以外的货币计算的，应当折合成人民币计算并缴纳税款。

8-16 视频：八分钟速览企业所得税年度纳税申报表有哪些新变化

企业在纳税年度内无论盈利或者亏损，都应当依照《企业所得税法》第五十四条规定的期限，向税务机关报送预缴企业所得税纳税申报表、年度企业所得税纳税申报表、财务会计报告和税务机关规定应当报送的其他有关资料。

8-17 扫一扫 看课件

8-18 扫一扫 练一练

8-19 练一练 参考答案

本章小结

本章主要学习了企业所得税的纳税人，分为居民纳税人和非居民纳税人；企业所得税的征税对象、税率；应纳税额的计算；资产的税务处理；特别纳税调整；税收优惠；征收管理。

本章重要概念

居民纳税人　非居民纳税人　不征税收入　免税收入　关联企业　公益性捐赠　税额抵免

推荐阅读资料

[1] 中国注册会计师协会.税法[M].北京：经济科学出版社，2014.
[2] 应小陆，程振强.税法[M].北京：中国财政经济出版社，2013.
[3] 王振东，张红升，危磊.税法[M].北京：人民邮电出版社，2013.

第九章　个人所得税法

内容简介

本章主要讲解了个人所得税的基本原理、纳税义务人、征税范围、应纳税额的计算、税收优惠和征收管理等内容。本章重点为个人所得税的纳税义务人、征税范围和应纳税额的计算。

学习目的和要求

通过本章学习，学生应掌握个人所得税居民纳税人和非居民纳税人的划分，掌握个人所得税的征税范围、税率和应纳税额的计算。了解个人所得税的税收优惠、征收管理。

思政育人　范冰冰偷税漏税案

范冰冰偷税漏税事件是2018年中国演艺圈的一件大事，著名女演员范冰冰及其担任法定代表人的企业因偷逃税款遭调查并处以巨额罚款。2018年5月28日前央视著名主持人崔永元曝光一份范冰冰演出的保密合同，案涉总额为6 000万元，但当中涉及"大小合同"，小的是1 000万元，大的是5 000万元。

6月3日，国家税务总局表态，称已责成江苏等地税务机关调查核实，如有违法，将严格依法处理。当局亦将加强对部分高收入影视人员的税收征管，查处违法违规行为。江苏省地税局则表示，已组织主管税务机关调查事件，范冰冰工作室所在地的无锡市地税局已介入取证。

10月3日新华社证实，国家税务总局以及江苏省税务局目前已查清范冰冰"阴阳合同"涉税问题的案件事实，范冰冰须在限期内缴清近9亿元的欠税及罚款。否则，税务机关将依法移送公安机关处理。同日，范冰冰在微博贴出致歉信，完全接受当局的一系列处罚决定，并积极配合完成欠税及罚款的缴纳。

税收诚信是社会主义核心价值观的重要组成部分。税收诚信不仅是市场经济条件下税收宣传的口号，更重要的是社会基本道德规范，是构建新型税收征纳关系的基础。在市场经济这个大环境下，不论是纳税人，还是代表国家行使执法权的征税机关，都应坚守诚信原则，努力营造良好的税收诚信氛围。

请同学们根据案例材料，对于国内民众的诚信纳税情况进行初步的判断，并就如何提高民众的纳税诚信意识提出合理的政策建议。

第一节　基本原理

一、个人所得税的起源与发展

个人所得税是以自然人取得的各类应税所得为征税对象而征收的一种税，是政府利用税收对个人收入进行调节的一种手段。个人所得税的征税对象不仅包括个人还包括具有自然人性质的企业。

个人所得税起源于1799年的英国，最初的目的是解决战争经费的来源，当时政府规定，按照个人的收入状况，每人要向政府缴纳收入税，富有的人缴纳的税款高一些，贫穷的人缴纳的税款少一些。这个因应急而临时向富人征收的税就是个人所得税的雏形。后来人们发现向个人征收所得税，不但具有组织财政收入的作用，还可以调节社会各阶层收入水平，缩小国民间个人收入的差距，某种意义上可以起到稳定社会秩序的作用，被西方经济学家称为“稳定器”。

由于个人所得税具有税基广、弹性大及调节个人收入等特点，继英国之后逐步在世界各国得到广泛推广和发展，成为许多国家税制结构中的一个重要税种，特别是在一些经济较为发达的国家，个人所得税收入占国家财政总收入的比重都在45%左右。

我国个人所得税法的正式颁布实施是在1980年，1980年9月10日第五届全国人民代表大会第三次会议通过了《中华人民共和国个人所得税法》(以下简称《个人所得税法》)，并同时公布实施。

1986年和1987年，国务院根据经济改革与发展，以及调节个人收入分配的需要，分别发布了《城乡个体工商业户所得税暂行条例》和《个人收入调节税暂行条例》。这样，我国对个人所得的课税制度就形成了个人所得税、城乡个体工商业户所得税和个人收入调节税等三税并存的格局，在当时的经济条件下，对促进经济的发展、调节个人收入等方面起到了积极的作用。

1993年10月，全国人大通过了《关于修改〈中华人民共和国个人所得税法〉的决定》的修正案，规定不分内、外，所有中国居民和有来源于中国所得的非居民，均应依法缴纳个人所得税。

1999年8月30日，第九届全国人大常务委员会第11次会议通过了《关于修改〈中华人民共和国个人所得税法〉的决定》，把个人所得税法第四条第二款“储蓄存款利息”免征个人所得税项目删去，而开征了“个人储蓄存款利息所得税”。

2000年9月，财政部、国家税务总局根据国务院有关通知精神，制定了《关于个人独资企业和合伙企业投资者征收个人所得税的规定》(财税〔2000〕91号)，明确从2000年1月1日起，对个人独资企业和合伙企业停征企业所得税，对其投资者的生产经营所得征收个人所得税，从而解决了个人独资企业和合伙企业投资者的双重征税问题。

2005年8月，个人所得税法修正案草案初审，将个税起征点提高至1 500元/月。2005年10月，全国人大通过决议，个税起征点改为1 600元/月，自2006年起实施。

2006年和2008年两度提高工资、薪金所得项目减除费用标准；2007年，将储蓄存款利息所得个人所得税税率由20%调减为5%；2007年12月，全国人大通过决议，个税起征点改为2 000元/月，自2008年3月1日起实施。2008年，暂免征收储蓄存款利息所得个人所得税。

2011年6月30日，第十一届全国人民代表大会常务委员会第二十一次会议通过了《关于修改〈中华人民共和国个人所得税法〉的决定》，将个税起征点提高至3 500元/月，并于9月1日起正式实施，成为我国现行的个人所得税法。

2018年8月31日，第十三届全国人大常委会第五次会议通过了新修改的《中华人民共和国个人所得税法》并于2019年1月1日起施行。

个人所得税自开征以来，收入逐年递增，已被公认为是我国最有潜力的税种。

延伸阅读9-1

2006—2013年个人所得税占税收收入的比重如表9-1所示。

表9-1　　2006—2013年个人所得税占税收收入的比重　　金额单位:亿元

年份	税收收入	个人所得税	所占比重
2006	34 804.35	2 453.71	7.05%
2007	45 621.97	3 185.58	6.98%
2008	54 223.79	3 722.31	6.86%
2009	59 521.59	3 949.35	6.64%
2010	73 210.79	4 837.27	6.61%
2011	89 738.39	6 054.11	6.75%
2012	100 614.28	5 820.28	5.78%
2013	110 530.70	6 531.53	5.91%

二、个人所得税的征收模式

从世界范围看个人所得税的征收模式有三种:分类征收制、综合征收制与混合征收制。

1. 分类征收制

分类征收制就是将纳税人不同来源、性质的所得项目，分别规定不同的税率征税。分类征收制体现了对纳税人不同性质的收入区别定性的原则，例如:工资薪金所得是依靠劳动取得的收入，税率相应较低，而利息、股息、红利所得是资本性投资所得，其税率相应较高。但这一征收模式对纳税人整体所得把握得不一定全面，容易导致实际税负的不公平。

2. 综合征收制

综合征收制是对纳税人全年的各项所得加以汇总，就其总额进行征税。综合征收制可以对纳税人的全部所得征税，从收入的角度体现税收公平的原则，但它不利于针对不同收入进行调节，不利于体现国家的有关社会、经济政策。

3. 混合征收制

混合征收制是对纳税人不同来源、性质的所得先分别按照不同的税率征税，然后将全年的各项所得进行汇总征税。混合征收制集中了前面两种模式的优点，既可实现税收的政策性调节功能，也可体现税收的公平原则。

目前，我国个人所得税的征收采用的是分类与综合相结合的模式。将工资、薪金所得，劳务报酬所得，稿酬所得，特许权使用费所得等 4 项劳动性所得纳入综合征税范围，对经营所得，利息、股息、红利所得，财产租赁所得，财产转让所得，偶然所得以及其他所得，仍采用分类征税方式。

第二节 纳税义务人与征税范围

一、纳税义务人

9-1 视频：个人所得税的纳税人、征税对象

个人所得税的纳税义务人，包括中国公民、个体工商业户、个人独资企业、合伙企业投资者、在中国有所得的外籍人员（包括无国籍人员，下同）和香港、澳门、台湾同胞。上述纳税义务人依据住所和居住时间两个标准，区分为居民纳税人和非居民纳税人，两者分别承担不同的纳税义务。

（一）居民纳税义务人

《个人所得税法》规定，居民纳税义务人是指在中国境内有住所，或者无住所而在中国境内居住满 183 天的个人。

所谓在中国境内有住所，是指因户籍、家庭、经济利益关系，而在中国境内习惯性居住。这里所说的习惯性居住，是指个人因学习、工作、探亲等原因消除之后，没有理由在其他地方继续居留时，所要回到的地方，而不是指实际居住或在某一个特定时期内的居住地。一个纳税人因学习、工作、探亲、旅游等原因，原来是在中国境外居住，但是在这些原因消除之后，如果必须回到中国境内居住的，则中国为该人的习惯性居住地。尽管该纳税义务人在一个纳税年度内，甚至连续几个纳税年度，都未在中国境内居住过 1 天，他仍然是中国居民纳税义务人。

所谓在境内居住满 183 天，是指在一个纳税年度（即公历 1 月 1 日起至 12 月 31 日止，下同）内，在中国境内居住满 183 天。

居民纳税义务人负有无限纳税义务。其所取得的应纳税所得，无论是来源于中国境内还是中国境外任何地方，都要在中国缴纳个人所得税。

（二）非居民纳税义务人

《个人所得税法》规定，**非居民纳税义务人**是“在中国境内无住所又不居住或者无住所而在境内居住不满 183 天的个人”。也就是说，非居民纳税义务人，是指习惯性居住地不在中国境内，而且不在中国居住，或者在一个纳税年度内，在中国境内居住不满 183 天的个人。在现实生活中，习惯性居住地不在中国境内的个人，只有外籍人员、华侨或香港、澳门和台湾同胞。因此，非居民纳税义务人，实际上只能是在一个纳税年度中，没有在中国境内居住，或者在中国境内居住不满 183 天的外籍人员、华侨或香港、澳门、台湾同胞。

非居民纳税义务人承担有限纳税义务，仅就其来源于中国境内的所得，向中国缴纳个人所得税。

相关思考9-1

该外籍人是否为我国居民纳税人

某外国人2017年2月12日来华工作，2018年2月15日回国，2018年6月2日返回中国，2018年11月15日至2018年11月30日期间，因工作需要去了日本，2018年12月1日返回中国，后于2019年4月20日离华回国。

思考：该外籍人在2017、2018、2019年度是否为居民纳税人？为什么？

相关思考9-2

该女士是否应在我国纳税

侨居新加坡的某女士，应我国某集邮展览会的提议，将其邮品在中国展出，取得展览费所得3万元，请问，该所得是否应在我国缴纳个人所得税？如果缴纳个人所得税的话，她属于哪一类纳税人？

相关思考9-3

三位美国人在中国如何纳税

乔治、布莱克两位先生均系美国俄亥俄州人，而且都是美国科通技术发展有限公司高级雇员。因工作需要，乔治和布莱克两位先生于2017年12月8日被美国总公司派往中国的分公司，在北京业务区工作。其间，各自因工作需要，两人均回国述职一段时间。乔治先生于2018年4～10月回国两个月，布莱克先生于2018年9月回国20天。

2019年1月20日，发放年终工资、薪金。乔治先生领得中国分公司支付的工资、薪金10万元，美国总公司支付的工资、薪金1万美元。布莱克先生领得中国分公司的12万元和美国总公司的1万美元。

公司财务人员负责代扣代缴个人所得税，其中乔治仅就中国分公司支付的所得缴税，而布莱克先生则两项所得均要缴税。布莱克先生不明白，便问财务人员。财务人员的答复是布莱克先生为居民纳税人，而乔治先生是非居民纳税人。

请问公司财务人员的做法是否正确？为什么？

（三）所得来源地的确定

判断所得来源地，是确定该项所得是否应该缴纳所得税的重要依据。下列所得，不论支付地点是否在中国境内，均为来源于中国境内的所得：

（1）因任职、受雇、履约等而在中国境内提供劳务取得的所得。

（2）将财产出租给承租人在中国境内使用而取得的所得。

（3）转让中国境内的建筑物、土地使用权等财产或者在中国境内转让其他财产取得的所得。

（4）许可各种特许权在中国境内使用而取得的所得。

（5）从中国境内的公司、企业以及其他经济组织或者个人取得的利息、股息、红利所得。

相关案例9-1

所得支付地不等于所得来源地

外籍人员詹姆斯受雇于我国境内某合资企业做长驻总经理，合同期3年。合同规定其月薪5 000美元，其中2 000美元在中国境内支付，3 000美元由境外母公司支付给其家人。则其来源于我国境内的所得是每月 5 000 美元。因为所得支付地不等于所得来源地。因其在中国境内任职受雇取得的所得，不管何处支付，都属于来源于中国境内的所得。

二、征税范围

(一) 工资、薪金所得

工资、薪金所得是指个人因任职或者受雇而取得的工资、薪金、奖金、年终加薪、劳动分红、津贴、补贴以及与任职或者受雇有关的其他所得。

一般来说，工资、薪金所得属于非独立个人劳动所得。所谓非独立个人劳动，是指个人所从事的是由他人指定、安排并接受管理的劳动，工作或服务于公司、工厂、行政事业单位的人员(私营企业主除外)均为非独立劳动者。他们从上述单位取得的劳动报酬，是以工资、薪金的形式体现的。根据我国目前个人收入的构成情况，规定对于一些不属于工资、薪金性质的补贴、津贴或者不属于纳税人本人工资、薪金所得项目的收入，不予征税。这些项目包括：

(1) 独生子女补贴。

(2) 执行公务员工资制度未纳入基本工资总额的补贴、津贴差额和家属成员的副食品补贴。

(3) 托儿补助费。

(4) 差旅费津贴、误餐补助。

实行内部退养的个人在其办理内部退养手续后至法定离退休年龄之间从原任职单位取得的工资、薪金，不属于离退休工资，应按“工资、薪金所得”项目计征个人所得税。

退休人员再任职取得的收入，按“工资、薪金所得”应税项目缴纳个人所得税。

出租汽车经营单位对出租车驾驶员采取单车承包或承租方式运营，出租车驾驶员从事客货营运取得的收入，按工资、薪金所得征税。

(二) 劳务报酬所得

劳务报酬所得是指个人独立从事各种非雇佣的劳务取得的所得。具体劳务包括：设计、装潢、安装、制图、化验、测试、医疗、法律、会计、咨询、讲学、新闻、广播、翻译。审稿、书画、雕刻、影视、录音、录像、演出、表演、广告、展览、技术服务、介绍服务、经纪服务、代办服务及其他劳务。

自 2004 年 1 月 20 日起，对商品营销活动中，企业和单位对其营销业绩突出的非雇员以培训班、研讨会、工作考察等名义组织旅游活动，通过免收差旅费、旅游费对个人实行的营销业绩奖励(包括实物、有价证券等)，应根据所发生费用的全额作为该营销人员当期的劳务收入，按照“劳务报酬所得”项目征收个人所得税，并由提供上述费用的企业和单位代扣代缴。而对于雇员取得上述待遇则按照工资薪金所得计税。

律师以个人名义再聘请其他人员为其工作而支付的报酬，应由该律师按“劳务报酬所得”负责代扣代缴个人所得税。

证券经纪人从证券公司取得的佣金收入，应按照“劳务报酬所得”缴纳个人所得税。

在实际操作过程中，可能会出现难以判定一项所得是属于工资、薪金所得，还是属于劳务报酬所得的情况。这两者的区别在于：工资、薪金所得是属于非独立个人劳务活动，即在机关、团体、学校、部队、企业、事业单位及其他组织中任职、受雇而得到的报酬；而劳务报酬所得，则是个人独立从事各种技艺、提供各项劳务取得的报酬。

（三）稿酬所得

稿酬所得是指个人因其作品以图书、报刊形式出版、发表而取得的所得。将稿酬所得独立划归一个征税项目，而对不以图书、报刊形式出版、发表的翻译、审稿、书画所得归为劳务报酬所得，主要是考虑了出版、发表作品的特殊性。第一，它是一种依靠较高智力创作的精神产品；第二，它具有普遍性；第三，它与社会主义精神文明和物质文明密切相关；第四，它的报酬相对偏低。因此，稿酬所得应当与一般劳务报酬相区别，并给予适当优惠照顾。

（四）特许权使用费所得

特许权使用费所得是指个人提供专利权、商标权、著作权、非专利技术以及其他特许权的使用权取得的所得。提供著作权的使用权取得的所得，不包括稿酬所得。

对于专利权，许多国家只将提供他人使用取得的所得，列入特许权使用费，而将转让专利权所得列为资本利得税的征税对象。我国没有开征资本利得税，故将个人提供和转让专利权取得的所得，都列入特许权使用费所得征收个人所得税。

作者将自己的文字作品手稿原件或复印件拍卖取得的所得，按照"特许权使用费"所得项目缴纳个人所得税。

个人拍卖除文字作品原稿及复印件外的其他财产，按照"财产转让所得"缴纳个人所得税。

（五）经营所得

（1）个人通过在中国境内注册登记的个体工商户、个人独资企业、合伙企业从事生产、经营活动取得的所得。

（2）个人依法取得执照，从事办学、医疗、咨询以及其他有偿服务活动取得的所得。

（3）个人承包、承租、转包、转租取得的所得。

（4）个人从事其他生产、经营活动取得的所得。

（六）利息、股息、红利所得

利息、股息、红利所得是指个人拥有债权、股权而取得的利息、股息、红利所得。利息，是指个人拥有债权而取得的利息，包括存款利息、贷款利息和各种债券的利息。按税法规定，个人取得的利息所得，除国债和国家发行的金融债券利息外，应当依法缴纳个人所得税。股息、红利是指个人拥有股权取得的股息、红利。按照一定的比率对每股发给的息金叫股息；公司、企业应分配的利润，按股份分配的叫红利。股息、红利所得，除另有规定外，都应当缴纳个人所得税。

除个人独资企业、合伙企业以外的其他企业的个人投资者，以企业资金为本人、家庭成员及其相关人员支付与企业生产经营无关的消费性支出及购买汽车、住房等财产性支出，视为企业对个人投资者的红利分配，依照"利息、股息、红利所得"项目计征个人所得税。企业的上述支出不允许在所得税前扣除。

纳税年度内个人投资者从其投资企业（个人独资企业、合伙企业除外）借款，在该纳税年度终了后既不归还又未用于企业生产经营的，其未归还的借款可视为企业对个人投资者的红利分配，依照"利息、股息、红利所得"项目计征个人所得税。

（七）财产租赁所得

财产租赁所得是指个人出租建筑物、土地使用权、机器设备、车船以及其他财产取得的所得。

个人取得的财产转租收入，属于“财产租赁所得”的征税范围，由财产转租人缴纳个人所得税。

（八）财产转让所得

财产转让所得是指个人转让有价证券、股权、建筑物、土地使用权、机器设备、车船以及其他财产取得的所得。

鉴于我国证券市场发育还不成熟，股份制还处于试点阶段，国务院决定，对股票转让所得暂不征收个人所得税。

（九）偶然所得

偶然所得是指个人得奖、中奖、中彩以及其他偶然性质的所得。偶然所得应缴纳的个人所得税税款，一律由发奖单位或机构代扣代缴。

9-2　个人取得网络红包是否缴纳个税

9-3　各地政府给外地员工发放的“就地过年补贴”交个税吗

居民个人取得上述（一）至（四）项所得（综合所得）按纳税年度合并计算个人所得税；非居民个人取得上述（一）至（四）项所得，按月或者按次分项计算个人所得税。纳税人取得上述（五）至（九）项所得，依照法律规定分别计算个人所得税。

第三节　税　　率

（一）综合所得

我国个人所得税对不同所得项目规定了不同的适用税率，分为超额累进税率和比例税率。

综合所得适用3%～45%的超额累进税率，具体税率如表9-2所示。

表9-2　　**个人所得税税率表**

（综合所得适用）

级数	全年应纳税所得额	税率	速算扣除数
1	不超过36 000元的	3%	0
2	超过36 000元至144 000元的部分	10%	2 520
3	超过144 000元至300 000元的部分	20%	16 920
4	超过300 000元至420 000元的部分	25%	31 920
5	超过420 000元至660 000元的部分	30%	52 920
6	超过660 000元至960 000元的部分	35%	85 920
7	超过960 000元的部分	45%	181 920

注：① 本表所称全年应纳税所得额是指依照税法的规定，居民个人取得综合所得以每一纳税年度收入额减除费用6万元以及专项扣除、专项附加扣除和依法确定的其他扣除后的余额。

② 非居民个人取得工资、薪金所得，劳务报酬所得，稿酬所得和特许权使用费所得，依照本表按月换算后计算应纳税额。

（二）经营所得

经营所得适用5%～35%的超额累进税率。具体税率表如表9-3所示。

表9-3　　个人所得税税率表
（经营所得适用）

级数	全年含税应纳税所得额	税率	速算扣除数
1	不超过30 000元的	5%	0
2	超过30 000至90 000元的部分	10%	1 500
3	超过90 000至300 000元的部分	20%	10 500
4	超过300 000至500 000元的部分	30%	40 500
5	超过500 000元的部分	35%	65 500

注：本表所称全年应纳税所得额是指依照法律规定，以每一纳税年度的收入总额，减除成本、费用以及损失后的余额。

（三）利息、股息、红利所得，财产租赁所得，财产转让所得和偶然所得

利息、股息、红利所得，财产租赁所得，财产转让所得和偶然所得适用比例税率，税率为20%。

对个人出租住房取得的所得，自2001年1月1日起减按10%的税率征收个人所得税。

延伸阅读9-2

世界其他国家个税情况

美国：没有个人所得税起征点，基础税率为10%

在美国，只要赚了钱，即使有1美元的收入，也要缴纳10%的个税，最高税率35%。但同时，美国有很多诸如孩子抚养费、学费、慈善捐款、自由职业者业务开销减免等，报税时要把这部分免税额在总收入里扣除，剩余部分才是应税收入。对低收入家庭来说，通过家庭报税还可以实现"负纳税"，即获得政府的福利补贴。根据美国税政中心发布的研究报告，2009年度约47%的美国家庭无需缴纳联邦个人所得税，不少家庭从联邦政府获得家庭补贴。

新加坡：个人所得税税率为2%～20%

新加坡被认为是个人所得税最低的国家之一，当巩俐加入新加坡籍后，有人为其算了一笔账，如果巩俐年收入1 000万元人民币，加入新加坡籍后，每年仅个人所得税就可以省下250万元。

法国：孩子多纳税少，最高税率40%

在法国，家庭人数对纳税多少起着举足轻重的作用，因为是用家庭"商数"去除家庭总收入，得出应税收入。纳税人抚养的家庭人口越多，免税额度越大。

英国：对世界各地收入计征，最高税率50%

英国中央政府的财政收入主要来自个人所得税。对居住在英国的居民来说，在世界任何一地的收入都要计入个人收入，对长期居住在海外的英国公民，依照其汇入国内的货币数计征。

日本：个税又被称"富裕税"

目前，日本普通收入阶层的所得税率在10%左右，但年收入1 800万日元以上则要收高达50%的税金。因此，在日本有这样的说法："有钱人经历三代就会和普通国民生活差不多了"。

印度：印度个税比较人性化，男女有别

印度个税比较人性化，除了按家庭人口给予一定的免税额外，还对家庭一些必要的开支免征个人所得税。起征点还因性别不同而异，对妇女和60岁以上的老年人也给予一定的税收优惠。

第四节 | 应纳税额的计算

一、居民个人

（一）综合所得应纳税额的计算

综合所得，包括工资、薪金所得，劳务报酬所得，稿酬所得，特许权使用费所得四项。

居民个人取得的综合所得，按年计算个人所得税；有扣缴义务人的，由扣缴义务人按月或者按次预扣预缴税款；需要办理汇算清缴的，应当在取得所得的次年 3 月 1 日至 6 月 30 日内办理汇算清缴。

1. 应纳税所得额的计算

个人所得税的计税依据是纳税人取得的应纳税所得额。应纳税所得额为个人取得的各项收入减去税法规定的费用扣除金额和减免税收入后的余额。由于个人所得税的应税项目不同，扣除费用标准也各不相同，需要按不同项目分项计算。

居民个人的综合所得，以每一纳税年度的收入额减除费用 6 万元以及专项扣除、专项附加扣除和依法确定的其他扣除后的余额，为应纳税所得额。

劳务报酬所得、稿酬所得、特许权使用费所得以收入额减除 20％的费用后的余额为收入额。稿酬所得的收入额减按 70％计算。即：

劳务报酬所得、特许权使用费所得的收入额 ＝ 收入 ×（1 － 20％）

稿酬所得的收入额 ＝ 收入 ×（1 － 20％）× 70％

1）专项扣除

专项扣除，包括居民个人按照国家规定的范围和标准缴纳的基本养老保险、基本医疗保险、失业保险等社会保险费和住房公积金等。

2）专项附加扣除

专项附加扣除，是指个人所得税法规定的子女教育、继续教育、大病医疗、住房贷款利息、住房租金和赡养老人等六项专项附加扣除。

9-4 视频：个人所得税专项附加扣除

（1）子女教育专项附加扣除。纳税人的子女接受学前教育和学历教育的相关支出，按照每个子女每月 1 000 元的标准定额扣除。

学前教育包括年满 3 岁至小学入学前教育。学历教育包括义务教育（小学、初中教育）、高中阶段教育（普通高中、中等职业、技工教育）、高等教育（大学专科、大学本科、硕士研究生、博士研究生教育）。

受教育子女的父母可以选择由其中一方按扣除标准的 100％扣除，也可以选择由双方分别按扣除标准的 50％扣除，具体扣除方式在一个纳税年度内不能变更。

（2）继续教育专项附加扣除。纳税人接受学历（学位）继续教育的支出，在学历（学位）教育期间按照每月 400 元定额扣除。同一学历（学位）继续教育的扣除期限不能超过 48 个月。

纳税人接受技能人员职业资格继续教育、专业技术人员职业资格继续教育的支出，在取得相关证书的当年，按照每年 3 600 元定额扣除。

个人接受同一学历教育事项，符合规定扣除条件的，该项教育支出可以选择由其父母按照子女教育支出扣除，也可以选择由本人按照继续教育支出扣除，但不得同时扣除。

(3) 大病医疗专项附加扣除。在一个纳税年度内，纳税人发生的与基本医保相关的医药费用支出，扣除医保报销后个人负担(指医保目录范围内的自付部分)累计超过15 000元的部分，由纳税人在办理年度汇算清缴时，在80 000元限额内据实扣除。

纳税人发生的医药费用支出可以选择由本人或者其配偶扣除；未成年子女发生的医药费用支出可以选择由其父母一方扣除。

纳税人应当留存医药服务收费及医保报销相关票据原件(或者复印件)等资料备查。医疗保障部门应当向患者提供在医疗保障信息系统记录的本人年度医药费用信息查询服务。

(4) 住房贷款利息专项附加扣除。纳税人本人或者配偶单独或者共同使用商业银行或者住房公积金个人住房贷款为本人或者其配偶购买中国境内住房，发生的首套住房贷款利息支出，在实际发生贷款利息的年度，按照每月1 000元的标准定额扣除，扣除期限最长不超过240个月。纳税人只能享受一次首套住房贷款的利息扣除。

经夫妻双方约定，以选择由其中一方扣除，具体扣除方式在一个纳税年度内不能变更。

夫妻双方婚前分别购买住房发生的首套住房贷款，其贷款利息支出，婚后可以选择其中一套购买的住房，由购买方按扣除标准的100%扣除，也可以由夫妻双方对各自购买的住房分别按扣除标准的50%扣除，具体扣除方式在一个纳税年度内不能变更。

纳税人应当留存住房贷款合同、贷款还款支出凭证备查。

(5) 住房租金专项附加扣除。纳税人在主要工作城市没有自有住房而发生的住房租金支出，可以按照以下标准定额扣除：

直辖市、省会(首府)城市、计划单列市以及国务院确定的其他城市，扣除标准为每月1 500元；除第一项所列城市以外，市辖区户籍人口超过100万的城市，扣除标准为每月1 100元；市辖区户籍人口不超过100万的城市，扣除标准为每月800元。

纳税人的配偶在纳税人的主要工作城市有自有住房的，视同纳税人在主要工作城市有自有住房。

夫妻双方主要工作城市相同的，只能由一方扣除住房租金支出。

住房租金支出由签订租赁住房合同的承租人扣除。

纳税人及其配偶在一个纳税年度内不能同时分别享受住房贷款利息和住房租金专项附加扣除。

纳税人应当留存住房租赁合同、协议等有关资料备查。

(6) 赡养老人专项附加扣除。纳税人赡养60岁(含)以上父母以及其他法定赡养人的赡养支出，统一按照以下标准定额扣除：

纳税人为独生子女的，按照每月2 000元的标准定额扣除；

纳税人为非独生子女的，由其与兄弟姐妹分摊每月2 000元的扣除额度，每人分摊的额度不能超过每月1 000元。可以由赡养人均摊或者约定分摊，也可以由被赡养人指定分摊。约定或者指定分摊的须签订书面分摊协议，指定分摊优先于约定分摊。具体分摊方式和额度在一个纳税年度内不能变更。

3）其他扣除

其他扣除包括个人缴付符合国家规定的企业年金、职业年金，个人购买符合国家规定的商业健康保险、税收递延型商业养老保险的支出，以及国务院规定可以扣除的其他项目。

9-5 视频：个人所得税APP的应用

2. 应纳税额的计算

应纳税额的计算公式为：

应纳税额＝应纳税所得额×适用税率－速算扣除数
＝（每一纳税年度收入额－费用6万元－专项扣除－专项附加扣除－其他扣除）×适用税率－速算扣除数

9-6 视频：工资、薪金所得应纳税额的计算

【例9-1】 假设2019年甲公司职员李某全年取得工资薪金收入180 000元，当地规定的社会保险和住房公积金的个人缴存比例为：基本养老保险8%，基本医疗保险2%，失业保险0.5%，住房公积金12%。李某缴纳社会保险费核定的缴费工资基数为10 000元，李某正在偿还首套住房贷款及利息；李某为独生女，其独生子正就读大学3年级；李某父母均已年过60岁。李某夫妻约定由李某扣除贷款利息和子女教育费。计算李某2019年应缴纳的个人所得税。

（1）应纳税所得额＝180 000－60 000－10 000×（8%＋2%＋0.5%＋12%）×12－12 000－12 000－24 000＝45 000（元）

（2）应纳税额＝45 000×10%－2 520＝1 980（元）

3. 预扣预缴应纳税额的计算

1）工资、薪金所得

扣缴义务人向居民个人支付工资、薪金所得时，应当按照累计预扣法计算预扣税款，并按月办理全员全额扣缴申报。累计预扣法，是指扣缴义务人在一个纳税年度内预扣预缴税款时，以纳税人在本单位截至当前月份工资、薪金所得累计收入减除累计免税收入、累计减除费用、累计专项扣除、累计专项附加扣除和累计依法确定的其他扣除后的余额为累计预扣预缴应纳税所得额，计算累计应预扣预缴税额，再减除累计减免税额和累计已预扣预缴税额，其余额为本期应预扣预缴税额。余额为负值时，暂不退税。纳税年度终了后余额仍为负值时，由纳税人通过办理综合所得年度汇算清缴，税款多退少补。

具体计算公式如下：

$$\begin{matrix}\text{本期应预扣}\\\text{预缴税额}\end{matrix}=\left(\begin{matrix}\text{累计预扣预缴}\\\text{应纳税所得额}\end{matrix}\times\text{预扣率}-\text{速算扣除数}\right)-\begin{matrix}\text{累计减}\\\text{免税额}\end{matrix}-\begin{matrix}\text{累计已预扣}\\\text{预缴税额}\end{matrix}$$

$$\begin{matrix}\text{累计预扣预缴}\\\text{应纳税所得额}\end{matrix}=\begin{matrix}\text{累计}\\\text{收入}\end{matrix}-\begin{matrix}\text{累计免}\\\text{税收入}\end{matrix}-\begin{matrix}\text{累计减}\\\text{除费用}\end{matrix}-\begin{matrix}\text{累计专}\\\text{项扣除}\end{matrix}-\begin{matrix}\text{累计专项}\\\text{附加扣除}\end{matrix}-\begin{matrix}\text{累计依法确定}\\\text{的其他扣除}\end{matrix}$$

其中：累计减除费用，按照5 000元/月乘以纳税人当年截至本月在本单位的任职受雇月份数计算。

上述公式中，计算居民个人工资、薪金所得预扣预缴税额的预扣率、速算扣除数，按个人所得税预扣率表执行，如表9-4所示。

表 9-4 个人所得税预扣率表

（居民个人工资、薪金所得预扣预缴适用）

级数	累计预扣预缴应纳税所得额	预扣率	速算扣除数
1	不超过 36 000 元的	3%	0
2	超过 36 000 元至 144 000 元的部分	10%	2 520
3	超过 144 000 元至 300 000 元的部分	20%	16 920
4	超过 300 000 元至 420 000 元的部分	25%	31 920
5	超过 420 000 元至 660 000 元的部分	30%	52 920
6	超过 660 000 元至 960 000 元的部分	35%	85 920
7	超过 960 000 元的部分	45%	181 920

【例 9-2】 某居民个人 2019 年每月取得工资收入 12 000 元，每月缴纳社保费用和住房公积金 1 400 元，该居民个人作为独生子独立赡养自己 60 周岁以上的父母，全年均享受住房贷款利息专项附加扣除，请计算该居民个人的工资薪金扣缴义务人 2019 年 1 月、2 月和 12 月预扣预缴的税款金额。（对上述专项附加扣除该个人选择在任职单位预扣预缴其税款时扣除）

（1）2019 年 1 月：

累计预扣预缴应纳税所得额＝累计收入－累计免税收入－累计基本减除费用－累计专项扣除－累计专项附加扣除－累计依法确定的其他扣除
＝12 000－5 000－1 400－2 000－1 000
＝2 600(元)

本期应预扣预缴税额＝2 600×3%－0＝78(元)

（2）2019 年 2 月：

累计预扣预缴应纳税所得额＝累计收入－累计免税收入－累计基本减除费用－累计专项扣除－累计专项附加扣除－累计依法确定的其他扣除
＝24 000－10 000－2 800－4 000－2 000
＝5 200(元)

本期应预扣预缴税额＝(5 200×3%－0)－累计减免税额－累计已预扣预缴税额
＝156－78
＝78(元)

（3）2019 年 12 月：

累计预扣预缴应纳税所得额＝累计收入－累计免税收入－累计基本减除费用－累计专项扣除－累计专项附加扣除－累计依法确定的其他扣除
＝144 000－60 000－16 800－24 000－12 000
＝31 200(元)

本期应预扣预缴税额＝(31 200×3%－0)－累计减免税额－累计已预扣预缴税额
＝936－78×11
＝78(元)

2）劳务报酬所得、稿酬所得、特许权使用费所得

扣缴义务人向居民个人支付劳务报酬所得、稿酬所得、特许权使用费所得，按次或者按

月预扣预缴个人所得税。劳务报酬所得、稿酬所得、特许权使用费所得，属于一次性收入的，以取得该项收入为一次，属于同一项目连续性收入的，以一个月内取得的收入为一次。

具体预扣预缴方法如下：

劳务报酬所得、稿酬所得、特许权使用费所得以收入减除费用后的余额为收入额。其中，稿酬所得的收入额减按70%计算。

减除费用：劳务报酬所得、稿酬所得、特许权使用费所得每次收入不超过4 000元的，减除费用按800元计算；每次收入4 000元以上的，减除费用按20%计算。

应纳税所得额：劳务报酬所得、稿酬所得、特许权使用费所得，以每次收入额为预扣预缴应纳税所得额。

劳务报酬所得适用20%～40%的超额累进预扣率，如表9-5所示。稿酬所得、特许权使用费所得适用20%的比例预扣率。

劳务报酬所得应预扣预缴税额＝预扣预缴应纳税所得额×预扣率－速算扣除数

稿酬所得、特许权使用费所得应预扣预缴税额＝预扣预缴应纳税所得额×20%

表9-5 个人所得税预扣率表

（居民个人劳务报酬所得预扣预缴适用）

级数	累计预扣预缴应纳税所得额	预扣率	速算扣除数
1	不超过20 000元的	20%	0
2	超过20 000元至50 000元的部分	30%	2 000
3	超过50 000元的部分	40%	7 000

居民个人工工资、薪金所得，劳务报酬所得，稿酬所得，特许权使用费所得年度预扣预缴税额与年度应纳税额不一致的，由居民个人于次年3月1日至6月30日向主管税务机关办理综合所得年度汇算清缴，税款多退少补。

9-7 视频：3分钟看懂个人所得税的汇算清缴

9-8 图解个人所得税综合所得汇算清缴

（二）经营所得应纳税额的计算

经营所得包括个人通过在中国境内注册登记的个体工商户、个人独资企业、合伙企业从事生产、经营活动取得的所得；个人依法取得执照，从事办学、医疗、咨询以及其他有偿服务活动取得的所得；个人承包、承租、转包、转租取得的所得；个人从事其他生产、经营活动取得的所得。

1. 应纳税所得额

经营所得，以每一纳税年度的收入总额减除成本、费用以及损失后的余额，为应纳税所得额。

成本、费用，是指个体工商户、个人独资企业、合伙企业以及个人从事其他生产、经营活动发生的各项直接支出和分配计入成本的间接费用以及销售费用、管理费用、财务费用；所说的损失，是指个体工商户、个人独资企业、合伙企业以及个人从事其他生产、经营活动发生的固定资产和存货的盘亏、毁损、报废损失、转让财产损失、坏账损失、自然灾害等不可抗力因素造成的损失以及其他损失。

个体工商户费用减除的具体规定如下：

(1) 个体工商户业主的工资薪金支出不得税前据实扣除，但可以按固定的费用标准扣除。自2018年10月1日起，个体工商户业主的费用扣除标准统一确定为60 000元/年，即5 000元/月。

(2) 个体工商户向其从业人员实际支付的合理的工资、薪金支出，允许在税前据实扣除。

(3) 个体工商户拨缴的工会经费、发生的职工福利费、职工教育经费支出分别在工资薪金总额2%、14%、8%的标准内据实扣除。

(4) 个体工商户每一纳税年度发生的广告费和业务宣传费用不超过当年销售(营业)收入15%的部分，可据实扣除；超过部分，准予在以后纳税年度结转扣除。

(5) 个体工商户每一纳税年度发生的与其生产经营业务直接相关的业务招待费支出，按照发生额的60%扣除，但最高不得超过当年销售(营业)收入的5‰。

(6) 个体工商户在生产、经营期间借款利息支出，凡有合法证明的，不高于按金融机构同类、同期贷款利率计算的数额的部分，准予扣除。

从事生产、经营的纳税义务人未提供完整、准确的纳税资料，不能正确计算应纳税所得额的，由主管税务机关核定其应纳税所得额。

个体工商户生产经营活动中，应当分别核算生产经营费用和个人、家庭费用。对于生产经营与个人、家庭生活混用难以分清的费用，其40%视为与生产经营有关的费用，准予扣除。

个体工商户的下列支出不得扣除：

(1) 个人所得税税款。

(2) 税收滞纳金。

(3) 罚金、罚款和被没收财物的损失。

(4) 不符合扣除规定的捐赠支出。

(5) 赞助支出。

(6) 用于个人和家庭的支出。

(7) 与取得生产经营收入无关的其他支出。

(8) 国家税务总局规定不准扣除的支出。

2. 应纳税额的计算

个体工商户生产、经营所得实行按年计征，应纳税额的计算公式为：

应纳税额＝应纳税所得额×适用税率－速算扣除数

＝(全年收入总额－成本、费用以及损失)×适用税率－速算扣除数

对企事业单位的承包经营、承租经营所得实行按年计征，应纳税额的计算公式为：

应纳税额＝应纳税所得额×适用税率－速算扣除数

＝(纳税年度收入总额－必要费用)×适用税率－速算扣除数

【例9-3】 张先生为自由职业者，2018年8月取得如下所得：

(1) 从A上市公司取得股息所得16 000元，张先生已持有该股票5个月，后该股票于2015年8月份转让。

(2) 从B非上市公司取得股息所得7 000元。

(3) 兑现8月10日到期的1年期银行储蓄存款利息所得1500元。

计算张先生上述所得应缴纳的个人所得税税额。

$$应纳税额 = 16\,000 \times 50\% \times 20\% + 7\,000 \times 20\% = 3\,000(元)$$

(三) 财产租赁所得应纳税额的计算

1. 应纳税所得额的计算

财产租赁所得,以每次取得的财产租赁收入减除相关费用后的余额为应纳税所得额。减除的费用包括:

(1) 法定费用扣除标准,每次收入不超过4 000元的,定额减除费用800元;每次收入4 000元以上的,定率减除20%的费用,财产租赁所得以1个月内取得的收入为一次。

(2) 纳税人在出租财产过程中缴纳的城市维护建设税、教育费附加、房产税可以扣除,但必须持有完税(缴款)凭证。

(3) 由纳税人负担的该出租财产实际开支的修缮费用,但必须能够提供有效、准确的凭证。允许扣除的修缮费用,以每次800元为限。一次扣除不完的,准予在下一次继续扣除,直到扣完为止。

个人将承租房屋转租取得的租金收入,应按"财产租赁所得"项目计算缴纳个人所得税。取得转租收入的个人向房屋出租方支付的租金及增值税,凭房屋租赁合同和合法支付凭据允许在计算应纳税所得额时,从转租收入中扣除。

2. 应纳税额的计算

财产租赁所得实行按次(月)计征,适用20%的比例税率。但对个人按市场价格出租的居民住房取得的所得,自2001年1月1日起暂减按10%的税率征收个人所得税。应纳税额的计算公式为:

(1) 每次(月)收入不超过4 000元的:

$$应纳税额=[每次(月)收入额-准予扣除的税费-修缮费用(800元为限)-800元]\times适用税率(不含增值税)$$

(2) 每次(月)收入超过4 000元的:

$$应纳税额=[每次(月)收入额-准予扣除的税费-修缮费用(800元为限)]\times(1-20\%)\times适用税率(不含增值税)$$

【例9-4】 王某7月份将市区内闲置的一处住房出租给他人居住,租期1年,每月租金2 000元,可提供实际缴纳税费的完税证明,缴纳税费共计140元。7月发生漏雨修缮费1 000元。计算王某7月、8月应缴纳个人所得税。

(1) 7月租金应纳税额=[2 000-140-800-800]×10%=26(元)

(2) 8月租金应纳税额=[2 000-140-200-800]×10%=86(元)

(四) 财产转让所得应纳税额的计算

1. 应纳税所得额的计算

财产转让所得,以一次转让财产的收入额减除财产原值和合理费用后的余额为应纳税所得额。财产原值是指:

(1) 有价证券,为买入价以及买入时按照规定缴纳的有关费用。

(2) 建筑物,为建造费或者购进价格以及其他有关费用。

(3) 土地使用权,为取得土地使用权所支付的金额,开发土地的费用以及其他有关费用。

(4) 机器设备、车船,为购进价格、运输费、安装费以及其他有关费用。

纳税义务人未提供完整、准确的财产原值凭证。不能正确计算财产原值的,由主管税务机关核定其财产原值。

合理费用是指卖出财产时按照规定支付的有关费用,如营业税及附加、中介服务费、资产评估费等。

2. 应纳税额的计算

财产转让所得实行按次计征,应纳税额的计算公式为:

应纳税额=应纳税所得额×适用税率=(收入总额－财产原值－合理税费)×20%

【例 9-5】 我国公民张先生 2×19 年 3 月转让 2016 年购买的三居室精装修房屋一套,售价 230 万元,转让过程中支付的相关税费 13.8 万元。该套房屋的购进价为 100 万元,购房过程中支付的相关税费为 3 万元,所有税费支出均取得合法凭证。计算其应该缴纳的个人所得税。

应纳税额=(230－100－13.8－3)×20%=22.64(万元)

(五) 利息、股息、红利所得,偶然所得应纳税额的计算

1. 应纳税所得额的计算

利息、股息、红利所得,偶然所得,以每次收入额全额为应纳税所得额,不扣除任何费用。

2015 年 9 月 8 日以后,个人从公开发行和转让市场取得的上市公司股票,持股期限在 1 个月以内(含 1 个月)的,其股息、红利所得全额计入应纳税所得额;持股期限在 1 个月以上至 1 年(含 1 年)的,暂减按 50%计入应纳税所得额;持股期限超过 1 年的,股息红利所得暂免征收个人所得税。按上述标准计算的应纳税所得额统一适用 20%的税率计征个人所得税。

上市公司是指在上海证券交易所、深圳证券交易所挂牌交易的上市公司;持股期限是指个人从公开发行和转让市场取得上市公司股票之日至转让交割该股票之日前一日的持有时间。

2. 应纳税额的计算

利息、股息、红利所得,偶然所得,实行按次计征,应纳税额的计算公式为:

应纳税额=应纳税所得额×适用税率=每次收入额×20%

【例 9-6】 张先生为自由职业者,2018 年 8 月取得如下所得:

(1) 从 A 上市公司取得股息所得 16 000 元,张先生已持有该股票 5 个月,后该股票于 2015 年 8 月份被转让。

(2) 从 B 非上市公司取得股息所得 7 000 元。

(3) 兑现 8 月 10 日到期的 1 年期银行储蓄存款利息所得 1500 元。

计算张先生上述所得应缴纳的个人所得税税额。

应纳税额 = 16 000 × 50% × 20% + 7 000 × 20% = 3 000(元)

二、非居民个人

(一) 工资、薪金所得

1. 应纳税所得额

非居民个人的工资、薪金所得,以每月收入额减除费用5 000元后的余额为应纳税所得额。

2. 应纳税额

非居民个人的工资、薪金所得实行按月计征,应纳税额的计算公式为:

应纳税额= 应纳税所得额×适用税率 - 算扣除数
=(每月收入额 -5 000元)×适用税率 - 速算扣除数

(二) 劳务报酬所得、稿酬所得、特许权使用费所得

1. 应纳税所得额

非居民个人的劳务报酬所得、稿酬所得、特许权使用费所得以每次收入额为应纳税所得额。非居民个人取得的劳务报酬所得、稿酬所得、特许权使用费所得,属于一次性收入的,以取得该项收入为一次;属于同一项目连续取得收入的,以1个月内取得的收入为一次。

2. 应纳税额

非居民个人的劳务报酬所得、稿酬所得、特许权使用费所得实行按次计征,应纳税额的计算公式为:

应纳税额 = 应纳税所得额×适用税率

三、个人所得税计算的特殊问题

(一) 对个人取得全年一次性奖金计算征收个人所得税的方法

全年一次性奖金是指行政机关、企事业单位等扣缴义务人根据其全年经济效益和对雇员全年工作业绩的综合考核情况,向雇员发放的一次性奖金。一次性奖金包括年终加薪、实行年薪制和绩效工资办法的单位根据考核情况兑现的年薪和绩效工资。

纳税人取得全年一次性奖金,单独作为1个月工资、薪金所得计算纳税;自2005年1月1日起按以下计税办法,由扣缴义务人发放时代扣代缴:

(1) 如果在发放全年一次性奖金的当月,雇员当月工资薪金所得高于(或等于)税法规定的费用扣除额,直接将雇员当月内取得的全年一次性奖金,除以12个月,按其商数确定适用税率和速算扣除数。

应纳税额=雇员当月取得全年一次性奖金×适用税率-速算扣除数

(2) 如果在发放全年一次性奖金的当月,雇员当月工资薪金所得低于税法规定的费用扣除额,应将全年一次性奖金减除"雇员当月工资薪金所得与费用扣除额的差额"后的余额,除以12个月,按其商数确定适用税率和速算扣除数。

应纳税额=(雇员当月取得全年一次性奖金-雇员当月工资薪金所得与费用扣除额的差额)
×适用税率-速算扣除数

(3) 在一个纳税年度内,对每一个纳税人,该计税办法只允许采用一次。

(4) 实行年薪制和绩效工资的单位,个人取得年终兑现的年薪和绩效工资按上述规定执行。

(5) 雇员取得除全年一次性奖金以外的其他各种名目奖金,如半年奖、季度奖、加班奖、先进奖、考勤奖等,一律与当月工资、薪金收入合并,按税法规定缴纳个人所得税。

延伸阅读 9-3

年终奖发放的"怪相"

2011 年 9 月 1 日起,修改后的《个人所得税法》正式实施,年终奖由于其计税方法的特殊性,出现了在某些区域内,年终奖数额增加"一小步",纳税额却提高"一大步""得不偿税"、多发不能多得的情况。这些区域称之为年终奖的发放"禁区"。不过,这种情况在奖金增加幅度大到一定数额(或称平衡点)时又会消失,重新回到奖金增加的幅度大于纳税额提高的幅度的状态,即多发奖金税后也能多得。

你知道在哪些区域内会出现上述情况吗?

【例 9-7】 中国公民肖某 2×18 年每月的工资薪金 1 600 元,7 月份取得半年奖 10 000 元,12 月份取得 2018 年的年终奖金 36 000 元。计算肖某 2018 年应纳的个人所得税。

(1) 肖某 2×18 年 1~6 月、8~12 月每月的工资薪金 1 600 元低于费用扣除标准 5 000 元,所以不需要缴纳个人所得税。

(2) 肖某 2×18 年 7 月取得的半年奖 10 000 元与当月工资薪金 1 600 元合并缴税。

$$
\begin{aligned}
\text{应纳税额} &= (10\ 000+1\ 600-5\ 000)\times 3\% \\
&= 6\ 600\times 3\% \\
&= 198(\text{元})
\end{aligned}
$$

(3) 肖某 2×18 年 12 月取得的年终奖金 36 000 元单独作为 1 个月工资、薪金所得计算纳税。

36 000 元按 12 个月分摊后,每月的奖金=[36 000-(5 000-1 600)]÷12=2 716.67(元),根据工资、薪金七级超额累进税率的规定,适用的税率为 3%。

年终奖应缴纳个人所得税为:

$$
\begin{aligned}
\text{应纳税额} &= [36\ 000-(5\ 000-1\ 600)]\times 3\% \\
&= 978(\text{元})
\end{aligned}
$$

肖某 2×18 年应纳的个人所得税=198+978=1 176(元)

(二) 个人捐赠与资助支出扣除的规定

(1) 个人将其所得通过中国境内的社会团体、国家机关向教育、扶贫、济困等公益慈善事业进行捐赠,捐赠额未超过纳税义务人申报的应纳税所得额 30%的部分,可以从其应纳税所得额中扣除;国务院规定对公益慈善事业捐赠实行全额扣除的,从其规定。

(2) 下列捐赠,实行全额扣除:①个人通过非营利性的社会团体和国家机关向红十字事业的捐赠,在计算缴纳个人所得税时,准予在税前的所得额中全额扣除;②个人通过非营利性的社会团体和国家机关向农村义务教育的捐赠,在计算缴纳个人所得税时,准予在税前的所得额中全额扣除;③个人通过非营利性的社会团体和国家机关向公益性青少年活动场所

(其中包括新建)的捐赠,在计算缴纳个人所得税时,准予在税前的所得额中全额扣除;④个人通过非营利性的社会团体和国家机关向福利性、非营利性老年服务机构的捐赠,以及通过特定基金会,用于公益救济的捐赠,在计算缴纳个人所得税时,准予在税前的所得额中全额扣除。

【例 9-8】 李某在参加商场的有奖销售过程中,中奖所得共计价值 20 000 元。李某领奖时告知商场,从中奖收入中拿出 8 000 元通过红十字会向贫困地区捐赠。请按照规定计算商场代扣代缴个人所得税后,李某实际可得中奖金额。

① 李某的捐赠额可以从应纳税所得额中扣除 6 000 元(因为 20 000×30%=6 000 元)。

② 应纳税所得额=偶然所得-捐赠额=20 000-6000=14 000(元)

③ 应纳税额=应纳税所得额×适用税率=14 000×20%=2 800(元)

④ 李某实际可得金额=20 000-8 000-2 800=9 200(元)

(3) 个人的所得(不含偶然所得和经国务院财政部门确定征税的其他所得)用于资助非关联的科研机构和高等学校研究开发新产品、新技术、新工艺所发生的研究开发经费的资助,经主管税务机关确定,可以全额在下月(工资、薪金所得)或下次(按次计征的所得)或当年(按年计征的所得)计征个人所得税时,从应纳税所得额中扣除,不足抵扣的,不得结转抵扣。

(三) 境外所得的税额扣除

1. 境外所得税额扣除的原因

在对纳税人的境外所得征税时,会存在其境外所得已在来源国家或者地区缴税的实际情况。基于国家之间对同一所得应避免双重征税的原则,我国在对纳税人的境外所得行使税收管辖权时,对该所得在境外已纳税额采取了分不同情况从应征税额中予以扣除的做法。

2. 境外所得税额扣除的限额

税法规定,纳税义务人从中国境外取得的所得,准予其在应纳税额中扣除已在境外缴纳的个人所得税税额。但扣除额不得超过该纳税义务人境外所得依照我国税法规定计算的应纳税额。

对这条规定需要解释的是:

(1) 已在境外缴纳的个人所得税税额,是指纳税义务人从中国境外取得的所得,依照该所得来源国家或者地区的法律应当缴纳并且实际已经缴纳的税额。

(2) 境外所得依照我国税法规定计算的应纳税额,是指纳税义务人从中国境外取得的所得,区别不同国家或者地区和不同应税项目,依照我国税法规定的费用减除标准和适用税率计算的应纳税额;同一国家或者地区内不同应税项目,依照我国税法计算的应纳税额之和,为该国家或者地区的扣除限额。

纳税义务人在中国境外一个国家或者地区实际已经缴纳的个人所得税税额,低于依照上述规定计算出的该国家或者地区扣除限额的,应当在中国缴纳差额部分的税款;超过该国家或者地区扣除限额的,其超过部分的税额,不得在本纳税年度的应纳税额中扣除,但是可以在以后纳税年度的该国家或者地区扣除限额的余额中补扣,补扣期限最长不得超过 5 年。

纳税义务人依照税法的规定申请扣除已在境外缴纳的个人所得税税额时,应当提供境外税务机关填发的完税凭证原件。

【例 9-9】 某纳税人在 2×18 纳税年度从 A、B 两国取得应税收入。其中,在 A 国演讲取得收入折合人民币 12 000 元,因提供一项专利技术使用权,一次取得特许权使用费收入 30 000 元,该两项收入在 A 国缴纳个人所得税 5 200 元;因在 B 国出版著作,获得稿酬收入 15 000 元,并在 B 国缴纳该项收入的个人所得税1 720 元。计算该纳税人应在我国补缴的个人所得税。

(1) A 国所得的扣除限额:

① 劳务报酬所得扣除限额=12 000×(1−20%)×20%=1 920(元)

② 特许权使用费所得扣除限额=30 000×(1−20%)×20%=4 800(元)

该纳税义务人在 A 国的扣除限额=1 920+4 800=6 720 元。其在 A 国实际缴纳个人所得税 5 200 元,低于抵减限额,可以全额抵扣,并需在中国补缴差额部分的税款,计 1 520 元。

(2) B 国所得的扣除限额:

$$稿酬所得的扣除限额=15\ 000\times(1-20\%)\times20\%\times(1-30\%)=1\ 680(元)$$

该纳税义务人的稿酬所得在 B 国实际缴纳个人所得税 1 720 元,超出抵减限额 40 元,不能在本年度扣除,但可在以后 5 个纳税年度的该国减除限额的余额中补减。

(四) 个人提前退休取得补贴收入征收个人所得税规定

自 2011 年 1 月 1 日起,个人提前退休取得一次性补贴收入征收个人所得税按以下规定执行:

(1) 机关、企事业单位对未达到法定退休年龄、正式办理提前退休手续的个人,按照统一标准向提前退休工作人员支付一次性补贴,不属于免税的离退休工资收入,应按照“工资、薪金所得”项目征收个人所得税。

(2) 个人因办理提前退休手续而取得的一次性补贴收入,应按照办理提前退休手续至法定退休年龄之间所属月份平均分摊计算个人所得税。计税公式:

$$\begin{aligned}应纳税额=\{[&(一次性补贴收入\div办理提前退休手续至法定退休年龄的实际月份数)-\\&费用扣除标准]\times适用税率-速算扣除数\}\times\\&提前办理退休手续至法定退休年龄的实际月份数\end{aligned}$$

【例 9-10】 2013 年 11 月李某办理了提前退休手续,距法定退休年龄还有 12 个月,取得一次性补贴收入 48 000 元。计算李某就一次性补贴收入应缴纳的个人所得税。

$$应纳税额=(48\ 000\div12-3\ 500)\times3\%\times12=180(元)$$

(五) 个人因解除劳动合同取得经济补偿金的征税方法

个人因与用人单位解除劳动关系而取得的一次性补偿收入(包括用人单位发放的经济补偿金、生活补助费和其他补助费用),补偿收入在当地上年职工平均工资 3 倍数额以内的部分,免征个人所得税;超过 3 倍数额部分的一次性补偿收入,可视为一次取得数月的工资、薪金收入,允许在一定期限内平均计算。方法为:以超过 3 倍数额部分的一次性补偿收入,除以个人在本企业的工作年限数(超过 12 年的按 12 年计算),以其商数作为个人的月工资、薪金收入，按照税法规定计算缴纳个人所得税。

（六）在外商投资企业、外国企业和外国驻华机构工作的中方人员取得的工资、薪金所得的征税问题

在外商投资企业、外国企业和外国驻华机构工作的中方人员取得的工资、薪金收入，凡是由雇佣单位和派遣单位分别支付的，支付单位应按税法规定代扣代缴个人所得税。同时，按税法规定，纳税义务人应以每月全部工资、薪金收入减除规定费用后的余额为应纳税所得额。为了有利于征管，对雇佣单位和派遣单位分别支付工资、薪金的，采取由支付者中的一方减除费用的方法，即只由雇佣单位在支付工资、薪金时，按税法规定减除费用，计算扣缴个人所得税；派遣单位支付的工资、薪金不再减除费用，以支付金额直接确定适用税率，计算扣缴个人所得税。

上述纳税义务人，应持两处支付单位提供的原始明细工资、薪金单（书）和完税凭证原件，选择并固定到一地税务机关申报每月工资、薪金收入，汇算清缴其工资、薪金收入的个人所得税，多退少补。

第五节　税收优惠

一、免征个人所得税的优惠

（1）省级人民政府、国务院部委和中国人民解放军军以上单位，以及外国组织颁发的科学、教育、技术、文化、卫生、体育、环境保护等方面的奖金。

（2）国债和国家发行的金融债券利息。这里所说的国债利息，是指个人持有中华人民共和国财政部发行的债券而取得的利息所得；所说的国家发行的金融债券利息，是指个人持有经国务院批准发行的金融债券而取得的利息所得。

（3）按照国家统一规定发给的补贴、津贴。这里所说的按照国家统一规定发给的补贴、津贴，是指按照国务院规定发给的政府特殊津贴和国务院规定免纳个人所得税的补贴、津贴。

发给中国科学院资深院士和中国工程院资深院士每人每年1万元的资深院士津贴免予征收个人所得税。

（4）福利费、抚恤金、救济金。福利费，是指根据国家有关规定，从企业、事业单位、国家机关、社会团体提留的福利费或者工会经费中支付给个人的生活补助费；救济金，是指国家民政部门支付给个人的生活困难补助费。

（5）保险赔款。

（6）军人的转业费、复员费。

（7）按照国家统一规定发给干部、职工的安家费、退职费、退休工资、离休工资、离休生活补助费。

（8）依照我国有关法律规定应予免税的各国驻华使馆、领事馆的外交代表、领事官员和其他人员的所得。

（9）中国政府参加的国际公约以及签订的协议中规定免税的所得。

（10）对乡、镇（含乡、镇）以上人民政府或经县（含县）以上人民政府主管部门批准成立的有机构、有章程的见义勇为基金或者类似性质组织，奖励见义勇为者的奖金或奖品，经主管税务机关核准，免征个人所得税。

(11) 企业和个人按照省级以上人民政府规定的比例提取并缴付的住房公积金、医疗保险金、基本养老保险金、失业保险金，不计入个人当期的工资、薪金收入，免予征收个人所得税。超过规定的比例缴付的部分计征个人所得税。

个人领取原提存的住房公积金、医疗保险金、基本养老保险金时，免予征收个人所得税。

(12) 对个人取得的教育储蓄存款利息所得以及国务院财政部门确定的其他专项储蓄存款或者储蓄性专项基金存款的利息所得，免征个人所得税。

(13) 生育妇女按照县级以上人民政府根据国家有关规定制定的生育保险办法，取得的生育津贴、生育医疗费或其他属于生育保险性质的津贴、补贴，免征个人所得税。

(14) 个人举报、协查各种违法、犯罪行为而获得的奖金。

(15) 个人转让自用达5年以上并且是唯一的家庭居住用房取得的所得。

(16) 对被拆迁人按照国家有关城镇房屋拆迁管理办法规定的标准取得的拆迁补偿款，免征个人所得税。

(17) 2015年9月8日以后，个人从公开发行和转让市场取得的上市公司股票，持股期限在1个月以内(含1个月)的，其股息、红利所得全额计入应纳税所得额；持股期限在1个月以上至1年(含1年)的，暂减按50%计入应纳税所得额；持股期限超过1年的免征个人所得税。按上述标准计算的应纳税所得额统一适用20%的税率计征个人所得税。上市公司是指在上海证券交易所、深圳证券交易所挂牌交易的上市公司；持股期限是指个人从公开发行和转让市场取得上市公司股票之日至转让交割该股票之日前一日的持有时间。

(18) 经国务院财政部门批准免税的所得。

二、减征个人所得税的优惠

(1) 残疾、孤老人员和烈属的所得。

(2) 因严重自然灾害造成重大损失的。

(3) 其他经国务院财政部门批准减税的。

第六节 征收管理

一、纳税申报

(1) 个人所得税以所得人为纳税人，以支付所得的单位或者个人为扣缴义务人。扣缴义务人向个人支付应税款项时，应当依照个人所得税法规定预扣或代扣税款，按时缴库，并专项记载备查。支付，包括现金支付、汇拨支付、转账支付和以有价证券、实物以及其他形式的支付。

税务机关对扣缴义务人按照所扣缴的税款，付给2%的手续费。

个人应当凭纳税人识别号实名办税。

个人首次取得应税所得或者首次办理纳税申报时，应当向扣缴义务人或者税务机关如实提供纳税人识别号及与纳税有关的信息。个人上述信息发生变化的，应当报告扣缴义务人或者税务机关。

没有中国公民身份号码的个人，应当在首次发生纳税义务时，按照税务机关规定报送与纳税有关的信息，由税务机关赋予其纳税人识别号。

国务院税务主管部门可以指定掌握所得信息并对所得取得过程有控制权的单位为扣缴义务人。

（2）有下列情形之一的，纳税人应当依法办理纳税申报：

A. 取得综合所得需要办理汇算清缴。

需要办理汇算清缴的情形包括：①在两处或者两处以上取得综合所得，且综合所得年收入额减去专项扣除的余额超过 6 万元；②取得劳务报酬所得、稿酬所得、特许权使用费所得中一项或者多项所得，且综合所得年收入额减去专项扣除的余额超过 6 万元；③纳税年度内预缴税额低于应纳税额的。

纳税人需要退税的，应当办理汇算清缴，申报退税。申报退税应当提供本人在中国境内开设的银行账户。

B. 取得应税所得没有扣缴义务人。

C. 取得应税所得，扣缴义务人未扣缴税款。

D. 取得境外所得。

E. 因移居境外注销中国户籍。

F. 非居民个人在中国境内从两处以上取得工资、薪金所得。

G. 国务院规定的其他情形。

（3）居民个人取得工资、薪金所得时，可以向扣缴义务人提供专项附加扣除有关信息，由扣缴义务人扣缴税款时办理专项附加扣除。纳税人同时从两处以上取得工资、薪金所得，并由扣缴义务人办理专项附加扣除的，对同一专项附加扣除项目，纳税人只能选择从其中一处扣除。

居民个人取得劳务报酬所得、稿酬所得、特许权使用费所得，应当在汇算清缴时向税务机关提供有关信息，办理专项附加扣除。

暂不能确定纳税人为居民个人或者非居民个人的，应当按照非居民个人缴纳税款，年度终了确定纳税人为居民个人的，按照规定办理汇算清缴。

（4）对年收入超过国务院税务主管部门规定数额的个体工商户、个人独资企业、合伙企业，税务机关不得采取定期定额、事先核定应税所得率等方式征收个人所得税。

（5）纳税人可以委托扣缴义务人或者其他单位和个人办理汇算清缴。

纳税人发现扣缴义务人提供或者扣缴申报的个人信息、所得、扣缴税款等与实际情况不符的，有权要求扣缴义务人修改。扣缴义务人拒绝修改的，纳税人可以报告税务机关，税务机关应当及时处理。

扣缴义务人发现纳税人提供的信息与实际情况不符的，可以要求纳税人修改，纳税人拒绝修改的，扣缴义务人应当报告税务机关，税务机关应当及时处理。

（6）纳税人有下列情形之一的，税务机关可以不予办理退税：

①纳税申报或者提供的汇算清缴信息，经税务机关核实为虚假信息，并拒不改正的；

②法定汇算清缴期结束后申报退税的。

对不予办理退税的，税务机关应当及时告知纳税人。

(二) 纳税期限

(1) 居民个人取得综合所得，按年计算个人所得税；有扣缴义务人的，由扣缴义务人按月或者按次预扣预缴税款；需要办理汇算清缴的，应当在取得所得的次年 3 月 1 日至 6 月 30 日内办理汇算清缴。预扣预缴办法由国务院税务主管部门制定。

(2) 非居民个人取得工资、薪金所得，劳务报酬所得，稿酬所得和特许权使用费所得，有扣缴义务人的，由扣缴义务人按月或者按次代扣代缴税款，不办理汇算清缴。

(3) 纳税人取得经营所得，按年计算个人所得税，由纳税人在月度或者季度终了后 15 日内向税务机关报送纳税申报表，并预缴税款；在取得所得的次年 3 月 31 日前办理汇算清缴。

(4) 纳税人取得利息、股息、红利所得，财产租赁所得，财产转让所得和偶然所得，按月或者按次计算个人所得税，有扣缴义务人的，由扣缴义务人按月或者按次代扣代缴税款。

(5) 纳税人取得应税所得没有扣缴义务人的，应当在取得所得的次月 15 日内向税务机关报送纳税申报表，并缴纳税款。

(6) 纳税人取得应税所得，扣缴义务人未扣缴税款的，纳税人应当在取得所得的次年 6 月 30 日前，缴纳税款；税务机关通知限期缴纳的，纳税人应当按照期限缴纳税款。

(7) 居民个人从中国境外取得所得的，应当在取得所得的次年 3 月 1 日至 6 月 30 日内申报纳税。

(8) 非居民个人在中国境内从两处以上取得工资、薪金所得的，应当在取得所得的次月 15 日内申报纳税。

(9) 纳税人因移居境外注销中国户籍的，应当在注销中国户籍前办理税款清算。

(10) 扣缴义务人每月或者每次预扣、代扣的税款，应当在次月 15 日内缴入国库，并向税务机关报送扣缴个人所得税申报表。

各项所得的计算，以人民币为单位。所得为人民币以外货币的，按照办理纳税申报或扣缴申报的上一月最后 1 日人民币汇率中间价，折合成人民币计算应纳税所得额。年度终了后办理汇算清缴的，对已经按月、按季或者按次预缴税款的人民币以外货币所得，不再重新折算；对应当补缴税款的所得部分，按照上一纳税年度最后 1 日人民币汇率中间价，折合成人民币计算应纳税所得额。

9-9 扫一扫 看课件

9-10 扫一扫 练一练

9-11 练一练 参考答案

本章小结

本章主要介绍了个人所得税的纳税义务人、征税范围、税率、应纳税额计算等内容，通过讲解要求学生能够正确区分居民纳税人和非居民纳税人，能够识别个人所得税的征税对象，正确计算个人所得税的应纳税额。

本章重要概念

个人所得税　居民纳税人　非居民纳税人　住所　居住满1年　全年一次性奖金

推荐阅读资料

[1] 张守文.税法原理[M].北京：北京大学出版社，2012.
[2] 王曙光，李兰，张小峰.税法学[M].大连：东北财经大学出版社有限责任公司，2014.
[3] 中国注册会计师协会.税法[M].北京：经济科学出版社，2014.
[4] 谢学智.个人所得税[M].北京：中国财经出版社，2003.

第十章　税收征收管理法

内容简介

本章对税收征收管理、税款征收、税务检查及税务行政复议和税收法律责任进行讲解。

学习目的和要求

通过本章学习，学生应了解税收征管法的基本概念、掌握税务登记制度，掌握税款征收与税务检查的相关知识，了解违反税务管理的法律责任。

思政育人　小张的税收困境

小张投资400万元办了家服装厂，随着全球金融危机的影响，他的企业也未能幸免，原材料价格高，市场消费不旺，利润空间越来越小，小张很是心烦，他召集了厂里的几个得力干将商讨对策，结果他们都把注意打到了税收上，我们一起来听听。

甲：做两套账：一本内部账，一本外部账，多隐瞒收入少开发票，能不开就不开。

乙：拖，拖死他，来了就说没钱。

丙：把职工名册改一下，弄些残疾证，我们也享受点税收优惠。

丁：没关系，税务人员来时，交给我们保卫科，让他们尝尝拳头的滋味。

你认为甲、乙、丙、丁的做法分别是什么行为？是否违反了税收法律责任？如果是的话，应该承担什么样的法律责任？如果你是小张的话，在这种情况下应该怎么办？

第一节　税收征收管理法概述

一、税收征收管理法的立法目的

税收征收管理法是有关税收征收管理法律规范的总称，包括税收征收管理法及税收征收管理的有关法律、法规和规章。

《中华人民共和国税收征收管理法》于1992年9月4日第七届全国人民代表大会常务

委员会第二十七次会议通过，1993 年 1 月 1 日起施行，1995 年 2 月 28 日第八届全国人民代表大会常务委员会第十二次会议修正。2001 年 4 月 28 日，第九届全国人民代表大会常务委员会第二十一次会议通过了修订后的《中华人民共和国税收征收管理法》(以下简称《税收征收管理法》)，并于 2001 年 5 月 1 日起施行。2012 年和 2015 年全国人民代表大会常务委员会对《税收征收管理法》又进行过两次修订。

《税收征收管理法》第一条规定："为了加强税收征收管理，规范税收征收和缴纳行为，保障国家税收收入，保护纳税人的合法权益，促进经济和社会发展，制定本法。"此条规定对《税收征收管理法》的立法目的做了高度概括。

(一) 加强税收征收管理

税收征收管理是国家征税机关根据国家税收法律、行政法规的规定，按照统一的标准，通过一定的程序，对纳税人应纳税额组织入库的一种行政活动，是国家税收政策贯彻实施到每个纳税人，有效的组织税收收入及时、足额入库的一系列活动的总称。税收征管工作的好坏，直接关系到税收职能作用能否很好的发挥。理所当然，加强税收征收管理，成为《税收征收管理法》立法的首要目的。

(二) 规范税收征收和缴纳行为

《税收征收管理法》既要为税务机关、税务人员依法行政提供标准和规范，税务机关、税务人员必须按照该法的规定进行税收征收，其一切行为都要依法进行，违者要承担法律责任；同时也要为纳税人缴纳税款提供标准和规范，纳税人只有按照法律规定的程序和办法缴纳税款，才能更好地保障自身的权益。因此，在该法中加入"规范税收征收和缴纳行为"的目的，是对依法治国、依法治税思想的深刻理解和运用，为《税收征收管理法》其他条款的修订指明了方向。

(三) 保障国家税收收入

税收收入是国家财政的主要来源，组织税收收入是税收的基本职能之一。《税收征收管理法》是税收征收管理的标准和规范，其根本目的是保证税收收入的及时、足额入库，这也是任何一部《税收征收管理法》都具有的目的。

(四) 保护纳税人的合法权益

税收征收管理作为国家的行政行为，一方面要维护国家的利益，另一方面要保护纳税人的合法权益不受侵犯。纳税人按照国家税收法律、行政法规的规定缴纳税款之外的任何其他款项，都是对纳税人合法权益的侵害。保护纳税人的合法权益一直是《税收征收管理法》的立法目的。

(五) 促进经济发展和社会进步

税收是国家宏观调控的重要杠杆，《税收征收管理法》是市场经济的重要法律规范，这就要求税收征收管理的措施，如税务登记、纳税申报、税款征收、税收检查以及税收政策以促进经济发展和社会进步为目标，方便纳税人，保护纳税人。因此，在该法中加入"促进经济和社会发展"的目的，表明了税收征收管理的历史使命和前进方向。

二、税收征收管理法的适用范围

《税收征收管理法》第二条规定："凡依法由税务机关征收的各种税收的征收管理，均适用本法。"这就明确界定了《税收征收管理法》的适用范围。

我国税收的征收机关有税务、海关、财政等部门，税务机关征收各种工商税收，海关征收关税。《税收征收管理法》只适用于由税务机关征收的各种税收的征收管理。

农税征收机关负责征收的耕地占用税、契税的征收管理，由国务院另行规定；海关征收的关税及代征的增值税、消费税，适用其他法律、法规的规定。

值得注意的是，目前还有一部分由税务机关征收，如教育费附加。这些费不适用《税收征收管理法》，不能采取《税收征收管理法》规定的措施，其具体管理办法由各种费的条例和规章决定。

三、税收法律关系

（一）税收法律关系概述

税收法律关系是指税法所确认和调整的税收征纳主体之间在税收分配过程中形成的权利和义务关系。与其他法律关系一样，税收法律关系也由主体、客体和内容三部分组成。

(1) 税收法律关系的主体是指参加税收法律关系，在税收法律关系中依法享有权利和承担义务的当事人，即税收法律关系的参加者。税收法律关系主体分为征税主体和纳税主体。

征税主体是指参加税收法律关系，在税收法律关系中享有国家税收征管职权和履行国家税收征管职责的国家机关，即税务主管机关，具体包括各级税务机关、海关等。

纳税主体是指参加税收法律关系，在税收法律关系中负有纳税义务的当事人，即通常所说的纳税人（包括法人、自然人和其他组织）、扣缴义务人和纳税担保人。

(2) 税收法律关系的内容，是指税收法律关系主体所享有的权利和应承担的义务。

(3) 税收法律关系的客体，是指税收法律关系主体的权利和义务所共同指向的对象。

（二）征纳双方的权利和义务

征纳双方在税收征收管理中既享有各自的权利，也须承担各自的义务，它们共同构成了税收法律关系的内容。

1. 征税主体的权利和义务

征税主体的权利与义务直接体现为征税机关和税务人员的职权和职责。

1) 征税主体的职权

征税主体作为国家税收征收管理的职能部门，享有税务行政管理权。征税机关和税务人员的职权主要包括：

(1) 税收立法权。税收立法权包括参与起草税收法律法规草案，提出税收政策建议，在职权范围内制定、发布关于税收征管的部门规章等。

(2) 税务管理权。税务管理权包括对纳税人进行税务登记管理、账簿和凭证管理、发票管理、纳税申报管理等。

(3) 税款征收权。税款征收权是征税主体享有的最基本、最主要的职权。税款征收权包括依法计征权、核定税款权、税收保全和强制执行权、追征税款权等。

(4) 税务检查权。税务检查权包括查账权、场地检查权、询问权、责成提供资料权、存款账户核查权等。

(5) 税务行政处罚权。税务行政处罚权是对税收违法行为依照法定标准予以行政制裁的职权,如罚款等。

(6) 其他职权。如在法律、行政法规规定的权限内,对纳税人的减、免、退延期缴纳的申请予以审批的权利;阻止欠税纳税人离境的权利;委托代征权;估配权;代位权与撤销权;定期对纳税人欠缴税款情况予以公告的权利;上诉权等。

2) 征税主体的义务

征税机关和税务人员在行使职权时,也要履行相应的职责。

(1) 宣传税收法律、行政法规,普及纳税知识,无偿地为纳税人提供纳税咨询服务。

(2) 依法为纳税人、扣缴义务人的情况保守秘密,为检举违反税法行为者保密。纳税人、扣缴义务人的税收违法行为不属于保密范围。

(3) 加强队伍建设,提高税务人员的政治业务素质。

(4) 秉公执法、忠于职守、清正廉洁、礼貌待人、文明服务,尊重和保护纳税人、扣缴义务人的权利,依法接受监督。

(5) 税务人员不得索贿受贿、徇私舞弊、玩忽职守、不征或者少征应征税款;不得滥用职权多征税款或者故意刁难纳税人和扣缴义务人。

(6) 税务人员在核定应纳税额、调整税收定额、进行税务检查、实施税务行政处罚、办理税务行政复议时,与纳税人、扣缴义务人或者其法定代表人、直接责任人有利害关系,包括夫妻关系、直系血亲关系、三代以内旁系血亲关系、近姻亲关系、可能影响公正执法的其他利害关系的,应当回避。

(7) 建立、健全内部制约和监督管理制度。上级税务机关应当对下级税务机关的执法活动依法进行监督。各级税务机关应当对其工作人员执行法律、行政法规和廉洁自律准则的情况进行监督检查。

2. 纳税主体的权利和义务

在税收法律关系中,纳税主体处于行政管理相对人的地位,须承担纳税义务,但也仍然享有相应的法定权利。

1) 纳税主体的权利

(1) 知情权。

(2) 要求保密权。

(3) 依法享受税收优惠权。

(4) 申请退还多缴税款权。

(5) 申请延期申报权。

(6) 纳税申报方式选择权。

(7) 申请延期缴纳税款权。

(8) 索取有关税收凭证的权利。

(9) 委托税务代理权。

(10) 陈述权、申辩权。①对未出示税务检查证和税务检查通知书的拒绝检查权;②依法要求听证的权利;③税收法律救济权;④税收监督权。

2) 纳税主体的义务

(1) 按期办理税务登记,并按规定使用税务登记证件的义务。

(2) 依法设置账簿、保管账簿和有关资料以及依法开具、使用、取得和保管发票的义务。

(3) 财务会计制度和会计核算软件备案的义务。

(4) 按照规定安装、使用税控装置的义务。

(5) 按期、如实办理纳税申报的义务。

(6) 按期缴纳或解缴税款的义务。

(7) 接受税务检查的义务。

(8) 代扣、代收税款的义务。

(9) 及时提供信息的义务,如纳税人有歇业、经营情况变化、遭受各种灾害等特殊情况的,应及时向征税机关说明等。

(10) 报告其他涉税信息的义务,如企业合并、分立的报告义务等。

第二节 税务管理

一、税务管理的概念

税务管理是指税收征收管理机关为了贯彻、执行国家税务机关法律制度,加强税收工作,协调征税关系而对纳税人和扣缴义务人实施的基础性的管理制度和管理行为。税务管理是税收征收管理的重要内容,是税款征收的前提和基础。税务管理主要包括税务登记管理、账簿和凭证管理、发票管理、纳税申报等。

二、税务登记管理

税务登记是税务机关对纳税人的基本情况及生产经营项目进行登记管理的一项基本制度,是税务机关对纳税人实施管理、了解掌握税源情况的基础,也是纳税人为履行纳税义务就有关纳税事宜依法向税务机关办理登记的一种法定手续。

税务登记是整个纳税征收管理的起点。税务登记的作用在于掌握纳税人的基本情况和税源分布情况。从税务登记开始,纳税人的身份及征纳双方的法律关系即得到确认。

(一) 税务登记申请人

企业,企业设在外地的分支机构和从事生产、经营的场所,个体工商户和从事生产、经营的事业单位,都应当办理税务登记(统称从事生产、经营的纳税人)。

前述规定以外的纳税人,除国家机关、个人和无固定经营场所的流动性农村小商贩外,也应当办理税务登记(统称非从事生产经营但依照规定负有纳税义务的单位和个人)。

根据税收法律、行政法规规定,负有扣缴义务的扣缴义务人(国家机关除外),应当办理扣缴税务登记。

(二) 税务登记主管机关

县以上(含本级,下同)国家税务局(分局)、地方税务局(分局)是税务登记的主管机关,负责税务登记的设立登记、变更登记、注销登记和税务登记证验证、换证以及非正常户处理、报验登记等有关事项。

国家税务局(分局)、地方税务局(分局)按照国务院规定的税收征收管理范围,实施属地管理,采取联合登记或者分别登记的方式办理税务登记。在有条件的城市,国家税务局(分局)、地方税务局(分局)可以按照"各区分散受理,全市集中处理"的原则办理税务登记。国家税务局(分局)、地方税务局(分局)联合办理税务登记的,应当对同一纳税人发放同一份加盖国家税务局(分局)、地方税务局(分局)印章的税务登记证。国家税务局(分局)、地方税务局(分局)之间对纳税人税务登记的主管税务机关发生争议的,由其上一级国家税务局、地方税务局共同协商解决。

(三)"五证合一"登记制度改革

自2015年10月1日起"三证合一、一照一码"的等级制度改革在全国推行。新设立企业和农民专业合作社领取由工商行政管理部门核发加载法人和其他组织统一社会信用代码(以下简称统一代码)的营业执照后,无须再次进行税务登记,不再领取税务登记证。企业办理涉税事宜时,在完成补充信息采集后,凭加载统一代码的营业执照可代替税务登记证使用。除以上情形外,其他税务登记按照原有法律制度执行。改革前核发的原税务登记证件在过渡期继续有效。

工商登记"一个窗口"统一受理申请后,申请材料和登记信息在部门间共享,各部门数据互换、档案互认。各级税务机关应加强与登记机关的沟通协调,确保登记信息采集准确、完整。对于工商登记已采集信息,税务机关不再重复采集;其他必要涉税基础信息,可在企业办理有关涉税事宜时,及时采集,陆续补齐。发生变化的,由企业直接向税务机关申报变更,税务机关及时更新税务系统中的企业信息。

已实行"三证合一、一照一码"登记模式的新设企业和农民专业合作社办理注销税务登记,须先向税务主管机关申报清税,填写《清税申报表》。新设立企业和农民专业合作社可向国税、地税任何一方税务主管机关提出清税申报,税务机关受理后应将企业清税申报信息同时传递给另一方税务机关,国税、地税税务主管机关按照各自职责分别进行清税,限时办理。清税完毕后一方税务机关及时将本部门的清税结果信息反馈给受理税务机关,由受理税务机关根据国税、地税清税结果向纳税人统一出具《清税证明》,并将信息共享到交换平台。

2016年6月30日国务院办公厅发布《关于加快推进"五证合一、一照一码"等级制度的通知》(国办发〔2016〕53号)在全面实施工商营业执照、组织机构代码证、税务登记证"三证合一"登记制度改革的基础上,再整合社会保险登记证和统计登记证,实现"五证合一、一照一码"。其主要任务如下:

(1) 完善一站式服务工作机制。以"三证合一"工作机制及技术方案为基础,按照"五证合一、一照一码"登记制度改革的要求加以完善。全面实行"一套材料、一表登记、一窗受理"的工作模式,申请人办理企业注册登记时只需填写"一张表格",向"一个窗口"提交"一套材料"。登记部门直接核发加载统一社会信用代码的营业执照,相关信息在全国企业信用信息公示系统公示,并归集至全国信用信息共享平台。企业不再另行办理社会保险登记证和统计登记证。积极推进"五证合一"申请、受理、审查、核准、发照、公示等全程电子化登记管理,加快实现"五证合一"网上办理。

(2) 推进部门间信息共享互认。制定统一的信息标准和传输方案,改造升级各相关业务信息系统和共享平台,健全信息共享机制,做好数据的导入、整理和转换工作,确保数据信息落地到工作窗口，并在各相关部门业务系统有效融合使用。登记机关将企业基本登记信息及变更、注销等信息及时传输至信息共享平台；暂不具备联网共享条件的，登记机关限时提供上述信息。对企业登记信息无法满足社会保险和统计工作需要的，社会保险经办机构和统计机构在各自开展业务工作时补充采集。社会保险经办机构在用人单位为其职工办理社会保险登记后，统计机构在完成统计调查任务后，要及时依法将涉及企业的相关基础信息反馈至信息共享平台。健全部门间信息查询、核实制度。

(3) 做好登记模式转换衔接工作。已按照“三证合一”登记模式领取加载统一社会信用代码营业执照的企业，不需要重新申请办理“五证合一”登记，由登记机关将相关登记信息发送至社会保险经办机构、统计机构等单位。企业原证照有效期满、申请变更登记或者申请换发营业执照的，登记机关换发加载统一社会信用代码的营业执照。取消社会保险登记证和统计登记证的定期验证和换证制度，改为企业按规定自行向工商部门报送年度报告并向社会公示，年度报告要通过全国企业信用信息公示系统向社会保险经办机构、统计机构等单位开放共享。没有发放和已经取消统计登记证的地方通过与统计机构信息共享的方式做好衔接。

(4) 推动“五证合一、一照一码”营业执照广泛应用。改革后，原要求企业使用社会保险登记证和统计登记证办理相关业务的，一律改为使用营业执照办理，各级政府部门、企事业单位及中介机构等均要予以认可，不得要求企业提供其他身份证明材料，各行业主管部门要加强指导和督促。积极推进电子营业执照的应用。

10-1 视频：五证合一

(5) 加强办事窗口能力建设。围绕“五证合一、一照一码”登记制度改革涉及的法律法规、技术标准、业务流程、文书规范、信息传输等，系统加强业务培训，使办事窗口工作人员准确把握改革要求，熟练掌握业务流程和工作规范，提高服务效率。加快办事窗口服务标准化、规范化建设，突出问题导向，进一步完善窗口服务功能，真正实现一个窗口对外、一站式办理。加强办事窗口人员力量和绩效考核。健全行政相对人评议评价制度，不断提升窗口服务能力。

10-2 “十三五”这五年，办税缴费越来越便利

三、账簿和凭证管理

账簿是纳税人、扣缴义务人连续地记录其各种经济业务的账册或簿籍。凭证是纳税人用来记录经济业务，明确经济责任，并据以登记账簿的书面证明。账簿、凭证管理是继税务登记之后税收征管的又一重要环节，在税收征管中占有十分重要的地位。

(一) 账簿的设置管理

1. 关于对账簿、凭证设置的管理

(1) 设置账簿的范围。根据《税收征收管理法》第十九条和《税收征收管理法实施细则》第二十二条的有关规定，所有的纳税人和扣缴义务人都必须按照有关法律、行政法规和国务院财政、税务主管部门的规定设置账簿。

所称账簿，是指总账、明细账、日记账以及其他辅助性账簿。总账、日记账应当采用订本式。

(2) 从事生产、经营的纳税人应当自领取营业执照或者发生纳税义务之日起 15 日内设置账簿。

(3) 扣缴义务人应当自税收法律、行政法规规定的扣缴义务发生之日起 10 日内,按照所代扣、代收的税种,分别设置代扣代缴、代收代缴税款账簿。

生产、经营规模小又确无建账能力的纳税人,可以聘请经批准从事会计代理记账业务的专业机构或者经税务机关认可的财会人员代为建账和办理账务;聘请上述机构或者人员有实际困难的。经县以上税务机关批准,可以按照税务机关的规定,建立收支凭证粘贴簿、进货销货登记簿或者使用税控装置。

2. 对会计核算的要求

根据《税收征收管理法》第十九条的有关规定,所有纳税人和扣缴义务人都必须根据合法、有效的凭证进行账务管理。

纳税人建立的会计电算化系统应当符合国家有关规定,并能正确、完整核算其收入或者所得。

纳税人使用计算机记账的,应当在使用前将会计电算化系统的会计核算软件、使用说明书及有关资料报送主管税务机关备案。

纳税人、扣缴义务人会计制度健全,能够通过计算机正确、完整计算其收入和所得或者代扣代缴、代收代缴税款情况的,其计算机输出的完整的书面会计记录,可视同会计账簿。

纳税人、扣缴义务人的会计制度不健全,不能通过计算机正确、完整计算其收入和所得或者代扣代缴、代收代缴税款情况的,应当建立总账及与纳税或者代扣代缴、代收代缴税款有关的其他账簿。

账簿、会计凭证和报表,应当使用中文。民族自治地方可以同时使用当地通用的一种民族文字。外商投资企业和外国企业可以同时使用一种外国文字。如外商投资企业、外国企业的会计记录不使用中文的,应按照《税收征收管理法》第六十三条第二款“未按照规定设置、保管账簿或者保管记账凭证和有关资料”的规定处理。

(二) 关于对财务会计制度的管理

1. 备案制度

根据《税收征收管理法》第二十条和《税收征收管理法实施细则》第二十四条的有关规定,凡从事生产、经营的纳税人必须将所采用的财务、会计制度和具体的财务、会计处理办法,按税务机关的规定,自领取税务登记证件之日起 15 日内,及时报送主管税务机关备案。

2. 财会制度、办法与税收规定相抵触的处理办法

根据《税收征收管理法》第二十条的有关规定,当从事生产、经营的纳税人、扣缴义务人所使用的财务会计制度和具体的财务、会计处理办法与国务院和财政部、国家税务总局有关税收方面的规定相抵触时,纳税人、扣缴义务人必须按照国务院制定的税收法规的规定或者财政部、国家税务总局制定的有关税收的规定计缴税款。

(三) 关于账簿、凭证的保管

根据《税收征收管理法》第二十四条的有关规定:“从事生产经营的纳税人、扣缴义务人必须按照国务院财政、税务主管部门规定的保管期限保管账簿、记账凭证、完税凭证及其他有关资料。账簿、记账凭证、报表、完税凭证、发票、出口凭证以及其他有关涉税资料不得伪

造、变造或者擅自损毁。”

账簿、记账凭证、报表、完税凭证、发票、出口凭证以及其他有关涉税资料的保管期限，根据《税收征收管理法实施细则》第二十九条，除另有规定者外，应当保存10年。

四、发票管理

发票是指在购销商品、提供或者接受服务以及从事其他经营活动中，开具、收取的收付款的书面证明。它是确定经济业务收支行为发生的法定凭证，是会计核算的原始依据。

在全国范围内统一式样的发票，是由国家税务总局确定，在省、自治区、直辖市范围内统一式样的发票，由省、自治区、直辖市国家税务局和地方税务局确定。国家税务总局负责全国的发票管理工作，省、自治区、直辖市国家税务局和地方税务局依据各自的职责共同做好本行政区域内的发票管理工作。财政、审计、工商行政管理、公安等有关部门在各自职责范围内，配合税务机关做好发票管理工作。

（一）发票的种类、联次和内容

发票的种类、联次和内容以及使用范围由国家税务总局规定。

1. 发票的种类

发票的种类通常按照行业特点和纳税人的生产经营项目划分为普通发票、增值税专用发票和专业发票三种。

普通发票是最常见的一种发票，它是适用面最广，各种经济类型的纳税人都可以使用。

增值税专用发票是专供增值税一般纳税人销售货物或提供应税劳务时使用的一种特殊发票。增值税专用发票除具备普通发票的基本特征外，还具备抵扣增值税税款的功能。不仅是经济活动的重要商事凭证，而且是记录销货方纳税义务和购货方进项税额的合法证明，对增值税的计算和管理起着决定性的作用。

专业发票是指由国有金融、邮电、铁路、民用航空、公路和水上运输等单位开具的专业性很强的发票。如国有金融、保险企业的存贷、汇总、转账凭证、保险凭证；国有邮政、电信企业的邮票、邮单、话务、电报收据；国有铁路、民用航空企业和国有公路、水上运输企业的客票、货票等。

2. 发票的联次和内容

发票的基本联次包括存根联、发票联和记账联。存根联由收款方或开票方留存备查；发票联由付款方或受票方作为付款原始凭证；记账联由收款方或开票方作为记账原始凭证。省以上的税务机关可根据发票管理情况以及纳税人经营业务需要，增减除发票联以外的其他联次，并确定其用途。

发票的基本内容包括发票的名称、发票代码和号码、联次及用途、客户名称、开户银行及账号、商品名称或经营项目、计量单位、数量、单价、大小写金额、开票人、开票日期、开票单位（个人）名称（章）等。

省以上的税务机关可根据经济活动以及发票管理需要，确定发票的具体内容。用票单位可以书面向税务机关要求使用印有本单位名称的发票，税务机关依据《发票管理办法》第十五条的规定，确定印有该单位名称发票的种类和数量。

（二）发票的印制

增值税专用发票由国务院税务主管部门指定的企业印制；其他发票，按照国务院税务主管部门的规定，分别由省、自治区、直辖市国家税务局、地方税务局指定企业印制。禁止私自印制、伪造、变造发票。

印制发票应当使用国家税务总局确定的全国统一的发票防伪专用品。禁止非法制造发票防伪用品。

发票应当套印全国统一发票监制章。全国统一发票监制章的式样和发票版面印制的要求，由国家税务总局规定。发票监制章有省、自治区，直辖市税务机关制作。禁止伪造发票监制章。发票实行不定期换版制度。禁止在境外印制发票。

(三) 发票的领购

需要领购发票的单位和个人，应当持税务登记证件、经办人身份证明、按照国家税务总局规定式样制作的财务印章或发票专用章的印模，向主管税务机关办理发票领购手续。主管税务机关根据领购单位和个人的经营范围和规模，确认领购发票的种类、数量以及领购方式，在 5 个工作日内发给发票领购簿。

单位和个人领购发票时，应当按照税务机关的规定报告发票使用情况，税务机关应当按照规定检查。

需要临时使用发票的单位和个人，可以凭购销商品、提供或者接受服务以及从事其他经营活动的书面证明，直接向经营地税务机关申请代开发票。依照税收法律、行政法规规定应当缴纳税款的，税务机关应当先征收税款，再开具发票。税务机关根据发票管理的需要，可以按照国家税务总局的规定委托其他单位代开发票。禁止非法代开发票。

临时到本省、自治区、直辖市以外从事经营活动的单位和个人，应当凭所在地税务机关的证明，向经营地税务机关领购经营地发票。

税务机关对外省、自治区、直辖市来本辖区从事临时经营活动的单位和个人领购发票的，可以要求其提供保证人或者根据新领购发票的票面金额以及数量缴纳不超过 1 万元的保证金，并限期缴销发票。

按期缴销发票的，解除保证人的担保义务或者退还保证金；未按期缴销发票的，由保证人或者以保证金承担法律责任。税务机关收取保证金应当开具资金往来结算票据。

(四) 发票的开具和使用

1. 发票的开具

销售商品、提供劳务以及从事其他经营活动的单位和个人，对外发生经营业务收取款项，收款方应当向付款方开具发票；特殊情况下，有付款方向收款方开具发票。特殊情况是指：收购单位和扣缴义务人支付个人款项时；国家税务总局认为其他需要由付款方向收款方开具发票的。

所有单位和从事生产、经营活动的个人在购买商品、接受劳务以及从事其他经营活动支付款项，应当向收款方取得发票。取得发票时，不得要求变更品名和金额。

开具发票应当按照规定的时限、顺序、栏目，全部联次一次性如实开具，并加盖发票专用章。不符合规定的发票，不得作为财务报销凭证，任何单位和个人有权拒收。

任何单位和个人不得有下列虚开发票行为：

(1) 为他人、为自己开具与实际经营业务情况不符的发票。

(2) 让他人为自己开具与实际经营业务情况不符的发票。

(3) 介绍他人开具与实际经营业务情况不符的发票。

安装税控装置的单位和个人，应当按照规定使用税控装置开具发票，并按期向主管税务机关报送开具发票的数据。使用非税控电子器具开具发票的，应当将非税控电子器具使用的软件程序说明资料报主管税务机关备案，并按照规定保存、报送开具发票的数据。

国家推广使用网络发票管理系统开具发票，具体管理办法由国务院税务主管部门制定。

10-3 视频：发票开具操作流程

2. 发票的使用和保管

任何单位和个人应当按照发票管理规定使用发票，不得有下列行为：

(1) 转借、转让、介绍他人转让发票、发票监制章和发票防伪专用品。

(2) 知道或者应当知道是私自印制、伪造、变造、非法取得或者废止的发票而受让、开具、存放、携带、邮寄、运输。

(3) 拆本使用发票。

(4) 扩大发票使用范围。

(5) 以其他凭证代替发票使用。

除国务院税务主管部门规定的特殊情形外，发票限于领购单位和个人在本省、自治区、直辖市内开具。省、自治区、直辖市税务机关可以规定跨市、县开具发票的办法。除国务院税务主管部门规定的特殊情形外，任何单位和个人不得跨规定的使用区域携带、邮寄、运输空白发票。禁止携带、邮寄或者运输空白发票出入境。

开具发票的单位和个人应当建立发票使用登记制度，设置发票登记簿，并定期向主管税务机关报告发票使用情况。开具发票的单位和个人应当在办理变更或者注销税务登记的同时，办理发票和发票领购簿的变更、缴销手续。开具发票的单位和个人应当按照税务机关的规定存放和保管发票，不得擅自损毁。已经开具的发票存根联和发票登记簿，应当保存5年。保存期满，报经税务机关查验后销毁。

(五) 发票的检查

税务机关在发票管理中有权进行下列检查：

(1) 检查印制、领购、开具、取得、保管和缴销发票的情况。

(2) 调出发票查验。

(3) 查阅、复制与发票有关的凭证、资料。

(4) 向当事各方询问与发票有关的问题和情况。

(5) 查处发票案件时，对与案件有关的情况和资料，可以记录、录音、录像、照相和复制。

印制、使用发票的单位和个人，必须接受税务机关依法检查，如实反映情况，提供有关资料，不得拒绝、隐瞒。税务人员进行检查时，应当出示税务检查证。

税务机关需要将已开具的发票调出检查时，应当向被检查单位和个人开具发票换票证。发票换票证与所调出查验的发票有同等的效力。被调出查验发票的单位和个人不得拒绝接受。税务机关需要将空白发票调出查验时，应当开具收据；经查无问题的，应当及时返还。

单位和个人从中国境外取得的与纳税有关的发票或者凭证，税务机关在纳税审查时有疑义的，可以要求其提供境外公证机构或者注册会计师的确认证明，经税务机关审核认可后，方可作为记账核算的凭证。

税务机关在发票检查中需要核对发票存根联与发票联填写情况时，可以向持有发票或者发票存根联的单位发出“发票填写情况核对卡”发票填写情况核对卡，有关单位应当如实填写，按期报回。

发票管理需要说明的是，对增值税专用发票的管理，国家税务总局可以根据增值税专用发票的特殊需要，制定增值税专用发票的具体管理办法。对专业发票的管理，国家税务总局可以根据有关行业特殊的经营方式和业务需求，会同国务院有关主管部门制定该行业的发票管理方法。

五、纳税申报

纳税申报是纳税人按照税法规定的期限和内容，向税务机关提交有关纳税事项书面报告的法律行为，是纳税人履行纳税义务、界定纳税人法律责任的主要依据，是税务机关税收管理信息的主要来源和税务管理的重要制度。

（一）纳税申报的对象

根据《税收征收管理法》第二十五条的规定，纳税申报的对象为纳税人和扣缴义务人。纳税人在纳税期内没有应纳税款的，也应当按照规定办理纳税申报。纳税人享受减税、免税待遇的，在减税、免税期间应当按照规定办理纳税申报。

（二）纳税申报的内容

纳税申报的内容，主要在各税种的纳税申报表和代扣代缴、代收代缴税款报告表中体现，还有的是随纳税申报表附报的财务报表和有关纳税资料中体现。纳税人和扣缴义务人的纳税申报和代扣代缴、代收代缴税款报告的主要内容包括：税种、税目，应纳税项目或者应代扣代缴、代收代缴税款项目，计税依据，扣除项目及标准，适用税率或者单位税额，应退税项目及税额、应减免税项目及税额，应纳税额或者应代扣代缴、代收代缴税额，税款所属期限、延期缴纳税款、欠税、滞纳金等。

（三）纳税申报的期限

《税收征收管理法》规定纳税人和扣缴义务人都必须按照法定的期限办理纳税申报。申报期限有两种：一种是法律、行政法规明确规定的；另一种是税务机关按照法律、行政法规的原则规定，结合纳税人生产经营的实际情况及其所应缴纳的税种等相关问题予以确定的。两种期限具有同等的法律效力。

（四）纳税申报的要求

纳税人办理纳税申报时，应当如实填写纳税申报表，并根据不同的情况相应报送下列有关证件、资料：

（1）财务会计报表及其说明材料。

（2）与纳税有关的合同、协议书及凭证。

（3）税控装置的电子报税资料。

（4）外出经营活动税收管理证明和异地完税凭证。

（5）境内或者境外公证机构出具的有关证明文件。

（6）税务机关规定应当报送的其他有关证件、资料。

（7）扣缴义务人办理代扣代缴、代收代缴税款报告时，应当如实填写代扣代缴、代收代缴税款报告表，并报送代扣代缴、代收代缴税款的合法凭证以及税务机关规定的其他有关证件、资料。

（五）纳税申报的方式

《税收征收管理法》第二十六条规定："纳税人、扣缴义务人可以直接到税务机关办理纳税申报或者报送代扣代缴、代收代缴税款报告表，也可以按照规定采取邮寄、数据电文或者其他方式办理上述申报、报送事项。"目前，纳税申报的形式主要有以下三种：

（1）直接申报。直接申报，是指纳税人自行到税务机关办理纳税申报。这是一种传统申报方式。

（2）邮寄申报。邮寄申报，是指经税务机关批准的纳税人使用统一规定的纳税申报特快专递专用信封，通过邮政部门办理交寄手续，并向邮政部门索取收据作为申报凭据的方式。

纳税人采取邮寄方式办理纳税申报的，应当使用统一的纳税申报专用信封，并以邮政部门收据作为申报凭据。邮寄申报以寄出的邮戳日期为实际申报日期。

（3）数据电文。数据电文，是指经税务机关确定的电话语音、电子数据交换和网络传输等电子方式。例如目前纳税人的网上申报，就是数据电文申报方式的一种形式。

纳税人采取电子方式办理纳税申报的，应当按照税务机关规定的期限和要求保存有关资料，并定期书面报送主管税务机关。纳税人、扣缴义务人采取数据电文方式办理纳税申报的，其申报日期以税务机关计算机网络系统收到该数据电文的时间为准。

除上述方式外，实行定期定额缴纳税款的纳税人，可以实行简易申报、简并征期等申报纳税方式。"简易申报"是指实行定期定额缴纳税款的纳税人在法律、行政法规规定的期限内或税务机关依据法规的规定确定的期限内缴纳税款的，税务机关可以视同申报；"简并征期"是指实行定期定额缴纳税款的纳税人，经税务机关批准，可以采取将纳税期限合并为按季、半年、年的方式缴纳税款。

（六）纳税申报的其他要求

（1）纳税人在纳税期间内没有应纳税款的，也应当按照规定办理纳税申报。

（2）纳税人享受减税、免税待遇的，在减税、免税期间应当按照规定办理纳税申报。

（3）纳税人、扣缴义务人按规定的期限办理纳税申报或者报送代扣代缴、代收代缴税款报告表确有困难，需要延期的，应当在规定的期限内向税务机关提出书面延期申请，经税务机关核准，在核准的期限内办理。

纳税人、扣缴义务人因不可抗力，不能按期办理纳税申报或者报送代扣代缴、代收代缴税款报告表的，可以延期办理，但应当在不可抗力情形消除后立即向税务机关报告。税务机关应当查明事实，予以核准。

10-4 生意清淡经营亏损，可以不进行纳税申报吗

经核准延期办理纳税申报的，应当在纳税期内按照上期实际缴纳的税额或者税务机关核定的税额预缴税款，并在核准的延期内办理纳税结算。

第三节 税款征收

税款征收是指税务机关根据税收法律、法规的规定，将纳税人依法应缴纳的税款组织入

库的一系列活动的总称。它是税收征收管理工作的中心环节，是全部税管工作的目的和归宿。

一、税款征收的方式

税款征收方式是指税务机关根据各税种的不同特点和纳税人的具体情况而确定的计算、征收税款的形式和方法。包括确定(征收)方式和缴纳方式。

我国《税收征收管理法》及其实施细则未对税款征收方式做具体规定，只是明确税务机关要保证国家税款及时足额入库、方便纳税人、降低税收成本的原则，确定税款征收方式。

1. 查账征收

查账征收是指针对财务会计制度健全的纳税人，税务机关依据其报送的纳税报表、财务会计报表和其他有关纳税资料，依照适用税率，计算其应缴纳税款的税款征收方式。这种征收方式较为规范，符合税收法定的基本原则，适用于财会计制度健全，能够如实核算和提供生产经营情况，并能正确计算应纳税款和如实履行纳税义务的纳税人。扩大查账征收纳税人的范围，一直是税务管理的努力方向。

2. 查定征收

查定征收是指针对账务不全，但能控制其材料、产量或进销货物的纳税单位或个人，税务机关依据正常条件下的生产能力对其生产的应税产品查定产量、销售额并据以确定其应缴纳税款的税款征收方式。这种征收方式适用生产经营规模较小、产品零星、税源分散、会计账册不健全，但能控制原材料或进销货的小型厂矿和作坊。

3. 查验征收

查验征收是指税务机关对纳税人的应税商品、产品，通过查验数量，按市场一般销售单价来计算销售收入，并据以计算其应缴纳税款的税款征收方式。这种征收方式适用于纳税人财务制度不健全，生产经营不固定，零星分散、流动性大的税源。

4. 定期定额征收

定期定额征收是指税务机关对小型个体工商户在一定经营地点、一定经营时期、一定经营范围内的应纳税经营额(包括经营数量)或所得额进行核定，并以此为计税依据，确定其应缴纳税额的一种税款征收方式。这种征收方式适用于经主管税务机关认定和县以上税务机关(含县级)批准的生产、经营规模小，达不到《个体工商户建账管理暂行办法》规定设置账簿标准，难以查账征收，不能准确计算计税依据的个体工商户(包括个人独资企业，简称定期定额户)。

10-5　企业所得税征收方式的秘密

二、应纳税额的核定

(一) 核定应按税额的情形

纳税人有下列情形之一的，税务机关有权核定其应纳税额核定应纳税额的情形：

(1) 依照法律、行政法规的规定可以不设置账簿的。

(2) 依照法律、行政法规的规定应当设置但未设置账簿的。

(3) 擅自销毁账簿或者拒不提供纳税资料的。

(4) 虽设置账簿，但账目混乱或者成本资料、收入凭证、费用凭证残缺不全，难以查账的。

(5) 发生纳税义务,未按照规定的期限办理纳税申报,经税务机关责令限期申报,逾期仍不申报的。

(6) 纳税人申报的计税依据明显偏低,又无正当理由的。

(二) 核定应纳税额的方法

为了减少核定应纳税额的随意性,使核定的税额更接近纳税人实际情况和法定负担水平,税务机关有权采用下列任何一种方法核定应纳税额:

(1) 参照当地同类行业或者类似行业中经营规模和收入水平相近的纳税人的税负水平核定。

(2) 按照营业收入或者成本加合理的费用和利润的方法核定。

(3) 按照耗用的原材料、燃料、动力等推算或者测算核定。

(4) 按照其他合理方法核定。

当其中一种方法不足以正确核定应纳税额时,可以同时采用两种以上的方法核定。纳税人对税务机关采取上述方法核定的应纳税额有异议的,应当提供相关证据,经税务机关认定后,调整应纳税额。

三、税款征收的措施

为了保证税款征收的顺利进行,《税收征收管理法》及其实施细则赋予了税务机关在税款征收过程中针对不同情况可以采取相应征收措施的职权。

(一) 责令缴纳

(1) 纳税人未按照规定期限缴纳税款的,扣缴义务人未按照规定期限解缴税款的,税务机关可责令限期缴纳,并从滞纳税款之日起,按日加收滞纳税款万分之五的滞纳金。逾期仍未缴纳的,税务机关可以采取税收强制执行措施。

加收滞纳金的起止时间,为税款法定缴纳期限届满次日起至纳税人、扣缴义务人实际缴纳或者解缴税款之日止。

(2) 对未按照规定办理税务登记的从事生产、经营的纳税人,以及临时从事经营的纳税人,税务机关核定其应纳税额,责令其缴纳应纳税款。

纳税人不缴纳的,税务机关可以扣押其价值相当于应纳税款的商品、货物。扣押后缴纳应纳税款的,税务机关必须立即解除扣押,并归还所扣押的商品、货物;扣押后仍不缴纳应纳税款的,经县以上税务局(分局)局长批准,依法拍卖或者变卖所扣押的商品、货物,以拍卖或者变卖所得抵缴税款

(3) 税务机关有根据认为从事生产、经营的纳税人有逃避纳税义务行为,可在规定的纳税期之前责令其限期缴纳应纳税款。逾期仍未缴纳的,税务机关有权采取其他税款征收措施。

(4) 纳税担保人未按照规定的期限缴纳所担保的税款,税务机关可责令其限期缴纳应纳税款。逾期仍未缴纳的,税务机关有权采取其他税款征收措施。

(二) 责令提供纳税担保

纳税担保是指经税务机关同意或确认,纳税人或其他自然人、法人、经济组织以保证、抵

押、质押的方式，为纳税人应当缴纳的税款及滞纳金提供担保的行为。包括经税务机关认可的有纳税担保能力的保证人为纳税人提供的纳税保证以及纳税人或者第三人以其未设置或者未全部设置担保物权的财产提供的担保。

1. 适用纳税担保的情形

(1) 税务机关有根据认为从事生产、经营的纳税人有逃避纳税义务行为，在规定的纳税期之前经责令其限期缴纳应纳税款，在限期内发现纳税人有明显的转移、隐匿其应纳税的商品、货物，以及其他财产或者应纳税收人的迹象，责令纳税人提供纳税担保。

(2) 欠缴税款、滞纳金的纳税人或者其法定代表人需要出境的。

(3) 纳税人同税务机关在纳税上发生争议而未缴清税款，需要申请行政复议的。

(4) 税收法律、行政法规规定可以提供纳税担保的其他情形。

2. 纳税担保的范围

纳税担保范围包括税款、滞纳金和实现税款、滞纳金的费用。费用包括抵押、质押登记费用，质押保管费用，以及保管、拍卖、变卖担保财产等相关费用支出。

用于纳税担保的财产、权利的价值不得低于应当缴纳的税款、滞纳金，并考虑相关的费用。纳税担保的财产价值不足以抵缴税款、滞纳金的，税务机关应当向提供担保的纳税人或纳税担保人继续追缴。用于纳税担保的财产、权利的价格估算，除法律、行政法规另有规定外，参照同类商品的市场价、出厂价或者评估价估算。

(三) 采取税收保全措施

(1) 适用税收保全的情形及措施。税务机关责令具有税法规定情形的纳税人提供纳税担保而纳税人拒绝提供纳税担保或无力提供纳税担保的，经县以上税务局(分局)局长批准，税务机关可以采取下列税收保全措施：①书面通知纳税人开户银行或者其他金融机构冻结纳税人的金额相当于应纳税款的存款；②扣押、查封纳税人的价值相当于应纳税款的商品、货物或者其他财产。其他财产包括纳税人的房地产、现金、有价证券等不动产和动产。

(2) 不适用税收保全的财产。个人及其所扶养家属维持生活必需的住房和用品，不在税收保全措施的范围之内。需要注意的是，个人及其所扶养家属维持生活必需的住房和用品不包括机动车辆、金银饰品、古玩字画、豪华住宅或者一处以外的住房。个人所扶养家属，是指与纳税人共同居住生活的配偶、直系亲属以及无生活来源并由纳税人扶养的其他亲属。税务机关对单价 5 000 元以下的其他生活用品，不采取税收保全措施。

(四) 采取强制执行措施

1. 适用强制执行的情形及措施

从事生产、经营的纳税人、扣缴义务人未按照规定的期限缴纳或者解缴税款，纳税担保人未按照规定的期限缴纳所担保的税款，由税务机关责令限期缴纳，逾期仍未缴纳的，经县以上税务局(分局)局长批准，税务机关可以采取下列强制执行措施：

(1) 强制扣款，即书面通知其开户银行或者其他金融机构从其存款中扣缴税款。

(2) 拍卖变卖，即扣押、查封、依法拍卖或者变卖其价值相当于应纳税款的商品、货物或者其他财产，以拍卖或者变卖所得抵缴税款。

税务机关采取强制执行措施时，对上述纳税人、扣缴义务人、纳税担保人未缴纳的滞纳金同时强制执行。个人及其所扶养家属维持生活必需的住房和用品，不在强制执行措施的范围之内。税务机关对单价 5 000 元以下的其他生活用品，不采取强制执行措施。

2. 抵税财物的拍卖与变卖

抵税财物是指被税务机关依法实施税收强制执行而扣押、查封或者按照规定应强制执行的已设置纳税担保物权的商品、货物、其他财产或者财产权利。拍卖是指税务机关将抵税财物依法委托拍卖机构，以公开竞价的形式，将特定财物转让给最高应价者的买卖方式。变卖是指税务机关将抵税财物委托商业企业代为销售、责令纳税人限期处理或由税务机关变价处理的买卖方式。国家税务总局发布的《抵税财物拍卖、变卖试行办法》对抵税财物的拍卖与变卖行为进行规范，以保障国家税收收入并保护纳税人的合法权益。

(1) 适用拍卖、变卖的情形包括：①采取税收保全措施后，限期期满仍未缴纳税款的；②设置纳税担保后，限期期满仍未缴纳所担保的税款的；③逾期不按规定履行税务处理决定的；④逾期不按规定履行复议决定的；⑤逾期不按规定履行税务行政处罚决定的；⑥其他经责令限期缴纳，逾期仍未缴纳税款的。对上述第③至第⑥项情形进行强制执行时，在拍卖变卖之前(或同时)进行扣押、查封，办理扣押、查封手续拍卖、变卖执行原则与顺序。税务机关按照拍卖优先的原则确定抵税财物。

(2) 拍卖、变卖的顺序包括：①委托依法成立的拍卖机构拍卖；②无法委托拍卖或者不适于拍卖的，可以委托当地商业企业代为销售，或者责令被执行人限期处理；③无法委托商业企业销售，被执行人也无法处理的，由税务机关变价处理。

国家禁止自由买卖的商品、货物、其他财产，应当交由有关单位按照国家规定的价格收购。

10-6 特殊时期的延期纳税如何办理

(五) 阻止出境

欠缴税款的纳税人或者其法定代表人在出境前未按规定结清应纳税款、滞纳金或者提供纳税担保的，税务机关可以通知出境管理机关阻止其出境。

第四节 税款检查

税务检查又称纳税检查，是指税务机关根据税收法律、行政法规的规定，对纳税人、扣缴义务人履行纳税义务、扣缴义务及其他有关税务事项进行审查、核实、监督活动的总称。它是税收征收管理工作的一项重要内容，是确保国家财政收入和税收法律法规贯彻落实的重要手段。

(一) 税务机关在税务检查中的职权和职责

(1) 税务机关有权进行下列税务检查：①检查纳税人的账簿、记账凭证、报表和有关资料，检查扣缴义务人代扣代缴、代收代缴税款账簿、记账凭证和有关资料；②到纳税人的生产、经营场所和货物存放地检查纳税人应纳税的商品、货物或者其他财产，检查扣缴义务人与代扣代缴、代收代缴税款有关的经营情况；③责成纳税人、扣缴义务人提供与纳税或者代扣代缴、代收代缴税款有关的文件、证明材料和有关资料；④询问纳税人、扣缴义务人与纳税或者代扣代缴、代收代缴税款有关的问题和情况；⑤到车站、码头、机场、邮政企业及其分支机构检查纳税人托运、邮寄应纳税商品、货物或者其他财产的有关单据、凭证和有关资料；

⑥经县以上税务局(分局)局长批准,指定专人负责,凭全国统一格式的检查存款账户许可证明,查询从事生产、经营的纳税人、扣缴义务人在银行或者其他金融机构的存款账户,并有责任为被检查人保守秘密。税务机关在调查税收违法案件时,经设区的市、自治州以上税务局(分局)局长批准,可以查询案件涉嫌人员的储蓄存款。税务机关查询所获得的资料,不得用于税收以外的用途。

(2) 税务机关对从事生产、经营的纳税人以前纳税期的纳税情况依法进行税务检查时,发现纳税人有逃避纳税义务行为,并有明显的转移、隐匿其应纳税的商品、货物以及其他财产或者应纳税的收入的迹象的,可以按照《税收征收管理法》规定的批准权限采取税收保全措施或者强制执行措施。

税务机关采取税收保全措施的期限一般不得超过 6 个月;重大案件需要延长的,应当报国家税务总局批准。

(3) 税务机关调查税务违法案件时,对与案件有关的情况和资料,可以记录、录音、录像、照相和复制。

(4) 税务机关依法进行税务检查时,有权向有关单位和个人调查纳税人、扣缴义务人和其他当事人与纳税或者代扣代缴、代收代缴税款有关的情况。

(5) 税务机关派出的人员进行税务检查时,应当出示税务检查证和税务检查通知书,并有责任为被检查人保守秘密;未出示税务检查证和税务检查通知书的被检查人有权拒绝检查。

(二) 被检查人的义务

(1) 纳税人、扣缴义务人必须接受税务机关依法进行的税务检查,如实反映情况,提供有关资料,不得拒绝、隐瞒。

(2) 税务机关依法进行税务检查,向有关单位和个人调查纳税人、扣缴义务人和其他当事人与纳税或者代扣代缴、代收代缴税款有关的情况时,有关单位和个人有义务向税务机关如实提供有关资料及证明材料。

第五节　税务行政复议

一、税务行政复议概述

税务行政复议是指纳税人和其他税务当事人对税务机关的税务行政行为不服,依法向上级税务机关提出申诉,请求上一级税务机关对原具体行政行为的合理性、合法性作出审议;复议机关依法对原行政行为的合理性、合法性作出裁决的行政司法活动。实行税务行政复议制度的目的是为了维护和监督税务机关依法行使税收执法权,防止和纠正违法或者不当的税务具体行政行为,保护纳税人和其他当事人的合法权益。

国家税务总局制定了《税务行政复议规则》,于 2010 年 2 月 10 日以国家税务总局令第 21 号公布,自 2010 年 4 月 1 日起施行。2015 年进行了第一次修正。

二、税务行政复议范围

纳税人及其他当事人(简称申请人)认为税务机关(简称被申请人)的具体行政行为侵犯

其合法权益，可依法向税务行政复议机关申请行政复议。税务行政复议机关（简称复议机关），是指依法受理税务行政复议申请，对具体行政行为进行审查并作出行政复议决定的税务机关。

申请人对下列具体行政行为不服，可以提出行政复议申请：

（1）税各机关作出的征税行为，包括确认纳税主体、征税对象、征税范围、减税、免税、退税、抵扣税款、适用税率、计税依据、纳税环节、期限纳税地点和税款征收方式等具体行政行为，征收税款、加收滞纳金，扣缴义务人、受税务机关委托的单位和个人作出的代扣代缴、代收代缴、代征行为等。

（2）行政许可、行政审批行为。

（3）发票管理行为，包括发售、收缴、代开发票等。

（4）税收保全措施、强制执行措施。

（5）税务机关作出的行政处罚行为：①罚款；②没收财物和违法所得；③停止出口退税权。

（6）税务机关不依法履行下列职责的行为：①颁发税务登记证；②开具、出具完税凭证、外出经营活动税收管理证明；③行政赔偿；④行政奖励；⑤其他不依法履行职责的行为。

（7）资格认定行为。

（8）不依法确认纳税担保行为。

（9）政府公开信息工作中的具体行政行为。

（10）纳税信用等级评定行为。

（11）税务机关通知出入境管理机关阻止出境行为。

（12）税务机关作出的其他具体行政行为。

申请人认为税务机关的具体行政行为所依据的下列规定不合法，对具体行政行为申请行政复议时，可以一并向复议机关提出对该规定（不含规章）的审查申请：①国家税务总局和国务院其他部门的规定；②其他各级税务机关的规定；③地方各级人民政府的规定；④地方人民政府工作部门的规定。

申请人对具体行政行为提出行政复议申请时不知道该具体行政行为所依据的规定的，可以在行政复议机关作出行政复议决定以前提出对该规定的审查申请。

三、税务行政复议管辖

（一）复议管辖的一般规定

（1）对各级国家税务局的具体行政行为不服的，向其上一级国家税务局申请行政复议。

（2）对各级地方税务局的具体行政行为不服的，可以选择向其上一级地方税务局或者该税务局的本级人民政府申请行政复议。

（3）省、自治区、直辖市人民代表大会及其常务委员会、人民政府对地方税务局的行复议管辖另有规定的，从其规定。

（4）对国家校务总局的具体行政行为不服的，向国家税务总局申请行政复议。对行复议决定不服的，申请人可以向人民法院提起行政诉讼，也可以向国务院申请裁决。国务院的裁决为最终裁决。

（二）复议管辖的特殊规定

（1）对计划单列市国家税务局的具体行政行为不服的，向国家税务总局申请行政复议；对计划单列市地方税务局的具体行政行为不服的，可以选择向省地方税务局或者本级人民政府申请行政复议。

（2）对税务所（分局）、各级税务局的稽查局的具体行政行为不服的，向其所属税务局申请行政复议。

（3）对两个以上税务机关共同作出的具体行政行为不服的，向共同上一级税务机关申请行政复议；对税务机关与其他行政机关共同作出的具体行政行为不服的，向其共同上一级行政机关申请行政复议。

（4）对被撤销的税务机关在撤销以前所作出的具体行政行为不服的，向继续行使其职权的税务机关的上一级税务机关申请行政复议。

（5）对税务机关作出逾期不缴纳罚款加处罚款的决定不服的，向作出行政处罚决定的税务机关申请行政复议。但是对已处罚款和加处罚款都不服的，一并向作出行政处罚决定的税务机关的上一级税务机关申请行政复议。

有前款第(2)(3)(4)(5)项所列情形之一的，申请人也可以向具体行政行为发生地的县级地方人民政府提交行政复议申请，由接受申请的县级地方人民政府依法转送。

四、税务行政复议申请与受理

（一）税务行政复议申请

申请人可以在知道税务机关作出具体行政行为之日起60日内提出行政复议申请。因不可抗力或者被申请人设置障碍等原因耽误法定申请期限的，申请期限的计算应当扣除被耽误时间。

申请人对复议范围中第1项规定的行为不服的，应当先向复议机关申请行政复议，对行政复议决定不服的，可以再向人民法院提起行政诉讼。

申请人按前述规定申请行政复议的，必须依照税务机关根据法律、行政法规确定的税额、期限，先缴纳或者解缴税款及滞纳金，或者提供相应的担保，方可在实际缴清税款和滞纳金后或者所提供的担保得到作出具体行政行为的税务机关确之日起60日内提出行政复议申请。

申请人对复议范围中第1项规定以外的其他具体行政行为不服的，可以申请行政复议，也可以直接向人民法院提起行政诉讼。

申请人对税务机关作出逾期不缴纳罚款加处罚款的决定不服的，应当先缴纳罚款和加处罚款，再申请行政复议。

申请人申请行政复议，可以书面申请，也可以口头申请。书面申请的，可以采取当面递交、邮寄、传真或者电子邮件等方式提出行政复议申请。口头申请的，复议机关应当当场制作行政复议申请笔录，交申请人核对或者向申请人宣读，并由申请人确认。

（二）税务行政复议受理

复议机关收到行政复议申请后，应当在5日内进行审查，决定是否受理。对不符合规定的行政复议申请，决定不予受理，并书面告知申请人；对不属于本机关受理的行政复议申请，应当告知申请人向有关行政复议机关提出。行政复议机关收到行政复议申请以后未按照规定期限审查并作出不予受理决定的，视为受理。

对符合规定的行政复议申请，自复议机关收到之日起即为受理。受理行政复议申请，应当书面告知申请人。

对应当先向行政复议机关申请行政复议，对行政复议决定不服再向人民法院提起行政诉讼的具体行政行为，行政复议机关决定不予受理或者受理以后超过行政复议期限不作答复的，申请人可以自收到不予受理决定书之日起或者行政复议期满之日起 15 日内，依法向人民法院提起行政诉讼。

行政复议期间具体行政行为不停止执行。但有下列情形之一的，可以停止执行：①被申请人认为需要停止执行的；②行政复议机关认为需要停止执行的；③申请人申请停止执行，复议机关认为其要求合理，决定停止执行的；④法律规定停止执行的。

五、税务行政复议审查和决定

(一) 税务行政复议审查

行政复议机构应当自受理行政复议申请之日起 7 日内，将行政复议申请书副本或者行政复议申请笔录复印件发送被申请人。被申请人应当自收到申请书副本或者申请笔录复印件之日起 10 日内提出书面答复，并提交当初作出具体行政行为的证据、依据和其他有关材料。

对国家税务总局的具体行政行为不服申请行政复议的案件，由原承办具体行政行为的相关机构向行政复议机构提出书面答复，并提交当初作出具体行政行为的证据、依据和其他有关材料。

行政复议机构审理行政复议案件，应当由 12 名以上行政复议工作人员参加。

行政复议原则上采用书面审查的办法，但是申请人提出要求或者行政复议机构认为有必要时，应当听取申请人、被申请人和第三人的意见，并可以向有关组织和人员调查了解情况。

对重大、复杂的案件，申请人提出要求或者行政复议机构认为必要时，可以采取听证的方式审理。

行政复议机关应当全面审查被申请人的具体行政行为所依据的事实证据、法律程序、法律依据和设定的权利义务内容的合法性、适当性。

申请人在申请行政复议时，依据《税务行政复议规则》第十五条规定一并提出对有关规定的审查申请的，行政复议机关对该规定有权处理的，应当在 30 日内依法处理；无权处理的，应当在 7 日内按照法定程序逐级转送有权处理的行政机关依法处理，有权处理的行政机关应当在 60 日内依法处理。处理期间，中止对具体行政行为的审查。

行政复议机关审查被申请人的具体行政行为时，认为其依据不合法，本机关有权处理的，应当在 30 日内依法处理；无权处理的，应当在 7 日内按照法定程序逐级转送有权处理的国家机关依法处理。处理期间，中止对具体行政行为的审查。

(二) 税务行政复议决定

行政复议机构应当对被申请人的具体行政行为提出审查意见，经行政复议机关负责人批准，按照下列规定作出行政复议决定：

(1) 具体行政行为认定事实清楚，证据确凿，适用依据正确，程序合法，内容适当的，决定维持。

(2) 被申请人不履行法定职责的，决定其在一定期限内履行。

(3) 具体行政行为有下列情形之一的，决定撤销、变更或者确认该具体行政行为违法：①主要事实不清、证据不足的；②适用依据错误的；③违反法定程序的；④超越或者滥用职权的；⑤具体行政行为明显不当的。

决定撤销或者确认该具体行政行为违法的，可以责令被申请人在一定期限内重新作出具体行政行为。复议机关责令被申请人重新作出具体行政行为的，被申请人不得以同一事实和理由作出与原具体行政行为相同或者基本相同的具体行政行为；但复议机关以原具体行政行为违反法定程序面决定撤销的，被申请人重新作出具体行政行为的，不受前述限制。

(4) 被申请人不按照规定提出书面答复，提交当初作出具体行政行为的证据、依据和其他有关材料的，视为该具体行政行为没有证据、依据，决定撤销该具体行政行为。

申请人在申请行政复议时可以一并提出行政赔偿请求，复议机关对符合国家赔偿法的有关规定应当给予赔偿的，在决定撤销、变更具体行政行为或者确认具体行政行为违法时，应当同时决定被申请人依法给予赔偿。申请人没有提出行政赔偿请求的，复议机关在依法决定撤销或者变更原具体行政行为确定的税款、滞纳金、罚款以及对财产的扣押、查封等强制措施时，应当同时责令被申请人退还税款、滞纳金和罚款，解除对财产的扣押、查封等强制措施，或者赔偿相应的价款。

复议机关应当自受理申请之日起 60 日内作出行政复议决定。情况复杂，不能在规定期限内作出行政复议决定的，经复议机关负责人批准，可以适当延长，并告知申请人和被申请人；但延长期限最多不超过 30 日。

复议机关作出行政复议决定，应当制作行政复议决定书，并加盖印章。行政复议书一经送达，即发生法律效力。

第六节　税收法律责任

一、税收法律责任概述

税收法律责任是指税收法律关系主体违反税收法律制度的行为所引起的不利法律后果，分为行政责任和刑事责任两种。

行政责任是指经济法主体违反经济法律法规依法应承担的行政法律后果，包括行政处分和行政处罚两种。根据《公务员法》，对违法违纪应当承担纪律责任的公务员给予的行政处分种类有警告、记过、记大过、降级、撤职和开除六类。根据《行政处罚法》的规定，行政处罚包括：警告；罚款；没收违法所得、没收非法财物；责令停产停业；暂扣或者吊销许可证、暂扣或者吊销执照；行政拘留；其他。

刑事责任是指行为人实施刑事法律禁止的行为所必须承担的法律后果。刑事责任与行政责任不同之处：一是追究的违法行为不同，追究行政责任的是一般违法行为追究刑事责任的是犯罪行为；二是追究责任的机关不同，追究行政责任由国家特定的行政机关依照有关法律的规定决定，追究刑事责任只能由司法机关依照《刑法》的规定决定；三是承担法律责任的后果不同，追究刑事责任是最严厉的制裁，可以判处死刑，比追究行政责任严厉得多。

二、征纳双方违反税收法律制度的法律责任

(一) 纳税人、扣缴义务人及其他行政相对人违反税收法律制度的法律责任

1. 违反税务管理基本规定的法律责任

(1) 纳税人有下列行为之一的，由税务机关责令限期改正，可以处 2 000 元以下的罚款；情节严重的，处 2 000 元以上 1 万元以下的罚款：①未按照规定的期限申报办理税务登记、变更或者注销登记的；②未按照规定设置、保管账簿或者保管记账凭证和有关资料的；③未按照规定将财务、会计制度或者财务、会计处理办法和会计核算软件报送税务机关备查的；④未按照规定将其全部银行账号向税务机关报告的；⑤未按照规定安装、使用税控装置，或者损毁或者擅自改动税控装置的；⑥纳税人未按照规定办理税务登记证件验证或者换证手续的。

(2) 纳税人不办理税务登记的，由税务机关责令限期改正；逾期不改正的，经税务机关提请，由工商行政管理机关吊销其营业执照。

(3) 纳税人未按照规定使用税务登记证件，或者转借、涂改、损毁、买卖伪造税务登记证件的，处 2 000 元以上 1 万元以下的罚款；情节严重的，处 1 万元以上 5 万元以下的罚款。

(4) 扣缴义务人未按照规定设置、保管代扣代缴、代收代缴税款账簿或者保管代扣代缴、代收代缴税款记账凭证及有关资料的，由税务机关责令限期改正，可以处 2 000 元以下的罚款；情节严重的，处 2 000 元以上 5 000 元以下的罚款。

(5) 纳税人未按照规定的期限办理纳税申报和报送纳税资料的，或者扣缴义务人未按照规定的期限向税务机关报送代扣代缴、代收代缴税款报告表和有关资料的，由税务机关责令限期改正，可以处 2 000 元以下的罚款；情节严重的，处2 000 元以上 1 万元以下的罚款。

2. 逃避税务机关追缴欠税行为的法律责任

纳税人欠缴应纳税款，采取转移或者隐匿财产的手段，妨碍税务机关追缴欠缴的税款的，由税务机关追缴欠缴的税款、滞纳金，并处罚款；构成犯罪的，依法追究刑事责任扣缴义务人应扣未扣、应收而不收税款的，由税务机关向纳税人追缴税款，对扣缴义务人处以罚款。

3. 偷税行为的法律责任

偷税是指纳税人采取伪造、变造、隐匿、擅自销毁账簿、记账凭证，或者在账簿上多列支出或者不列、少列收入，或者经税务机关通知申报而拒不申报或者进行虚假的纳税申报的手段，不缴或者少缴应纳税款的行为。

纳税人偷税的，由税务机关追缴其不缴或者少缴的税款、滞纳金，并处罚款；构成犯罪的，依法追究刑事责任。

扣缴义务人采取上述偷税手段，不缴或者少缴已扣、已收税款，由税务机关追缴其不缴或者少缴的税款、滞纳金，并处罚款；构成犯罪的，依法追究刑事责任。

纳税人、扣缴义务人编造虚假计税依据的，由税务机关责令限期改正，并处罚款。

4. 抗税行为的法律责任

抗税是指纳税人、扣缴义务人以暴力、威胁方法拒不缴纳税款的行为。

对抗税行为，除由税务机关追缴其拒缴的税款、滞纳金外，依法追究刑事责任情节轻微，未构成犯罪的，由税务机关追缴其拒缴的税款、滞纳金，并处罚款。

5. 骗税行为的法律责任

骗税行为是指纳税人以假报出口或者其他欺骗手段，骗取国家出口退税款的行为。

纳税人有骗税行为，由税务机关追缴其骗取的退税款，并处骗取税款 1 倍以 5 倍以下的罚款；构成犯罪的，依法追究刑事责任。

对骗取国家出口退税款的，税务机关可以在规定期间内停止为其办理出口退税。

6. 纳税人、扣缴义务人不配合税务机关进行税务检查的法律责任

(1) 纳税人、扣缴义务人逃避、拒绝或者以其他方式阻挠税务机关检查的，由税务机关责令改正，可以处 1 万元以下的罚款；情节严重的，处 1 万元以上 5 万元以下的罚款。

(2) 纳税人、扣缴义务人有下列情形之一的，依照前款规定处罚：①提供虚假资料，不如实反映情况，或者拒绝提供有关资料的；②拒绝或者组织税务机关记录、录音、录像、照相和复制与案件有关的情况和资料的；③在检查期间，纳税人、扣缴义务人转移、隐匿、销毁有关资料的；④有不依法接受税务检查的其他情形的。

(3) 税务机关依照《税收征收管理法》的规定，到车站、码头、机场、邮政企业及其分支机构检查纳税人有关情况，有关单位拒绝的，由税务机关责令改正，可以处 1 万元以下的罚款；情节严重的，处 1 万元以上 5 万元以下的罚款。

(二) 税务机关和税务人员违反税收法律制度的法律责任

(1) 税务机关违反规定擅自改变税收征收管理范围和税款入库预算级次的，责令限期改正，对直接负责的主管人员和其他直接责任人员依法给予降级或者撤职的行政处分。

(2) 税务人员徇私舞弊，对依法应当移交司法机关追究刑事责任的不移交，情节严重的，依法追究刑事责任。

(3) 税务机关、税务人员查封、扣押纳税人个人及其所扶养家属维持生活必需的住房和用品的，责令退还，依法给予行政处分；构成犯罪的，依法追究刑事责任。

(4) 税务人员与纳税人、扣缴义务人勾结，唆使或者协助纳税人、扣缴义务人实施税收违法行为，构成犯罪的，依法追究刑事责任；未构成犯罪的，依法给予行政处分。

(5) 税务人员利用职务上的便利，收受或者索取纳税人、扣缴义务人财物或者牟取其他不正当利益，构成犯罪的，依法追究刑事责任；未构成犯罪的，依法给予行政处分。

(6) 税务人员徇私舞弊或者玩忽职守，不征或者少征应征税款，致使国家税收遭受重大损失，构成犯罪的，依法追究刑事责任；未构成犯罪的，依法给予行政处分。

(7) 税务人员滥用职权，故意刁难纳税人、扣缴义务人的，调离税收工作岗位并依法给予行政处分。

(8) 税务人员对控告、检举税收违法行为的纳税人、扣缴义务人以及其他检举人进行打击报复的，依法给予行政处分；构成犯罪的，依法追究刑事责任。

(9) 违反法律、行政法规的规定提前征收、延缓征收或者摊派税款的，由其上级机关或者行政监察机关责令改正，对直接负责的主管人员和其他直接责任人员依法给予行政处分。

(10) 违反法律、行政法规的规定,擅自作出税收的开征、停征或者减税、免税、退税、补税以及其他同税收法律、行政法规相抵触的决定的,除按《税收征收管理法》的规定撤销其擅自作出的决定外,补征应征未征税款,退还不应征收而征收的税款,并由上级机关追究直接负责的主管人员和其他直接责任人员的行政责任;构成犯罪的,依法追究刑事责任。

(11) 税务人员私分扣押、查封的商品、货物或者其他财产,情节严重,构成犯罪的,依法追究刑事责任;未构成犯罪的,依法给予行政处分。

(12) 税务人员在征收税款或者查处税收违法案件时,未按照《税收征收管理法》的规定进行回避的,对直接负责的主管人员和其他直接责任人员,依法给予行政处分。未按照《税收征收管理法》的规定为纳税人、扣缴义务人、检举人保密的,对直接负责的主管人员和其他直接责任人员,由所在单位或者有关单位依法给予行政处分。

10-7 扫一扫看课件

10-8 扫一扫练一练

10-9 练一练参考答案

本章小结

本章主要学习了税收征收管理法及违反税法的法律责任的处罚。

本章重要概念

税收征收管理登记　税务行政处罚　税务行政复议　税务行政诉讼

推荐阅读资料

[1]《中华人民共和国税收征收管理法》(2001).
[2]《中华人民共和国税收征收管理法实施细则》(2002).
[3] 中国注册会计师协会.税法[M].北京:经济科学出版社,2014.